W9-BDG-842

THE DEMONOLOGIST

The Extraordinary Career
of Ed and Lorraine Warren

Gerald Brittle

召唤

沃伦夫妇的惊凶职业实录

[美] 杰拉德·布利特尔————著

万洁————译

北京时代华文书局

编者前言

本书的主人公沃伦夫妇是美国近一个世纪来非常著名的"超自然现象调查员",同时也是十分高产的作家。丈夫埃德·沃伦（1926—2006）在第二次世界大战时加入美国海军,还在战后还当过警察。在沉浮了一段时间后,埃德·沃伦突然开始以"恶魔学家"和"超自然现象调查员"的身份,频繁出现在欧美各类神秘事件的新闻采访中,并且在很多大学和社团中担任相关领域的讲师;妻子罗琳·沃伦（1927— ）则是一名自称拥有"阴阳眼"的"灵媒",和丈夫一起从事相关的调查研究工作。二人于1952年在美国新英格兰地区成立了"超自然研究协会",算是正式开始了作为"超自然现象调查员"的职业生涯。

在后来几十年的工作生涯中,沃伦夫妇二人声称曾调查了超过1000起"超自然事件",同时在科研人员、医生、警察、学者、神职人员、普通民众等各类人群的配合下,帮助了无数被"超自然力量"捆绑纠缠的普通人。

而在二人活动高峰期,欧美社会上发生的多起引人瞩目的相关事件,又的确有二人的实质性参与。虽然"超自然现象"是否

1

存在依然至今没有定论，但这对夫妇在这一学科上的"事迹"却随着如《纽约时报》这样的大媒体的曝光和接连不断的电视节目专访而被大众所了解、熟知，这让二人在美国之外的英国、法国、意大利、韩国、日本等国家和地区拥有了相当高的知名度。

本书是作者杰拉德·布利特尔根据1970年代与沃伦夫妇长期相处并进行深度访谈后写下的，内容主要记叙了沃伦夫妇在事业巅峰期时处理过的若干"大案"，并穿插了夫妇二人的访谈实录。读者不仅可以从书中了解到二人非同于常人的世界观，还能像阅读惊险小说般体会过山车式的刺激感受。这本书也是作者最为著名的一部作品，尽管本书出版后获得欧美读者的高度评价，但极为低调的作者却很少在公众场合露面。

近年来，颇受影迷和业界喜爱的好莱坞著名华裔导演温子仁在成功地用《电锯惊魂》创造出自己独特的恐怖电影风格后，开始选取沃伦夫妇职业生涯中的部分惊悚案件作为蓝本，拍摄系列电影，后来上映的"招魂"系列和"安娜贝尔"系列，都在全球范围内获得了票房和口碑的双丰收，也让作为电影主人公原型的沃伦夫妇再一次成为了媒体关注的焦点。

当然，在翻开本书，开始一段精彩的猎奇之旅前，编者需要郑重地告知读者，书中关于"超自然现象"的记叙和解释，都只是作者和沃伦夫妇的一面之辞，其中很多言之确凿的"事实"，实际上并没有得到相关权威机构的正式认定，也难怪几十年来在国外不时都有专家和学者站出来指认沃伦夫妇的调查漏洞百出，还有人称沃伦夫妇只是举着"超自然力量"的幌子招摇撞骗，因此读者诸君非常有必要警惕书中无法避免出现的一些扭曲的科学观念和价值观。除了包容客观存在的不同思想外，我们更应该用正确的科学知识和健康的心态来武装自己，在通过本书了解西方社会一些鲜为人知的阴暗面的同时，绝不能被其所诱惑和捆绑。

最后，祝愿读者阅读愉快。

编辑部

作者引言

想用短短几段文字就让读者对本书接下来的篇章有充分了解，这是根本不可能完成的任务。但笔者还是想告诉大家，本书内容超越了鬼怪故事的范畴，也远比各种所谓的闹鬼事件来得深刻，它已经进入另一个层次：恐怖与邪恶的层次。其中所涉及的恐怖与邪恶不仅存在，而且确确实实超乎想象。

总之，笔者要告诉大家，本书中所有内容都千真万确。书中所讲均为真人真事，除少数几个例外，其余所有事件均发生于20世纪70年代中期或末期。此外，为谨慎起见，本书仅收录沃伦夫妇档案中得到正式任命的神职人员或驱魔人见证的案件，或是其他证据确凿但并不严重的情况。这些事件的当事人都相当可靠，他们的证言均有录音，十分可信。笔者须在此强调一点，本书对相关现象的描述无任何夸张失实之处。若非说有什么不足，那就是因为篇幅有限，笔者无法悉数收录每个具体案例的海量细节。

最后，笔者声明一点，本书的重点并非案例研究、令人瞠目结舌的怪奇现象或者关于幽灵声音的记录。倘若重点在此，笔者本可在书中收录其他案例，向读者讲述其他更可怕的现象。笔者认为，真正令人震撼的是埃德·沃伦和罗琳·沃伦夫妇讲述之事的重大意义。在幽灵和超自然现象方面，没有讲述者比他们二人更可信。沃伦夫妇将他们的一生无私地献给了关于灵力的研究、教学和调查工作，他们的经历得到了诸多神甫、拉比①、医生、媒体、警察和灵学专家的认可与记录。

在本书中，埃德·沃伦和罗琳·沃伦坦白直率地揭露了鬼宅中搅扰人们安宁生活的不可思议的秘密。他们确认了附身人类的幽灵的分类，还定义了专门搞恶作剧骚扰人类的吵闹鬼。沃伦夫妇所披露事件中的当事人在讲述经历时，均经过细致的调查求证，而且根据魔鬼研究与驱魔方面的权威神学和学术著作，他们所言非虚。整体而言，沃伦夫妇的研究发现是对于人们对生命、死亡和人类在这颗星球上所处位置的认知的挑战。

总之，读者须了解，外力直接或强制影响人们的生活这种事情极少发生。人类既能斗志昂扬、凯旋高歌，也能沉沦于黑暗，变得面目可憎。对于现实中的错误，我们往往得归咎于自身，所以要将全部罪责怪在超自然力头上是不负责任的。因此，我们也最好不要假设书中发生的动力学和干扰现象会发生在每个平常人家。沃伦夫妇的说明和分析仅针对那些确实发生过的古怪现象，还有那些确实是源于超自然的事物。

因为完全复制具体案例或情况具有潜在的危险，所以，出于

---

① 犹太民族中的一个阶层，是犹太人中的智者、老师。

必要，某些篇章中的对话来自埃德·沃伦和罗琳·沃伦对事件的回忆，同时也有第一人称的证人证词和（或）所涉现象发生时沃伦夫妇在现场录制的磁带作为支撑材料。关于当事人的姓名、住址、地理位置和有身份识别作用的具体信息，笔者做了必要更改，此举是为了保护书中事件的证人或受害者。对于本书收录事件所涉及的个人和家庭，笔者致以诚挚谢意，并且希望他们的努力和不同寻常的痛苦经历能因本书对事件的还原而或多或少得到报偿。

最后，为准确起见，本书成书前曾得到两位罗马天主教驱魔人的审读，笔者特此向二位颇有见地的指导正式表示感谢。此外，笔者还要感谢妻子和父母，他们坚定不移的支持对笔者而言有着十分重大的意义。

杰拉德·布利特尔

序

在麻烦与困顿中遇见贵人永远是一种特别的经历，而遇见深深关心着他人心理或精神上受到的伤害或创伤的贵人，更是罕有的经历。

在生活混乱、痛苦悲哀、情绪不甚稳定的时期，能遇见以平和之心守护他人的人物实在是令人振奋的一件事，更何况如此人物还不计较种族、信仰、民族背景或宗教派别，对同胞一视同仁。我说的贵人就是透过书页与我们交流的埃德·沃伦和罗琳·沃伦这对伉俪。

我是在去康涅狄格州教区教堂的时候认识埃德和罗琳的。随着对他们人生故事的深入了解，我心中逐渐形成了两个主要印象。首先，他们是一对在思维、心灵和灵魂方面有特殊天赋的夫妇，二人彼此深爱、富有同情心、十分虔诚而且抱有现实主义的态度。其次，他们致力于保护和（或）拯救受到邪恶力量控制和处于消极影响下的人们。他们渴望解救那些被邪恶挟持的可怜人，这是神圣且令人肃然起敬的抱负，同时也是一份郑重的事业，这份抱负与事业背后是他们长达三十五年的研究、调查，以及以科学的精确度进行的一丝不苟的记录和分析。沃伦夫妇在识别超自然力量与灵力方面很有天赋，而且是虔诚的信徒，因此二人总是与神职人员探讨教堂事务及其以正克邪的力量。

作为天主教神甫，我被这对伉俪表现出的真诚、谦逊和审慎的态度及同样的内在精神深深打动。

那些难以降服的邪恶力量的目的无一不是要摧毁或阻碍上帝施与人类的或一时或永恒的福祉，要想战胜如此狡诈诡谲的邪恶力量，谦逊即是其中的关键。无论在《旧约》中还是在《新约》中，上帝都谈到了撒但和他麾下一众恶魔的阴险狡诈。因此上帝才警告人类要小心撒但的谎言：真理是上帝对人类所授箴言的核心。

对于信仰《圣经》中的上帝的人来说，恶魔崇拜是故意反上帝的邪恶异教之举。有时候这种举动并不涉及上帝；但更多时候他们会通过某种仪式和咒语轻慢上帝；还有的时候，他们直接亵渎上帝。沃伦夫妇的故事告诉我们，这些举动和"游戏"是恶魔崇拜的一部分，非常危险。尽管这种危险巨大而真实，但只在极巧合的情况下才发生。因为许许多多的人都深陷于麻烦，甚至有些人被谋杀和"意外"夺去了生命，所以招惹那些无法控制且不甚了解的力量实在是极端轻率的。

《圣经》中的上帝是真理之神，他将撒但称为"谎言之父"。向真理之神敞开心扉，聆听他的劝诫，做个谦逊的人，这样便能保护自己不被那可怖的邪魔拐上毁灭之路。

我个人希望，阅读本书的读者都能被沃伦夫妇高尚的情操打动，敞开心扉，在我们慈爱的父的拯救精神的指引下生活。

约翰·C. 休斯

草于密西西比州

幽灵：一种超自然的、无实体的、理性的存在或精神特质，人们普遍认为它通常无法被人类感知到，但其自身可随意现形。人们常常设想它是恐怖骇人的，会带来麻烦或对人类怀有敌意。

——《牛津英语词典》

目　录

在轰动一时的恐怖电影《招魂》中，获奥斯卡金像奖最佳女主角提名的维拉·法梅加（Vera Farmiga）扮演罗琳·沃伦一角。在被问到她是如何塑造该角色的时候，她回答道：

首先，我对角色的研究基本全都仰仗《召唤：沃伦夫妇的惊凶职业实录》这本非虚构作品。虽然该书受到很多大众读者的欢迎，但我发现，要想真正领悟书中的内容还是相当有难度的。它和我以前读过的所有书都不同。这是一本关于神秘神学的书，读者可以从中了解到各种神秘现象及其背后的原因。

这本书让我如坠永夜般恐惧。虽然前言坚称这书读起来并不危险，而且"知识就是力量"，但不管怎样，每每翻开这本书，我都会感到一丝惊惶。总之，我从来不在家中读这本书，只在乘飞机时看。有意思的是，我在飞机上的时间恰好能看完它。不知为什么，我感觉在空中更安全些。

维拉·法梅加

Ⅰ. 阿米蒂维尔之外

费尔菲尔德县①，埃德·沃伦的办公室外，有座上了年头的小教堂，教堂的钟以机械的精度默默地记录着时间的流逝。其他一切都静静待在原地。这是新英格兰的一个冰冷、黑暗的夜晚。

办公室内的书桌上亮着一盏黄铜台灯。埃德·沃伦正坐在桌前工作，他已年过五旬，头发灰白，表情凝重。几百本书环绕着他，其中大多讲的是关于魔鬼研究的神秘学问，书名古怪而晦涩。书桌上方挂着几张合影，照片里埃德·沃伦和几位僧侣、面容冷

---

① 美国康涅狄格州西南部的一个县，西邻纽约州。

峻的驱魔人站在一起，他们身后是寺庙和修道院之类的地方。对于在寂静深夜中工作的埃德来说，这天是个邪门儿的日子，然而，这邪门儿的一天还没有结束。

马上就到整点了，教堂钟表的动静大了起来，发出一系列嘀嗒声和齿轮传动的声音，最后，终于传来了三下低沉的钟鸣。第三声响起时，埃德抬起头来，专注地聆听，随后又埋头奋笔疾书。现在是凌晨三点，一个真正邪恶的时刻，一个敌基督的时刻。现在埃德·沃伦还不知道，他的时间已经不多了。

几个小时前，埃德·沃伦和罗琳·沃伦夫妇二人刚刚返回他们在康涅狄格州的家。此前，他们受邀去纽约市环境宜人的近郊住宅区调查一栋"凶宅"，这栋宅子就坐落于长岛的南岸上。1975年12月，乔治·卢茨和凯瑟琳·卢茨夫妇购置了这处房产。他们在当年圣诞节前后带着三个孩子搬了进去。就在卢茨一家买下房子的前一年，1974年11月13日凌晨3点15分，前房主的长子用一把0.35英寸口径的步枪杀害了正在熟睡中的全家六名成员。[①]1976年1月15日，卢茨一家逃离了这栋别墅，声称他们受到了超自然力量的威胁。这就是后来众所周知的"阿米蒂维尔灵异事件"。

截至1976年1月底，媒体对卢茨一家在那栋房子里的离奇遭遇已经有了充分的了解，于是他们立即请来专家调查此事。受邀专家就是埃德·沃伦和罗琳·沃伦。媒体之所以要咨询沃伦夫妇，

---

① 相关报道刊登于1974年11月15日的《纽约时报》。

是因为在研究魂灵和超自然现象的圈子中，他们可能是该县最顶尖的权威人士。在过去的三十多年里，沃伦夫妇调查了三千多起超自然的异常事件。

其实，各大新闻媒体最想知道的是，当时那栋房子里到底有没有"鬼"。

经过三天的调查后，沃伦夫妇给出了一个出乎所有人意料的答案。的确，他们的回答超出了大家的理解范围。

"有。"当时沃伦夫妇透露说，"据我们的判断，房子里确实有幽灵在纠缠卢茨一家。"他们还下结论称，"但是，并没有鬼魂出现。"

这个矛盾的答案是什么意思？是说幽灵和鬼魂不是一回事吗？

对此，沃伦夫妇又给出一个令人难以置信的回答："没错！"

"在真正的闹鬼事件中，有两种幽灵。"沃伦夫妇在 1976 年 3 月 6 日解释道，"一种是人的灵，另一种则是非人的灵。非人的灵从未以人类形态在这世上存在过。"

沃伦夫妇引人深思的结论并不只是善意的推测。因为在两周前，埃德和罗琳刚好就在他们自己家中遭到了非人幽灵的侵扰。先遭遇恶灵的是埃德。

埃德·沃伦的办公室位于一座小村舍中，这座房子由一条长长的封闭走廊与主宅连在一起。在这个意义非凡的 2 月凌晨，埃德正研究"阿米蒂维尔事件"的一些初步信息，走廊尽头的门闩"啪"的一声打开了，随后是沉重的木门打开的巨响，接着就是离办公室越来越近的一串脚步声。

埃德靠在椅背上，他此时十分需要一杯咖啡，正等着罗琳端来。

"进来吧。"埃德·沃伦招呼道。过了好一会儿，她还是没有进来。"罗琳？"埃德又喊了一声，但还是没有回应。

他只听到了从远处咆哮而至的一阵怪风。那不是屋檐下呼啸而过的平常微风，而更像是带有威胁意味的飓风。他手臂上顿时起了鸡皮疙瘩。

"罗琳？"他大声喊了出来，"是你吗？"可还是没有回应。

就在那股不祥的旋风积蓄力量与强度的同时，埃德飞快地回想之前的动静。他突然意识到，他只听到走廊里的三声脚步声，并非一个人走路时连续迈步的声音。情况不对！

突然，桌上台灯的光芒黯淡下来，仿佛一盏烛火。接着，办公室的温度骤然降到和小型冷库一样低。一股刺鼻的硫黄恶臭弥漫在房间中。

埃德·沃伦对这反常的情况起了疑，他拉开一个抽屉，取出一小瓶圣水和一个木制的大十字架。然后，他起身走出办公室，往前厅走了几步。与此同时，走廊里刮来一股可怕的旋风。

这旋风上宽下尖，比夜黑，比人高。这不停打着旋的一团黑色飘进了屋，缓缓地向埃德左侧靠过去，然后忽然在十英尺远的地方停住了。埃德眼看着它变得越来越浓、越来越黑！而且他真真切切地看到，旋风中有什么东西正在逐渐成形。一个实体逐渐显出形状来！

作为一名恶魔学家，埃德·沃伦知道他必须迅速做出反应，抢得先机，不能让这团恐怖的黑旋风变成更加危险的东西。

埃德·沃伦一手举着十字架，逼近那团旋风，而风正快速地变成一个戴兜帽的鬼影。就在他迈步向前的那一刹那，鬼影挑衅般地向他扑来！

埃德停下来，在原地站定，静等着那东西徐徐飘来。当那团打着旋的黑色物质离他只有几英尺的时候，埃德有条不紊、胸有成竹地将十字架和装有圣水的小瓶拿出来，举在那东西面前。然后他念出了一个古老的口令："奉耶稣基督之名，我命令你离开！"

漫长的几秒中，那团黑色物质就停留在距离十字架一英尺的地方，一动不动。然后，慢慢地，它开始向后缩。但在退走前，它让埃德眼前浮现了一个清晰的画面。埃德仿佛看到自己和罗琳在一条高速公路上遭遇了一场致命的车祸。最后，那实体就退回了它来时经过的走廊中。

埃德·沃伦顿时松了口气。他大汗淋漓地站在原地，站在寒冷刺骨的房间里。正当他回过神来，想要理清思路时，房子外面突然传来野兽打斗时威胁似的嘶吼声。埃德立即明白过来，那里并非有野兽在打架，而是刚刚来访的鬼影还在活动。那东西只是上楼去袭击罗琳了。

埃德故意不从走廊走过，而是打开办公室的侧门，从房子的后楼梯跑了上去。

他去晚了。

楼上，罗琳·沃伦坐在床上，她正在读毕奥神甫的传记，他是一位了不起的圣方济教会神甫，很多人相信他是上天派来的圣徒。在埃德必须一个人在办公室工作的深夜，不管多么疲倦，罗琳从不先睡。研究了一辈子超自然现象，埃德·沃伦和罗琳·沃伦都知道，他们永远都不会是"一个人"，永远不是。

正当罗琳安静地读书时，一个可怕的阴影从屋子里飘过。她随即放下书，意识到出事了。出了大事！

"我整个人都被恐惧吞没了。"罗琳回忆道，"但我不知道我在怕什么。"我四下打量房间，但是没什么特别的。然后我又低头看了看我们养的两条狗，它们正在床边趴着睡觉。它们都一动不动。只不过，从头到尾，每条狗的毛都根根直立！然后不知从哪里突然冒出一阵嘈杂的声音。

埃德在一分钟之前驱走的旋风般的黑色实体显然通过走廊退回到房子里来了。这可怕的入侵者通过一种雷霆般隆隆的响声昭示它的到来。在罗琳听来，那就像"有人用锤子敲打金属板"。激烈的击打声令她惊慌失措，但仅仅几秒之后，击打声就彻底撤出了房间，只留下在寒冷中瑟瑟发抖的罗琳。之后，可怕的声响就停了，她也听到旋风飞快旋转着向她迫近的声音。那极具威胁的邪恶噪音来自楼下走廊的方向。她在恐惧中听见旋风刮上了楼，刮进了厨房，然后是餐厅、起居室……

"不管那是什么东西，它似乎是在搜寻我。"罗琳说，"那是什么？为什么在这儿？一道黑色旋风突然飞进了卧室，出现在我面前。"

"我忍不住将自己感觉到的那种令人绝望的纯粹恐惧和藏在离我越来越近的这股旋风内的可恶的黑东西联系在一起。"罗琳回忆道，"我想动，却动不了。我想喊，却出不了声！我觉得自己死定了，我以前从未有过这样的感觉。作为一个灵媒，我知道这是死亡之灵。但是比起死亡，它似乎更想要其他什么东西：它想要我，我本身，我的生命。"

"接着情况更糟了。"罗琳继续说，"我觉得自己正在被吸入那团狂暴的黑色旋风里，而且我无力阻止！我机械地做了一件我唯一能想得上来的事情：我喊出了上帝的名字，寻求祂的庇护。然后，不知怎么，我突然有画十字的能力了——一个大大的十字——在它和我之间。这举动阻止了它。但它还是不肯走！我不知道接下来该干什么。就在这时候，感谢上帝，埃德冲进了房子。他冲进来之后，那东西就打着旋进了另一个房间，直接穿过砖墙，从烟囱往上跑了。然后就结束了。之后没有任何东西破碎或者被砸烂。不过这并不是我们第一次遇见非人幽灵的实体！"

埃德·沃伦和罗琳·沃伦夫妇那天凌晨遇上的不是鬼。（也并非是只有他们才能看到的东西。其他人也报告称看到了一团旋风似的黑东西。）这更像是什么更不祥的东西，鬼可从来没法与它相提并论：这是一种相对罕见的现象，是非人的恶魔之灵现形。一个超自然的实体，一个非人的幽灵想必拥有着负面的魔鬼般的智慧，而且对人类和上帝都有着永久的愤怒。

这个幽灵究竟是什么？它能做什么？它的存在对恶魔学家的工作和担心最终意味着什么？

直到最近，只有极个别专业人士和驱魔人才知道关于埃德·沃伦和罗琳·沃伦夫妇的详情。他们的工作难免不为大众所熟知。不管是私下里为确实受到幽灵问题困扰的个人工作，还是作为调查者去发生诡异或反常现象的地方实地考察，沃伦夫妇都在暗中进行，从不张扬。

沃伦夫妇是从 20 世纪 40 年代中期开始调查幽灵现象的，但是直到 20 世纪 70 年代，他们才真正进入公众视野。无论在哪里，只要有怪异或者不祥的事情发生，大家发现那里总有沃伦夫妇的身影。举例来说，1972 年，一个 19 世纪的男仆的幽灵开始在西点军校的校长宅邸中作怪，并且骚扰将军的客人。根据纽约各大媒体报道，那次军方就邀请了沃伦夫妇出马，为他们解决了那个凶猛的幽灵，阻止了它的种种乖张恶行。

1974 年初，沃伦夫妇再次进入公众视野。这一次，他们的名字简单地出现在罗马天主教神甫主持的一起驱魔案中。这起案子里有看不见的幽灵侵占家宅，甚至袭击住户。当年晚些时候，沃伦夫妇再次出现在新闻中。这一次是在电视上，新英格兰南部地区的一家人，他们遭遇了有史以来有记录的最不可思议的"骚灵"现象。"两个案子的骚扰现象都与魔鬼有关。"埃德笃定地说。

直到 1976 年，他们的名字又出现在阿米蒂维尔的"恶魔附体事件"的调查报告中。正是这起事件，让埃德·沃伦和罗琳·沃伦夫妇及其在研究超自然现象领域中的突出表现获得了全美范围的关注。

新闻照片中总是出现这两个人，可大家却依然不太能叫得上来名字。他们到底是谁？他们是干什么的？他们为什么要从事那类工作？

虽然人们可能认为从事魔鬼研究的人免不了被卷入令人毛骨悚然的事件中，但埃德·沃伦和罗琳·沃伦夫妇既不是神秘学者，又没有什么古怪偏好，更不曾从事什么宗教事业。恰恰相反，沃伦夫妇对生活的认知从来都不是消极的。确实，沃伦夫妇的工作卓有成效只因为他们是积极向上的人。

1926 年 9 月，埃德·沃伦出生于美国康涅狄格州。埃德身材魁梧，胸膛宽阔，性格温和敦厚，看起来不像什么恶魔学家，更像是街角杂货店的老板。埃德显然十分谦虚，从来不炫耀他知道的那些神秘知识和掌握的力量。他做事沉着冷静、为人随和，周身散发着一种值得信赖的气场。而这种特质往往来自数不清的经验教训。

罗琳·沃伦出生于 1927 年 1 月，出生地距离她未来的丈夫仅有几英里远。她身材苗条，婀娜迷人，脸上总是挂着微笑。单从外表看，她就是一个新英格兰的时尚家庭主妇，谁也不会把她和具有超感视觉的通灵师联系起来。而且，罗琳具有辨别诸灵的天赋，也就是圣保罗在《哥林多前书》中提及的那种能力。

埃德·沃伦和罗琳·沃伦是一对友善的夫妇，他们都是五十来岁，在婚姻中拥有非比寻常的友谊，并且无疑对人生持有积极的态度。然而，沃伦夫妇见过的人与事，还有他们通过二人共同的优秀事业领略到的风景，都让他们具有远超年龄的智慧。

如今，埃德·沃伦和罗琳·沃伦夫妇最频繁被问到的问题是："阿米蒂维尔到底发生了什么？"这个问题实在没有简略的答案，沃伦夫妇给出的最全面的解释也许当属他们于 1978 年夏季在家乡——康涅狄格州的门罗市举办的讲座。

8 月末，天气宜人，暖风送香，这次讲座就在市内的市政大楼内举办。埃德和罗琳开始演讲前十分钟，这座设备完善的崭新礼堂里的座位就已经全满了。没有座位的听众就站在过道上或者盘腿坐在台下。一时间，观众席上人头攒动、议论纷纷。人群中时不时会蹦出像"鬼魂""幽灵"和"驱魔"这些词。看起来人人都有鬼故事可讲，起码今晚如此。

礼堂舞台上有两个演讲台，每个台子上都竖着一根细长的铬合金麦克风。8 点，礼堂的大灯暗下来，观众席的议论声逐渐平息。片刻之后，沃伦夫妇走上台。罗琳身着荷叶边衬衣和花呢格纹长裙，外面套了一件黑色天鹅绒马甲；埃德则穿了一件蓝色运动上衣，戴了与之相配的花呢格纹领带。

"今晚，埃德和我将与大家分享我们在近期见诸报端的几座鬼宅中的经历。我们愿意向大家展示我们在这些宅子中的发现，也希望能与各位讨论通过这些可以与恐怖的幽灵沟通的案子得到的知识。"

埃德向放映员点点头，后者随即关闭了舞台灯光。礼堂中顿时响起了一些人焦虑的声音。"哦，不，他们要放照片了！"一个年轻女孩儿突然惊叫着从座位上滑下来。

"我们即将展示一个真正的鬼屋。"第一张幻灯片出现的时候，埃德宣布，"我之所以说这座房子闹鬼，是因为站在一楼窗口的这位看起来善良柔弱的夫人其实是一个鬼魂。"

于是，展示开始了……这就是沃伦夫妇做这次讲座的原因：他们不讲鬼故事，而是展示有根据的历史案件，证明超自然现象的存在，从而揭示这类现象发生的原因。

埃德解释说："幽灵是否存在并非取决于人相信与否，这是有真实证据的。事实上，这种现象存在与否不是什么问题，问题是为什么它会出现。还有，为什么它会给人们带来难以置信的麻烦。"

沃伦夫妇举办公众讲座的原因要追溯到20世纪60年代末期。那时，在多种不同生活方式的实验中，超自然力量突然引起了大众的兴趣，掀起了一股热潮。对于"冥界"的探索已经销声匿迹了几乎一个世纪之久，现在却又突然卷土重来了，紧接着是一系列幽灵事件的负面报道。沃伦夫妇几乎立即被那些幽灵压迫和幽灵附体的案子淹没了，这些案件后来均被证实是真实的。

当时受到影响的人，大多数都还在上大学的年纪。沃伦夫妇对于这一重大发展十分重视，于是启动了一个校园讲座的项目。通过该项目，他们可以提醒全国的学生们超自然力量的危险。他们在讲座上使用文件记录作为证据，如幻灯片、照片、录音带和器物——埃德·沃伦和罗琳·沃伦夫妇给与他们交谈过的每一个人都留下了深刻的印象。大众很快便对他们的亲身经历和仍在继续的研究着了迷。

尽管如今他们的讲座主要是针对大学听众，但在时间允许的情况下，沃伦夫妇还会对社区群体展开教育，甚至有时出现在广播和电视节目中。他们的坦诚和经历令他们很快受到大众的欢迎。

他们轻松举证、事无巨细、娓娓道来的风格也让很多人从一开始的怀疑变成了相信。埃德和罗琳清晰地口述了幽灵现象的前因后果，但他们充分了解自己论述的重要性，因此，沃伦夫妇从来不讲没有可信证据和历史卷宗支持的事情。

在讲座过程中，康涅狄格州的听众始终安静地坐在座位上，聆听埃德和罗琳详细讲述一个又一个关于幽灵现象的案件，看他们展示一张张鬼魂、灵光、悬浮物和实体邪物。（丹·格林伯格在他的著作《暗中之物》里写道，如果沃伦夫妇说他们看见了鬼，那他们一定是真的看到了鬼！）当礼堂的灯再次亮起，几十位听众的掌声立时响起。

在沃伦夫妇的公众讲座中，他们讲述完毕后有一个问答环节。在这个环节中，人们可以就幽灵这个古怪的话题提出自己的问题，他们的问题可能当场就得到沃伦夫妇的回答。对于埃德和罗琳而言，这就像邻里聊天一样。

"既然大家都做好了搬进鬼屋的准备，"埃德跟听众们开玩笑说，"那我们来听听第一个问题吧！"一个戴着金边眼镜的老人站了起来。

"埃德·沃伦，我的年纪足以做你父亲了，但是我这一辈子都没见过你们说的那种现象。你真的见过鬼吗？你真的见过东西悬浮在空中？"问完，他坐回座位上。

"我这辈子可是见过许许多多现形的鬼。"埃德拿着麦克风对他说，"今晚您在那些幻灯片中看到的鬼都是我或者和我合作调查的通灵摄影师拍摄的。事实上，今年晚些时候，我们还要去英格兰拍摄雷纳姆大宅的棕色夫人——多萝西·沃波尔夫人，她是当地最著名的鬼魂之一。而且英格兰闹鬼闹得最凶的地区——波丽——离那儿很近。罗琳和我都亲眼见过沿路行走的波丽的修女，这次我们也想拍到她。"

埃德举起玻璃杯，喝了一小口冰水，继续说："至于悬浮物——是的，我见过各种各样的悬浮物。我今晚给大家展示的那个驱魔活动中出现的不是鬼。在那起案子里，我见证了一台四百磅的冰箱从地板上升起来。我看到过一台电视机缓缓升到空中，然后突然摔在地上，发出震耳欲聋的爆炸似的声音。然而，一根管子也没碎！这只是我临时想起的两个例子，还有很多案子中都出现了悬浮物，这种现象背后往往是人类或非人的魂灵在作祟。所以，先生，我要这样回答您了：我见过鬼魂，我也见过悬浮在空中的东西。"

埃德指了一下刚站起来要讲话的高个子金发女郎。

"在《阿米蒂维尔惊魂》一书中，作者说古时候人们相信邪灵无法从水上通过，"她说，"这是真的吗？"

"不，这只是老一辈人的迷信。"埃德告诉她，"幽灵不会受到物理边界的影响——其实也可以说不会受到距离的影响。只想起某一个特定的幽灵，就足以将其吸引至你身边。"

罗琳指了一个座位靠近舞台的十几岁男孩儿，让他提问。"您说的所谓超自然到底是什么意思呢？"他想知道。

"如果你在词典中查这个词，你就会找到，'超自然'意味着上帝或者祂的天使的活动。"罗琳告诉他，"但是大多数人不会把这个词和我刚才说的联系起来。相反，他们通常把这个词理解成由并非我们所在的物理世界或者人间的力量引起的活动。从技术角度说，非人的幽灵引起的现象叫超自然活动。换种说法，非人的灵魂引起的现象可以被视为是负面的奇迹。"

接着，埃德又接受了人群中间的一位女听众的提问。"如果我明天就要死了，"她问，"我会变成鬼魂吗？"

"有可能，"埃德回答，"但也不一定。如果你突然离世——比如说死于一场意外——你拒绝接受自己肉体已经死亡的事实，或许你就会依旧留在人间，直至你意识到自己已经从活人的世界出局了，明白自己死了。到那个时候，你可能会想以幽灵之身解决你所处的困境，可能会在熟悉的环境——比如你家中停留一段时间。一切对你来说似乎没什么不同。你可以看见或听见你家庭的其他成员，和以前一样，但是他们却无法看见或听见你。'怎么回事？'你可能会这样问自己，'为什么他们完全忽略了我的存在？'然后你会想方设法让意念作用于物质，开始让物品移动，或者把门大声关上，以引起大家的注意。当然了，你最后能成功做到的不过是把你的家人吓上一大跳。到时候，你的家人可能会求助于罗琳和我，我们则会去你家拜访，和已经成为幽灵的你谈一谈——让你安心接受死亡的事实。"

"你们俩当初是怎么卷入阿米蒂维尔案的？"一位穿着橄榄球运动衫、皮肤被晒成深棕色的男士向沃伦夫妇提问。"我还想问，你们在调查中做了什么别人没做的事情？"这两个问题一下子引发了台下听众的兴趣，显然他们都想知道答案。

"先生，您问的问题很长，我们的回答也会很长。"罗琳温和地提醒他。

"没关系。"他大声回答。

"那好，"罗琳开始说了，"我们是从 1976 年 2 月的最后一周开始介入的，当时我们在家接到一个电话，是一位年轻女士打来的，她是纽约的一位电视制片人。她问我们有没有时间去长岛跑一趟，看看一座据说闹鬼的房子。我告诉她可能会有时间，但是在正式答复她之前我需要知道详情。然后她跟我们讲了 1974 年的迪菲谋杀事件和后来卢茨一家在那座房子里的经历。接着，这位年轻女士告诉我，她所在的电视台正在报道卢茨一家搬出后进入那栋宅子的一些通灵者和通灵研究者的工作。总之，一个月后，这些调查者始终没能给出任何确切的答案。因此，她想知道我们是否能在那座房子里举办降灵会，然后告诉他们那些蹊跷事件的背后是否真的是幽灵在作怪。

"后来如你所知，我告诉她我们可以调查那座房子，但是否举办降灵会就不一定了。她表示理解。我在和她通话期间还问询了埃德的意见，他同意接手这个案子。

"我们去长岛的时候第一次见到了乔治·卢茨和凯西·卢茨。卢茨一家当时借居在凯西母亲家中。乔治和凯西说他们甚至都不想靠近他们买的那栋宅子。但我们不得不去找他们要那房子的钥匙。为了不在调查之前受到先入为主的印象的影响，那次我们没有采访卢茨一家。不过，我们确实问了一些有针对性的问题，以便测试他们是否诚实。他们说的句句属实，而且他们当时被吓得不轻！那时候，乔治只向我们提出一个请求：如果我们进入那栋房子，是否能将房契带出来交给他？我们答应了，然后便离开了。

"那栋房子很漂亮，"罗琳说着把花呢格纹的饰带拨到了天鹅绒马甲后面，"埃德把车停在车道上，我们绕着房子走了一圈，感受了一下这地方的氛围。之后，我们把前门的锁打开，走进了宅子。

"进去之后，埃德和我做的第一件事就是参观整个宅子，一层一层由下至上地参观。我们看到的似乎是主人匆忙离开了的一座房子。餐厅桌子上摆着一个为圣诞节准备的姜饼小屋。桌子上、地板上还散着从 1976 年 1 月中旬往后的报纸。厨房的碗柜里装满了食物，冰箱里也是。地下室里有一台立式冰箱，其中存放着价值好几百美元的食品；洗好的衣服叠放在烘干机中，随时可以收走。吧台里放着一瓶瓶密封好的烈酒，衣橱里则堆满了衣物——西服、裤子、裙子、鞋子等等。珠宝放在卢茨夫妇卧室的衣柜里，那里面没来得及带走的不仅有家传的宝贝，还有几本家庭相册。简而言之，整栋宅子和你们在座各位的房子没什么两样，也许看起来就和你们为了来听我们的讲座而离开的房子一样。假设这家人编造了闹鬼的故事，那他们肯定不会把房契和一大堆宝贵的私人财产也落在房子里。

"我们继续调查，开始举办降灵会。"罗琳说，"因此，当我们几天后再次回到阿米蒂维尔大宅中，赶在电视摄像机和录影设备进驻之前，就按照电视台的要求举行了一场夜间降灵会。最后，我发现这栋宅子里有十七个人。

"包括我自己在内，一共有三位灵媒加入了那场降灵会。"罗琳回忆道，"另外两位灵媒是阿尔伯塔·赖利夫人和玛丽·帕斯卡瑞拉夫人。玛丽和阿尔伯塔都是相当优秀的通灵师，二人自然非常专业，而且都是我们的好朋友。降灵会开始之前，埃德先采用了宗教激将法。我们都知道，如果有非人的幽灵，那它一定会因为圣物在场而被激怒，尽管我们不知道它具体会作何反应。"

"不过，我们最后得到了回应。"埃德点点头。"现象自然是有的，但并非是与人无接触的可怕外界活动，而是针对我们中至少一半的人进行的袭击，尤其是对那些在降灵会中起关键作用的人。我开始不由自主地出现一些恶劣的生理反应，比如心跳加快。我管这种反应叫'心悸'。我离开那栋宅子之后，这种心悸状况大概困扰了我三周。

"出席降灵会的人中至少有一半都经历了异常状况，或宣称他们在房子里产生了不同寻常的感觉。所以说，尽管那次降灵会实质上是一次惨败，但证明了这次惨败是由一些不知名的外力造成的。"

靠近过道的一位长发女子站起来说："我听说讲阿米蒂维尔的那本书中的神甫根本不存在。"

"女士，"罗琳回答，"那件案子中的神甫正是我们的一个朋友。我们对他非常了解。书中记录了他经历的事情，但还有一些事是那以后发生的，并没有收录在书中——神甫在参与那件案子的调查后承受了很多痛苦。"

沃伦夫妇给出这个答案后，向听众表示感谢，然后结束了讲座。和往常一样，问题并没有就此打住。一半的听众退出礼堂，还有一半聚拢到台前，围住了沃伦夫妇。

"你们怎么知道你们说的这些恶灵背后不是人类在捣鬼呢？或者不是人的鬼魂呢？"一个男人问。

"先生，"罗琳回答他，"案件的一开始，你往往难以区分这是一个消极的人类幽灵还是消极的非人幽灵。两者都可能极端恶毒，甚至会狼狈为奸。不过，只有恶魔有力量带来不可思议的消极现象，比如说火灾、爆炸、将物质化为乌有、让物体瞬间移动和使大型物体悬浮在空中。不仅如此，在被附身的案例中，你会很清楚地看到幽灵。你看一眼便知道那是什么。有时候它会有自己的名字。如果你仔细听被附身之人的录音，你会轻易分辨出人类与非人的幽灵。"

"你为什么不在这儿放录音呢？"一个女人插话道。

"我们以前会为我们的听众播放录音带，"罗琳回答，"但是在一大群人面前播放这种录音，恐怕会令大多数人产生不适。暴露在真实的恶魔声音下会对一些人产生负面影响。"

结果，听众们一个问题接着一个问题不停提问。又过了一个小时，沃伦夫妇才得以离开市政大楼。

那天晚些时候，讲座结束后，埃德和罗琳在家中与朋友一起聊天。他们为什么要在讲座上接受听众的提问呢？

"问答是我们项目的一部分。"罗琳回答，"我们讲完之后，总是会把时间留给听众提问。尽管有时候，"她开玩笑道，"半夜我从梦中醒来，都好像听到远方传来一个声音，'请允许我再问一个问题吧。'随着我们的讲座开展下去，我越来越发现这个项目有着双向的效果。可以这样说，人们来听我们的讲座是因为他们对我们所说的内容感兴趣。作为回报，我们为他们提供两个小时的关于幽灵现象的简述。我们的简述结束后，就通过问答形式来和听众互动。我们认为我们的存在是有教育意义的。这就是我们要试着回答他们每一个人问题的原因。"

为什么近来大家对幽灵和超自然现象这么感兴趣呢？

"人们从来都对神秘的事情感兴趣。"罗琳回答，"但是过去十年间，公众接触到很多关于幽灵和超自然现象的信息，他们想解开这类现象的谜团。不管我们走到哪里，都能碰上读过《驱魔人》[①]的人。他们也看过我们参与阿米蒂维尔一案的新闻，所以想了解更多。他们想知道这些可怕的现象是什么样的，为什么会发生以及现象背后的秘密。有人说幽灵现象纯粹是人的幻觉或偶发的心理状况所致，这种说法再也站不住脚了。人们想知道真相，即使他们得到的答案令人不快。"

沃伦夫妇总是抱着实事求是的态度探讨幽灵的存在。那他们对那些坚持世上肯定没有幽灵的人会说些什么呢？

"这世上还没有一个人能否定超自然力量的存在，以前没有，现在也没有。"埃德肯定地说，"相反，如果哪个人在法庭上出于正当原因有需要的话，我可以证明鬼魂是存在的，幽灵是存在的，鬼宅是真的，超自然现象也是真的，而且非人的恶灵也是存在的。"

---

① 《驱魔人》：美国作家、奥斯卡金像奖最佳编剧得主威廉·彼得·布拉蒂最著名的作品之一。2015 年由北京时代华文书局出版。

埃德拿出一张照片，那是在一个有恶灵侵占的房子里拍的。照片中的人影看起来像一个男孩的鬼魂。

"这可不是鬼。"埃德说着摇摇头，"当时这个幽灵控制着宅子里的一切，而且会以各种不同的伪装面目出现。但是归根结底，这些伪装都是一种东西：所有的其实都是那一样。至于照片，你们可以看到那男孩没有双眼，那就是恶魔的标志。不管它什么时候现形，它的形象都会有一处缺陷——它的外表总会展现出什么不自然的地方。有时候缺陷太明显了，你反倒会一时半会儿看不出来，但总之一定会有缺陷。"

如果说埃德·沃伦和罗琳·沃伦夫妇在致力于让大众明白什么的话，那就是神秘现象都是注定要发生的意外。"在过去的十年里，"埃德说，"发生的负面的神秘现象是以前的百倍。为什么呢？大部分原因是人们压根儿不知道世界上真的存在负面力量。相反，超自然力量被大家当成游戏、消遣、解决烦恼的一种万灵药。只需要看看这些年报纸和杂志上关于超自然力量的观点便可知——大家认为它只是一种无害的新鲜玩意儿。可它并非是无害的，有时会变得异常危险！罗琳和我做讲座的时候，觉得有必要奉劝所有对超自然力量抱有叶公好龙式兴趣的人少惹是非。我们向大家展示真正的负面超自然力量，让他们不要继续沉醉在幼稚的幻想中了。对于那些只是对这些案例资料感兴趣，想要了解如何避免撞见幽灵的人来说，相关知识不仅是力量，更是一种能保护自身的武器。事先警告往往就意味着事前准备。"

从事这一行三十四年，他们什么大风大浪都见过了：令人震惊的、害怕的、感觉不可思议的现象，他们全都见识过。对于埃德和罗琳来说，这些现象都有合理的解释，他们知道为什么会发生这些。沃伦夫妇在未知世界探索了一辈子，现在要分享他们了解到的关于超自然力量及其如何产生影响的知识。注意了！"恶魔出现的形式很多，"埃德说，"有的比我们今晚说的还恐怖！"

"只要这位神甫服务的宗教是传播上帝的爱，传递你身边之人的爱，我们就和他合作。可以说，我们和有着各种不同信仰的人群合作。"——埃德·沃伦

沃伦夫妇建立了新英格兰"超自然研究协会"，这是新英格兰最早的捉鬼组织。

起初，沃伦夫妇就是以他们的画作为契机接触鬼屋的主人，进而一对一和他们了解情况。

Ⅱ. 艺术与鬼影

虽然看起来不可思议，但魔鬼研究和驱魔依然存在于当今社会。而且单单在北美洲就有七位公认的恶魔学家。其中六位是受按立的神甫，是多个主要宗教的成员，第七位则是埃德·沃伦。他们每个人都独一无二，并且全都经历过超乎想象的恐怖事件。此外，他们每个人都始终处于致命的危险中。

埃德·沃伦是怎么进入魔鬼研究领域的呢？是受到了召唤吗？

"不，我认为'受到召唤'这种说法太神圣庄重了。"埃德表示，"但是我深信自己今天从事的事业是命中注定的。我这么说是因为自我年幼之时，就有促使我走上这条路的许多动力因素。"

"我五岁的时候，"他开始回忆，"第一次意识到这个世界上存在一些不同寻常的事物。我们那时候生活的地方有一个老姑娘，她不喜欢狗，也不喜欢孩子，成天就守在窗边，等着你做错事。等你做了错事，她就风一样地冲出房子，像个疯子一样大喊大叫。"

"大约一年后，她去世了。有一次，我就在她去世的那座房子的二楼，把我的戏水鞋脱了下来。太阳就要落山了，室内逐渐暗下来。我坐在地板上，衣柜的门突然自己开了。在黑魆魆的衣柜里，我看到有一点光亮，也就像萤火虫那么大。几秒钟的时间，光点突然暴涨成一个人形。然后，房子的旧主——那个老妇人的鬼影忽然站在我面前，她穿着像寿衣一样的衣服，像往常一样皱着眉头，和她在世的时候一样。然后她就消失了。

"我当时只有五岁，并不知道那种事是否正常，但是我感觉那应该是不正常的，因为我被吓了一大跳。我将此事告诉父亲。我父亲是康涅狄格州的州警，他让我忘掉我看见的一切，而且还不许我告诉别人。虽然后来我确实没有告诉别人，但我就是无法忘掉那一幕。"

随着埃德慢慢长大，他对这种奇怪现象背后原因的探索开始变成理性的求证，而这正形成了他后来这份事业的基础。作为一个感觉敏锐的孩子，他想知道为什么自己身边会出现奇怪的事物，其他人是否也有与他相似的经历。

"我在一间'鬼宅'里度过了我的童年，同时还进入了天主教学校。当时我算不上班里最虔诚的孩子，事实上，我甚至不喜欢去教堂，因为我讨厌穿得那么整齐拘束。"埃德继续说，"不过，每当学校里善良的神甫和修女开始说灵与魔之类的事情，我比课堂上任何学生都更有理由注意听讲。虽然那时候年纪还小，但我特别想搞明白自己在家中看到的古怪灵异现象背后的原因。因为我早期受到的教育让我对世界形成了一种形而上的整体概念。当然了，我并不知道那些信息是真是假，但我依然记得清清楚楚。

"幼年时，我身边还发生了一些别的事情。我的父亲是个非常虔诚的信徒，他一辈子都不曾错过一次弥撒——也许是因为他作为警察，每天都能看到生活丑恶的一面吧。不过有一点我很清楚，那就是我祖父对我父亲有着十分深刻的影响。我的祖父就是一位非常虔诚、敬重神明的信徒。他去世之前，把自己一生的积蓄都捐给了我们常去的教堂，捐了一扇中央有米迦勒浮雕的彩色玻璃窗。孩提时候的我常常去教堂，去看有阳光透进来的那扇美丽的大窗户，心想米迦勒到底是谁。当然了，现在我知道米迦勒是大天使，是他把撒但从天堂驱逐出去，他还是驱魔人的守护神。

"小时候最令我费解的一件事就是，"埃德继续说，"我常常会梦到一个修女来跟我说话。我找机会跟我父亲说了修女的事，并且把她的样子仔细描述了一番。'那女人，'那天晚上我父亲听了大为惊奇，他说，'是你的姑妈。'我从未见过我的姑妈，因为我出生前她就已经过世了。他们告诉我她是个修女，病倒后受了很多折磨才撒手人寰。我父亲常常管她叫圣徒，因为没有比这更合适的称呼了。在我的一次梦中，她跟我说了一些日后我长大成人才明白的事情。'爱德华，'她说，'你会指引很多神甫走上正确的

27

道路，但你永远不会成为神甫。'我现在不是神甫，但我与他们有着非常紧密的合作，还对那些从事魔鬼研究或驱魔的神甫给予指导。所以，实话说，我的工作并非受到了'召唤'。反倒可以说，我是走在自己的命运之路上。"

同时，也就在距离她未来的丈夫不到三个街区的地方，罗琳·莫兰在一个高贵的爱尔兰家庭中逐渐长大成人。她是这家里聪慧早熟的小女儿，是一个有着能感知另一个世界的特殊能力的女孩，因为罗琳生来就有超感官知觉——可以看到物理时间与空间之外的事物。

"我当时并不知道自己有其他感知能力。"罗琳回忆道，"我只是觉得每个人都有上帝赐予的同样的感觉——你们懂的，"她开玩笑说，"我以为第六感大家都有。后来我在十二岁的时候发现自己和别人不同。当时我在一所私立女校上学。那天是植树节，大家都在前面的草坪上，围着地上用铲子挖的一个坑站成一圈。就在他们把树苗种进去的时候，我看到了它长成大树的样子。我抬头看着它繁茂的枝丫，满树的叶子都在风中摇摆，对我正在经历的'第二视觉'一无所知。站在我旁边的修女戳了戳我的胳膊，用她惯常的严厉口吻问我：'莫兰小姐，你为什么要往天上看？'我告诉她我只是在看上面的树冠……'你是说你看到了未来吗？'她继续严厉地问我。'是的，'我承认，'我想是的。'

"说了这话我就完了——我被立即送到休养所过周末。他们不让我说话，也不让我玩耍或者做任何事情，只准我成天坐在教堂里祈祷。就是那次让我明白了自己的不同。之后，我再有超感官

28

的体验就闭紧嘴，什么都不说。"

回顾往事，罗琳发现就是自己在植树节那天的经历让她的能力开始沿着正确的方向发展，让这种能力最终成了助益上千人的神器。尽管埃德和大多数人一样，没有明显的通灵能力，但在20世纪40年代晚期到20世纪50年代早期之间（沃伦夫妇的"驱鬼"事业期），连续不断的接触灵异事件让罗琳的超感官知觉得到了重大提升。后来，20世纪70年代，罗琳在UCLA（加州大学洛杉矶分校）接受测试，她的超感官知觉被评定为"远远超过平均水平"。

沃伦夫妇的相遇相知可能会被大家称为命中注定。埃德和罗琳并非一开始就打算从事超自然力量的研究。罗琳解释说，反倒是这个事业找到了他们。

"埃德和我结婚的时候，我们两人都是十八岁，当时他在海军服役。事实上，等埃德从太平洋战场上回来的时候，我们唯一的孩子朱迪已经六个月大了，那是他第一次见到她。第二次世界大战一结束，我们就和大家一样必须得找个维生的工作。我们俩都会画风景画，而且都在绘画方面怀有抱负。埃德和我早在战前就参加了纽黑文市的艺术学校课程，因此我们在结婚之初以为我们俩都会成为画家。不过最终，艺术成了我们通往灵学研究的敲门砖。"

"你们看，"罗琳继续说，"我们画画需要一个主题——一个好的主题，人们能看懂的主题。结果，后来证明闹鬼的房子就属于这种主题。埃德会在报纸上找关于房子闹鬼的新闻，或者从本地人口中打听到哪里有鬼屋。然后我们就开着老雪佛兰去现场。埃德会将房子和周围的环境完整地画下来。当然了，他画的时候，房子的主人会透过窗子窥视我们，心想这是在干什么。我们那时候还年轻，其中一个人会上前去敲门，给他们看房子的速写画，然后趁机打听闹鬼的事情。如果故事足够吸引人，我们就会把那座房子的画收进我们的作品集中，之后再在画展上卖掉它。"

"总而言之，我们花了五年的时间在乡间各处旅行和绘画，调查闹鬼的房子——这不能全算是碰巧，我可能得这么说。就在我们结婚前，埃德已经读过他能接触到的几乎所有关于超自然的书，尽管那时候我对此并不知情。除了画画之外，他全情投入现场调查，同时还记下来那些书中错误的地方。"

沃伦夫妇切切实实地为他们那方天地从这个世界中汲取了大量的信息。他们常常首先去调查那些闹鬼地方的人，甚至有时候是唯一的调查者。尽管埃德小时候会看到一些令其他人汗毛倒竖的灵异现象，但罗琳从来没有过见鬼或被鬼困扰的经历。因此，作为成年人，她保持着喜欢质疑的那份天生特质。

"起初，"罗琳回忆道，"我对那些和我们聊鬼魂的人十分警惕。我以为他们是受到了自己过分活跃的想象力的折磨，或者只是想编故事来吸引别人的注意。事实上那时候，人们告诉我们的一些事情听起来实在太离奇了。后来，经过时间的沉淀，我才逐渐相信他们的话。我们会去差别很大的各种地方，这一周在爱荷华州度过，下一周又在得克萨斯州，但是有一点总是相似的，有时甚至完全一样，那就是这些人讲的故事。我和埃德到了那儿，画得不亦乐乎，颜料沾满我们的双手双臂，还向年龄几乎是我们两倍的人们提供咨询，告诉他们我们所知道的幽灵世界的玄机。"

沃伦夫妇在这段时期了解到关于鬼魂的哪些情况呢？灵异现象是真的吗？如果是真的，有人问过，幽灵是怎么现形的呢？

"大多数人似乎以为鬼魂会以雾气朦胧的形态游荡在老宅子的楼上。"埃德回答，"并非如此：为了能让人眼看到，鬼魂或鬼影必须借助物理能量才能现形。我们了解到，人类的幽灵想要实体化有两种基本途径。一种需要人类在场；一种不需要。"

"对于需要另一个人类在场才能现形的人类幽灵来说，它会经历一个复杂的能量转移的过程。"埃德说，"大多数鬼魂不过是以人类周身散发的光环的形式出现。每一个人的身体周围都会产生生物性发光，形成一个光环，这就是身体在自然地释放能量的标志。像罗琳这样具有超感视觉的人可以看到并'解读'人类的光环。这种光环通常有三层，分别反映出一个人的生理、情绪和心灵状态。幽灵也会解读光环，一个人的光环可以排斥或吸引某个特定的幽灵现身。幽灵可以从这种生物性发光或光环中汲取少量的能量，从而聚合成一个球体或者几束极细的光。这种光能量，再结合房间中的热量和电磁能量，就是人类幽灵借以现形的基础。"

有人让他们给出一个更简单些的解释。罗琳说："想象一下，自己正在一个朋友家过夜。那个地方环境很不错，令人感到心情愉悦，丝毫不会使人联想到鬼魂。这天晚上，朋友带你住进一间客房，你躺下没多久就沉沉睡去了。但你在三更半夜忽然醒来。也许幽灵正设法让你以为听到了玻璃破碎或者大声关门的声音，以便引起你的注意。你坐起来，心中生出一种不可名状的怪异感——你知道事情不太对头。你环顾这间漆黑的小屋，看到两个散发着幽蓝光芒的球体，和高尔夫球差不多大小，在离地五英尺的空中相伴飘浮着。与此同时，你可能还会看到自己发出一道道光芒，闪动着远去——这就是从你的光环吸走的电磁能量。这时，那两个光球立刻合为一体，形成一个更大的球体，大概有西柚那么大。随后这个球体会延展成一人多高的雪茄状光条。

"其他人倒是没看见光球，他们说自己看到上百束细细的光线聚在一起，就好像光球融成了圆柱形的光束。不管是哪种情况，在这种强烈的生物性光芒中，伴随着幽灵的努力，一个明显可辨的人形开始成形。此外，准确地说，如果人不能辨认出光线聚成的样子，那说明是鬼魂；如果能，那说明是鬼影。不管怎样，屋里都不是只有你一个人。"

"鬼魂出现还有另一种方式，"埃德解释说，"非常不同，还有点儿戏剧性。在多雨多雾的日子里或者雷雨交加的晚上，只要空气十分潮湿，因为闪电放电，空气中会有许多电能。鬼魂可以借助这种环境中的能量塑造其出现的样子。当鬼魂或者鬼影以这种方式出现时，屋里会有一种浓郁的臭氧的味道，而且最后的现形会伴随着一道蓝色的光——我敢跟你打包票，那场面相当有看头。不过，总而言之，幽灵往往会在你察觉到它存在之前或者你注视的那一刹那现形。重要的一点是，幽灵有时候需要人类在场才能现形，有时候又可以在无人的自然环境下现形。但是鬼魂并不是非得现形才算存在，因为它本质上就不是实体。鬼魂是本来就在的，它现形只是为了向物理世界的人们显示它的存在。"

鬼魂如何现形是一回事，但是在每个人看来鬼魂是什么样子又是另一回事了。为什么有的鬼魂没有头，或者是畸形的呢？

"幽灵的样貌，"埃德表示，"完全取决于各个幽灵想表现出来的样子，或者是它自己认为自己是什么模样。这就是为什么人们遇到的人类幽灵往往不是那么和善安静。悲剧有很多种形式，通常会伴随着暴力，而且一个人生前最后的想法往往会在身体死亡之后主宰他的幽灵。因此鬼魂经常以奇形怪状的面貌示人，那就是它生前最后一刻的真实写照。而且，以悲剧结束生命的人常常会在死后带有怨气，因自己的遭遇对上帝有诸多控诉。结果有的幽灵就脾气很坏，而且，和人们想的正相反，一个满怀恶意的鬼魂可以给人的身心都带来巨大影响，可能致人生病、受伤甚至死亡。从心理角度说，被人类幽灵缠住会产生强烈的抑郁，从而导致人酗酒或者失眠，甚至会让人有自杀冲动。从生理角度说，人可能会长年患病，还有可能会产生医学上无法找到根源的剧烈疼痛。"

每年给埃德·沃伦和罗琳·沃伦夫妇打电话的人里有半数都从未和幽灵或超自然力有什么瓜葛。他们反倒是一些普通人，都是无心闯入了灵异活动频繁的场所。阿米蒂维尔一案就是如此。卢茨一家不但因此损失了一大笔钱，还在精神上受到了巨大折磨和打击。有的人买了闹鬼的车，结果被引得酿成一次又一次车祸。还有的人发现自己身体不受控制，被什么人的幽灵或者什么东西占据了身体，总之明显不是自己在掌控自己的身体。还有，常常是最不信鬼神之事的人成为闹鬼现象的受害者。西点军校的那件事就是如此。

1972年10月，美国西点军事学院的一名军官致电沃伦夫妇。第二天他们的将军要在军校学员面前进行演讲。尽管这位军官故意说得不是很清楚，但他还是向沃伦夫妇透露，学院发现了奇怪的安全问题，他想问他们是否愿意在第二天的演讲之前以专业能力帮助西点。沃伦夫妇没有多追问就答应帮忙。"太好了，"军官松了一口气，"我会派一辆车明天下午三点去接二位。"

第二天下午，一辆挂着政府车牌的锃亮的黑色豪华轿车停在了沃伦夫妇家门前。埃德和罗琳穿着为参加演讲活动准备的晚礼服，坐进了宽敞的后车厢。开车的是一位参谋军士，他告诉他们，车程将有一个小时左右，然后就再没有透露其他信息。

豪华轿车行驶在塔科尼克景观大道上，时不时穿过一场阵雪，但时速始终稳定保持在六十英里。路上的旅人纷纷窥看这辆车，沃伦夫妇也在想，是什么样的"安全问题"会让政府来求助于他们呢？

下午四点刚过，他们走进了美国西点军事学院的大门。军士把车停在了总部办公室大楼的入口，打开后车门，陪同沃伦夫妇一起朝西点军校的一名高级官员的办公室走去。

唐纳德·威尔逊上校——一个温和且周身充满着秩序感的男人在他的办公室接待了埃德和罗琳。他请他们坐下，简要介绍了一下时间安排：6点和各位教职员工用晚餐；8点的时候，一位将军会给全校学员做演讲。

"还有一件事……"接下来的几分钟里，威尔逊上校开始讲述那个"安全问题"，西点军校校长，即总指挥官的家里发生了一起匪夷所思的治安事件。通常情况下，宪兵会调查个水落石出，但是，他透露道，这次他们没能解决问题。情况变得更糟了。因此，他们决定从外面找专家来解决这个找不到合理解释的问题。"那么，如果二位不反对的话，校长想在晚餐前和你们交流一下。"

"我们很高兴帮忙。"埃德回答，"你知道这个问题到底是什么性质吗？"

"接下来我说的请勿外传……"上校挤出一个笑容，"将军的住处有鬼。"

军官关上灯，拿起帽子，陪着沃伦夫妇一起走出办公室，然后把他们介绍给正在走廊中等待的军队摄影师。他们对当天的所有信息都有着严格的限制，所有档案记录都归为美国政府的财产。

外面的口号声打破了沉默，军校的学生列队行进，为沉寂而压抑的午后添了几分生气。他们一行人慢悠悠地来到将军官邸。那是一座宏伟的砖结构建筑。

将军的一名随从打开了前门，领着他们走进院子。不一会儿，将军携夫人来到了大厅。军官向沃伦夫妇介绍了一下。这位将军是个善良而富有同情心的人，不仅聪明，还显得颇有智慧，给罗琳留下了深刻的印象。

将军的夫人招呼大家来到一间客厅，房间里陈设着两个多世纪以来所有前任将军们留下的美丽古董。

"这儿没发生过任何恐怖的事情。"将军坐在貌似是他最喜欢的一把椅子上说，"不过，这座房子里确实发生了一系列事件。直到现在也没人能给我一个令人满意的解释。给你们讲一下具体情况吧。地下有一间私人书房，那间屋子一直上着锁。但是屋子里收拾好的床铺总是变得一团糟，无论收拾多少次，结果都是一样。有人看见过这座宅子的楼上有鬼影飞来飞去。这些我都不曾亲眼看到，但多年来总有这样的报告，于是消息不胫而走，在学校里传得沸沸扬扬。现在我想说的倒不是那些，而是一个频繁出现的反常现象：人们的私人物品和其他重要的物件常常丢失。不过不是被偷走了。"他强调说，"而是暂时消失了。"

将军说到这儿停下来，拿起眼镜戴上。"我承认，要不是站在一定的高度来看，我之前说的一切都算不上什么了不得的重大事件。指挥官的职责之一就是社交。在这栋房子里，我们要接待相当多的政府领导人和军界高官。最近，在几次特殊场合中，发生了一些可能会导致重大问题的事件。来此做客的几位高官显要及其夫人有的发现钱包丢了，有的发现兜里的东西丢了，比如说钱和私人物品等。后来，所有丢失的物品都出现在楼上，整整齐齐地搁在我们主卧室的梳妆台上。"沃伦夫妇一言不发地坐在沙发上，认真听着这个非同一般的情况。

"这种闹剧必须停止了。"将军铿锵有力地说，"据我们所知，这种事不是我们的人干的。接下来我就要请教二位了：如果是鬼做的——在此我要强调一下，我说的是如果——那么请告诉我：鬼魂真能控制实体物件吗？"

"是的。"埃德回答，"能。只要物件不太沉，像你说的那些，鬼魂就能控制。"

"那好吧。"将军说,"那我说的事情,你们认为是鬼魂作祟吗?"

"根据您说的,我认为没错,是鬼。"埃德回答,"事实上,很有可能是一个人类的幽灵在作怪,因为这些东西并没有彻底消失。"

得到这样一个答复,将军注视了埃德良久。"你们能告诉我这间房子里到底有没有偷钱包的鬼吗?"

罗琳知道,这次该轮到她来回答了:"长官。我具有超感视觉。我们最好先在这栋房子里走一走,看一看。这样我才能判断这里是否真的有幽灵作祟。这是最好的办法。"

将军和夫人表示同意。于是,他们一行人站起身来。埃德和威尔逊上校带着楼下书房的钥匙向地下一层走去。和往常一样,床上的被褥是乱的,就好像有人睡过一样。除此之外,其他东西都没有被动过。他们关上那屋门,往楼上走去。在一楼的厨房里,威尔逊上校给埃德看案板上的一处水渍。"案板本来快干了,"他告诉埃德,"但是每天下午它都会再次湿掉!"

将军和夫人一起陪着罗琳参观了其他房间。罗琳站在楼下每个房间的中心,闭着眼睛,努力感受人类视力无法察觉到的存在。

罗琳在一楼没有感觉到什么明显的异样,不过她觉得其中一间客房有问题。"这个房间",她说,"这个房间就是约翰·肯尼迪每次去西点参观都住的卧室。我在这里感受到的震动格外美妙。"

将军夫人感到有些惊讶,她告诉罗琳她说对了。"这确实是总统的卧室，他因为后背的老毛病不能爬楼，所以住在这一层的卧室。"

离开一楼，将军夫人领着罗琳走上安有护栏的楼梯，来到了二楼。在每一个房间里，罗琳都感受到了曾经造访这栋房子的大人物的气场，但从未感觉到那个恶作剧的幽灵。

在楼上的一间卧室里，罗琳再次驻足良久。"有一个老妇人曾经在这间卧室里住过很长时间。"她沉思地说，"她常常站在阳台上向外望。"

罗琳走到窗户跟前。远远地，她看到学员们在阅兵场上站成队列。然后她转过身来。"她是个非常聪慧的女人，她这一生都与一个男人共担风雨。她对他始终以良言相辅……但那男人并不是她的丈夫。"

"你说的那个男人是道格拉斯·麦克阿瑟。"将军说，"年迈的妇人就是他的母亲。这间卧室麦克阿瑟夫人曾经住过，当时她的儿子任西点军校校长。"

楼上的这行人又走下来，回到客厅，大家重新聚到一起。"参观完整栋房子之后，"罗琳坦言，"我丝毫没有感觉到这里有任何导致您刚才所描述现象的力量。另外，也有可能是那个幽灵在刻意回避我们。"

"有什么办法能把它找出来吗？"上校问。

"有，"罗琳回答，"轻度催眠的状态下可以。"

上校脸上掠过一丝为难。"这么说我们是不是需要组织一场降灵会？"

"不。"她笑出声来，"我只需要今晚在这里坐一会儿，等灯光熄灭，白天的喧闹沉寂之后。"

得到罗琳首肯后，他们决定晚上的演讲结束后再回到这栋房子里来。如果能一劳永逸地解决这个问题，那么至少值得一试。

当天晚上 6 点，在一场热情的晚宴上，沃伦夫妇与西点军校的诸位军官及其夫人见了面。后者对超自然的话题格外感兴趣。8 点，埃德和罗琳给好奇的军校听众们做了一次讲座。沃伦夫妇像往常一样在讲座中穿插展示了鬼魂、幻影和其他灵异现象的幻灯片，让听众席上不时响起"哇哇"的惊叹声。尽管讲座得到了听众的热烈欢迎，但这些学员中没有一个人认为这种事会在西点发生。

讲座结尾的提问环节中，一位三十多岁的年轻女士站起来，告诉沃伦夫妇她感觉此时是讲述她此前一直背负的秘密的好时机。她想告诉大家，沃伦夫妇说的都是真的。这些灵异事件都是真实存在的。她的父亲是 1945 年在百慕大三角地区失踪的空军中队队长。他和另一位战友在海上失踪后就再也没回来。尽管人们可能觉得这是个骗局，但其实不是的。

她坐下之后，整个听众席开始自发地欢呼和鼓掌。埃德看到此时正是一个结束讲座的好时机，便起身向学员们致意，对大家道了一声晚安。

五分钟后，沃伦夫妇就开始动身往赛耶大宅走去，同行的还有沃伦夫妇在晚宴上刚认识的一群军官及其夫人。罗琳向上校坦言，她觉得麦克阿瑟夫人的卧室是最适合与幽灵沟通的房间。

上校则告诉罗琳，将军和夫人将会在晚 10 点的时候乘直升机前往纽约。尽管他们现在在校园的其他地方，但一定会在离开之前回宅邸看看的。

"没问题。"她回答。

一位副官在前门迎接他们的到来。随后这行人便上楼进了麦克阿瑟夫人的卧室。军官和他们的夫人们都在卧室里席地而坐。罗琳坐在床上。（"床，"罗琳说，"人们三分之一的生命就是在这上面睡过去的，这是产生心灵共振的绝佳位置。"）房间里只留了一盏灯。罗琳闭上双眼。

"我看到一个黑人正在靠近。"她很快说道，像个新闻播音员一样咬字清晰，声音洪亮。"他穿着一身深色军装，没有绶带，也没有勋章。这个人现在已经和我们在一起了。"

人们环顾四周，并没有在房间中发现这么一个人。

"这个男人满怀恐惧、内疚，缺乏信任。他因为某件事情感到万分懊悔。"罗琳停下来，身体绷得紧紧的，展开双臂，"他现在在跟我说话。他告诉我，他被指控犯了谋杀罪。关押他的地方就在地下室。但是军方给他免罪了。他感到非常非常懊悔，内心的悲伤已经到了他无法承受的地步。这就是为什么他一直在拿别人的钱包……他想让部队了解他的懊悔。"

屋里的每个人都静静坐在原地，等着她透露更多信息。

"你叫什么名字，年轻人？"罗琳问，"告诉我你的名字……他告诉我他的名字叫格利尔。他跟我说他名字是这么拼的，G-R-E-E-R。你的事发生在什么时候？是18世纪早期，不，是19世纪早期。他不知道具体时间。他说他只是想让大家了解他的懊悔。

他想知道我是谁。"

罗琳深深沉浸在催眠状态，身子开始向前倾倒。埃德让她往后靠一些。

"格利尔先生，"她说，"我是军方派来解决你问题的……不，格利尔先生，你并没有让军方蒙羞。"她明确表示，"军队给你免罪是有原因的。卷宗上说你致人死亡，但并非谋杀。你的免罪是成立的。"

"听我说，格利尔先生。军队已经了解到你的懊悔。但其实你也应该让这种懊悔情绪散去了。我们也无法帮助你。你必须克制自己，原谅自己。已经过去了那么长时间。现在已经是20世纪了，20世纪70年代。你不了解眼下的世界是什么样的。你每次从重要人物身上拿走一件东西，都会把军方置于一个非常危险的境地……他告诉我他已经没必要这么做了。他感到困惑，他想活过来……"

罗琳的双臂松弛下来，开始从催眠的状态中逐渐恢复。

"罗琳，"埃德铿锵有力地说，"先别离开他，试着送他离开人间。"

罗琳安静地坐了良久，然后再次张口说话。"要想活过来，格利尔先生，你就必须得走进那束光。是时候让自己解脱，重新开始了。人人都要走到这一步。把注意力集中在那片光芒上，迈步靠近它吧。去和你的朋友和家人相聚吧。走进光芒吧，那里就是你的家，格利尔先生。把注意力集中在那片光芒上，向它靠近……"

罗琳突然从刚才的状态中清醒过来，她的双眼瞪得大大的。"他不见了。我没跟住他。"她说道。

屋里的灯重新亮起来，军官和他们的夫人们也从地上站起来，用刻意压低的声音交谈着，看上去十分焦虑。罗琳站在大家中间，给他们仔细描述了她看到的那个男人，然后告诉他们最后格利尔消失了。

不一会儿，大家就下楼离开了，沃伦夫妇和上校则在客厅继续等待。几分钟后，将军和他的夫人回来了。罗琳简短地将她与那个幽灵的对话跟他们说了一下，最后得出的结论是："我觉得格利尔并非真的想一直在这儿待着。从某种程度上说，我认为他是在等待一个得以离开的机会。而且我认为以后这栋宅子很可能不会再丢东西了。但是万一事情又发生了，请务必告诉我——我即便不在这儿也能想出些办法来。"

"那真是太谢谢您了。"将军说，"但是，还有个小问题。直到本世纪西点军校才招收黑人学员。不过我保证，接下来几周，上校一定会彻底查清此事。"

正当他们在大厅交谈时，一架直升机嗡嗡响着降落在房子外面。他们该走了。门前台阶上，双方对彼此表达感谢并且道了再见。随后将军和他的夫人就穿过草坪，登上一架大型军用直升机，出发去纽约了。沃伦夫妇进了等候他们的豪华轿车的后车厢，心里惦记着格利尔，不知道他是不是就此解开了一个多世纪的心结。

几周后，埃德和罗琳在波士顿大学进行讲座的时候，台下有电话找他们，原来又是西点军校。军方告诉沃伦夫妇，他们已经进行了完整而彻底的调查。调查发现确实有一个叫格利尔的黑人门房曾经在西点工作过。19世纪早期，他被指派到赛耶大宅内工作，后被指控谋杀，但是军方最后免了他的罪。他的档案资料有些混乱，目前上面的记录是"已故"。"另外，下次二位来西点做讲座的时候，请帮我们解决一个不肯离开宿舍的内战骑兵的鬼魂好吗？我们需要用那间宿舍。"

当然了，军队并非唯一一个需要对付鬼魂的大型组织。L-1011喷气客机在佛罗里达大沼泽地坠毁后，东方航空公司的航班屡次出现灵异现象，就像电影《401航班的鬼魂》（*The Ghost of Flight 401*）拍的一样。空难发生后的第二年，上百人报告称他们在其他客机上亲眼见到了已故的机组成员现身。据说有一次，飞行记录仪还录下了那次空难中遇难的随机工程师唐·雷波的声音，当时他在驾驶员座舱现身，还和机组成员说话。有时候这类不同寻常的事件就摆在面前，人们根本无法否认或者视而不见。话说回来，对于像西点军校那样的情况，当灵异现象频繁发生时，最直接的解决办法莫过于承认这事情背后有鬼，只有这样才能真正设法消除这种现象。

"事实上，"埃德指出，"军方能大方承认超自然力可能存在是一种进步。游历期间，我常常遇到根本不信鬼的人。他们认为超自然现象是十分危险的，所以干脆就对此类信息充耳不闻。幸运的是，这些军方的官员并没有否认与他们的认知有悖的现实。他们分析数据，依照逻辑衡量证据，最后得出理性的结论，从而找到解决问题的方案。"

当有人提起鬼魂之事，人们总是会自动联想起英国那些恐怖古堡和庄园主的大宅。依着沃伦夫妇的经验，鬼魂到底是英国多还是美国多？

"不久前 BBC 也问过我同样的问题。"埃德回答说，"这个世界上确实有些地方闹鬼很严重，而且其中很多地方都在英国。比如说波丽莱多里，那里可算得上是超自然现象的胜地了，而且以此闻名数百年。只消读一读哈里·普赖斯最新出版的几本书，比如《英国境内骚灵现象考》，就不难发现这一点。但是直到现在，美国的鬼魂比英国的鬼魂还要多。原因就在数量上。尽管全世界日常的幽灵活动水平基本相当，但美国的人口更多。换句话说，人口数量大的地方，这地方的人去世时以鬼魂形式留在人间的可能性就更大。"

在美国，最可能撞鬼的地方是哪里呢？

"要说实际存在的地方，"埃德回答，"我们发现最有可能撞鬼的地方是那种老旧而偏僻的建筑。靠海的、美国殖民时期修建的农场的房子或更老的砖砌房子最有可能闹鬼，因为那种房子里通常住过好几代人。但是鬼魂不只出现在闹鬼的房子里。举例来说，最近我周围的一些人包括我的助理朱迪在内，都声称夜里看到有个穿风衣的成年男子在我们房子门前来回踱步，但只要有人走近他，他就会消失不见！原来是几天前有个年轻人给我们带来了 401 航班——那艘在佛罗里达大沼泽地坠毁的喷气客机的一些残存部件。那年轻人把第一个部件递给罗琳的一刹那，就看到了随机工程师唐·雷波的鬼魂。他就是那个被人看到在我们房子外面踱步的人。他一边踱步一边等待，因为那个星期晚些时候我们碰巧与他家族的几个亲戚碰了一面。当时，罗琳看到他和另外一个鬼影在附近徘徊，一直到我们谈话结束才消失。另外，我还要提一下斯图尔德或者斯图尔特这个名字，这个人的鬼魂在罗琳开始在 401 航班的零部件上感受灵力之处便现身了。"

这个答案又带来了更深入的问题：到底这种灵异现象为什么会发生呢？为什么有的人死后会变成鬼魂，有的却没有？这背后有没有什么道理可讲？对于这类问题，埃德和罗琳会十分详细地进行解答。作为年轻的艺术家，他们逐渐了解到，人的幽灵无非就是那些肉身不复存在的灵魂。这类不幸的幽灵起初会对自己的状态感到非常困惑，他们似乎依然有生命，却已经失去了身体。抛开身体不说，这些人类的幽灵其实是暂时滞留在人世与他们要去的下一站之间的"灵薄狱"中，各种因素导致幽灵无法有任何进一步的行动。

"鬼魂的出现，"埃德解释说，"往往是因为在这个人身上发生了某种悲剧，突然死亡或者死前遭受了重创。还有一种没有前者常见的情况，那就是幽灵会因为对这世上的某样东西格外留恋而徘徊在人间不肯离开。但是不管是上述哪种情况，人类的幽灵都存在于人间，没有进入另一个世界。现在，通常来讲，生前对于死后世界有过想象和思考的人会顺利地进入那个世界。不过，人类的幽灵往往会陷在某种固定的情绪之中。内心深处，这类幽灵都在寻求最后的解脱，但是他们死前遭受的创伤或悲惨境遇使得他们只能沉沦在自己的消极情绪中。我们在很多案例中遇到的鬼魂甚至都没有意识到自己已经死了。这是因为鬼魂已经不具备拥有血肉之躯的人所具备的认知能力了。和他们沟通时，你常常要告诉他们——事实上，用'说服'更准确——他们已经死了，他们已经脱离了肉身。那么大家现在了解了，精神根本不会受到死亡降临的影响。因此，如果死亡来得太突然，或者在感情创伤未消弭之时忽然来到，幽灵会一直困在当时的状态中，无法解脱。这就是幽灵依然留在人世，甚至一留便是多年的原因。时间因素并不影响幽灵，因为他们算得上是存在于永恒的现在。人类幽灵成功去到另一个世界需要的是智慧和醒悟。"

"从本质上讲，要是出现闹鬼的现象，"埃德继续说，"要不然就是这家发生了一些令人情绪激动的事件，导致了这类现象；要不然就是这个幽灵正在努力尝试与现实世界的人进行沟通。我们先说以激烈的情绪为导火索的情况。人们常常思考这样的问题：为什么有时候房子里住的明明是两个、三个甚至十几个人的家庭，却只有一个人发现幽灵现象。答案就是这个人可能和幽灵之间有一种情绪上的内在联系。"

"举个例子，假设你有一栋老宅，一百年前曾经有人在宅子里自杀。与此同时，六七个家庭成员都在这栋宅子居住，他们从未有过哪怕一次灵异体验。然后有一天，有个人也产生了自杀的想法。灵异活动就立即开始了。因为一种情绪上的互动出现了。就好像把电池放进了手电筒里，从那以后，两种相似的情绪之间就产生了联系。"

"再举一个例子吧。上溯到大约五十年前，女人都是在家生产的，有时候会死于难产。可是，特别想要孩子并且当个好妈妈的女人，谁也不想在生孩子的时候死掉。因此她可能会与这个家保持着联系——情感上与这个地方无法分开。一百年后，带着一个新生儿的家庭搬进了这座房子。突然间，他们发现婴儿房里出现了一个维多利亚时代的女人的鬼魂。孩子的出现触发了她的情感反应。这种闹鬼的情况十分常见，而且发生的次数我数都数不过来。"

"鬼魂会现身的另外一个原因是它想沟通。在这类情况下，出现的幽灵生前往往有着悲剧性的结局或者有无法释怀的心事，它们在人前现身就是为了尝试沟通，倾诉心事。这就是为什么闹鬼事件中灯会忽开忽关，人们可能会听到敲门声，或者会有小东西在你眼前移动。这些都是幽灵试图引起人注意的行为。西点军校发生的就是这种情况。不过有时候鬼魂甚至不知道自己的存在。我有一张鬼魂的照片。他是一位英国的修道士，我是在波利教堂不小心拍到他的，当时他正在匆匆地翻阅一本大厚书。"

"我还有一个更贴合这种情况的例子。"埃德继续说道，"那是几年前在美国发生的一件事。有一家人，爸爸刚刚失去了妻子，他的七个孩子已经长大成人，他们家开始闹鬼，但是情况没那么简单，因为那个'鬼'其实是去世的妈妈的幻影。就在这家人向我们打电话求助的两个月前，这位妈妈带着她65岁的老母亲进行圣诞采购，开车回家的时候下起了大雪。这位妈妈十分焦急，想趁着雪还没下到铺天盖地的时候抢先回家，结果路上出了意外。车撞到了一棵树上，车上两个女人都当场死亡。虽然孩子们的外祖母是立即死亡的，但他们的母亲并非如此。"

"她为什么要以幽灵的形式出现？因为她生前最后一个念头就是要回家，于是她真的回了家，尽管是以幽灵的形式。车祸发生后，那座房子里很快便发生了不同寻常的动静。几个月后，事情开始变得清晰起来，那些动静的源头就是这位妈妈的幽灵。我说'清晰'是因为孩子们更为敏感，他们看到半透明的妈妈在浇花、叠床，还关上了碗橱的橱门。半夜天气很冷，她就去关上了窗户——总之，她做了很多这类事。在当时的状态下，这个女人压根没意识到自己的肉体已经不存在了。"

一个人怎么会没有意识到自己已经是鬼魂了呢？

"这就好像截肢手术一样。被截肢的人一开始往往以为自己的腿还在，但其实已经不在了。鬼魂也是一样的，只不过是魂魄还在，身体不在了。"

"总之，在那件案子中，我不得不请能进入深度通灵状态的灵媒来与她沟通。"埃德说出结果，"那天我们进行了很长时间的通灵，而且大家情绪都比较激动。起初，我像往常一样得到了'不，我才不是鬼魂'这样的答复，因为拒绝接受自己已经死了的事实是她的自然反应。那天下午，当我们终于将那个女人渡到另一个世界的时候，房子里的一切灵异现象都立即消失了。有些人可能觉得让这个女人去另一个世界似乎挺残忍，但是毕竟人类的幽灵不是宠物。因此，这个女人有必要知道自己的处境。否则，以后这家人搬到别处或者去世之后，她会依然游荡在这栋房子里。我要再重复一遍，悲剧性的结局或者无法释怀的心事也是闹鬼的原因之一。"

　　和鬼魂沟通通常要借助心灵感应。这就是罗琳在西点一案中用到的技能。要想沟通，没必要让格利尔现身，心灵感应足以达到这一目的。

　　心灵感应是每个人都有的潜能，是一种思维传递的形式。这种技能不是让人通过讲话说出想法，而是把自己的所思所想直接投射到对方的脑子里。就像眼睛和耳朵一样，大脑——人体最复杂的器官——同样是一副有感知能力的器官。换种说法就是，大脑能处理其他五种感官都不能处理的感觉数据。幽灵会认为"第六感"是最便利的沟通方式；不过，大家通常不清楚，其实思维传递是一种物理现象。

　　"思维是可感的，"埃德解释说，"人们需要通过振动来感知思维。不管是哪种感觉数据，都要通过振动才能让我们感知到。我们的身体就像是一架巨大的天线，上面有特定的接收器来接收那些特定的振动。就好像无线电波，人类是无法看到振动的，尽管我们身边到处都存在着这种振动。不仅是思维，世界上的万事万物都有着其独特的振动、独特的频率。虽然每种频率都是不同的，但大脑能够分辨出这种不同。"

　　"可是，人类的大脑存在一个缺点，它无法区分现实世界真实存在的声音和精神上接收到的声音。因为二者频率是完全相同的。所以，当有鬼魂通过心灵感应进行沟通时，那种情况和两个心灵之间传播振动差不多。这种传播的结果就是沟通。当然了，如果另一头没有思维能力的灵魂产生，并向物理世界传播这种心灵感应振动，那么也就不会存在沟通。"

作为年轻的艺术家，埃德和罗琳发现闹鬼的房子中发生的灵异现象大多数都是人类幽灵所致。他们及时地意识到，尽管这些失去了肉身的存在有时候会引发十分恐怖的现象，但他们其实本身并没有什么恶意。另外，尽管这些人类的幽灵会有一些特别奇怪的举动，但他们其实也没什么不可思议的力量。

在有些罕见的案件中，沃伦夫妇发现还有另外一种现象。这些闹鬼的房子里有强大力量活动的痕迹。"很多次，"罗琳说，"我们到达现场后发现房子里恰好正在闹鬼。那么我们会亲自看一下这些异常情况，采集一手资料。但是大多数情况下，我得说，房子主人的态度能说明一切。通常我们走进房子里，发现那家人因为他们之前看到或遇到的事情吓得魂飞魄散。而且在那时候，人们基本没什么机构或者代理可求助的，大多情况下，这些家庭不得不独立面对那些满怀恶意的幽灵发起的难以置信的攻击。等我们到达时，他们常常已经精疲力竭，所有精力都已经被身边出现的没完没了的灵异现象消耗尽了。尽管大多数人都被骚扰得六神无主，不知所措，他们还是常常无法意识到这背后捣鬼的是幽灵，更别提恶灵了。关于他们身上发生了什么，没什么好争论的——他们就是被鬼缠上了。"

"最后，我们依靠这些早期的经验达成了一个共识——这些现象背后作怪的是幽灵，但是这种幽灵要比区区人类的鬼魂更难对付，更具杀伤力。"

"鬼魂从本质上说是一个被动的实体，力量和能力都十分有限。它们常常会随机地现身，尝试沟通，然后又消失得无影无踪。它们的活动就像是一个循环：现身，沟通，然后消失。"埃德说，"而且除了让人知道自己的存在，鬼魂基本上什么都做不了。我们发现普通的人类幽灵通常是独来独往，其关注的是如何解决它自己的问题。这种鬼魂的所作所为完全可以预料，要么就是想向人类诉说自己的困境，要么就是深陷在自己的不幸中，十分哀怨。但是，前面所说的其他案件没有任何迹象显示背后的原因是人类的幽灵。房子中不可思议的骚乱、吓人的场景、给人带来的震惊和恐怖的感觉，这些都表示背后另有蹊跷。"

在最糟糕的案子里，沃伦夫妇发现整栋房子都弥漫着杀气。在通常的案子里，人类的幽灵相对温和，它们可能会让一根笔浮在空中，或者打碎主人珍藏的杯子，但在这个案子里，似乎幽灵是在有计划地故意糟蹋整栋房子。房子里的人常常受到精神上和身体上的攻击。起初，沃伦夫妇以为这是多个幽灵集体的"杰作"，也许他们生前就是一群恶徒。但是并没有证据支持这个想法，因为这种现象是有目的的，背后定是一种具有强大智慧的幽灵，它的所作所为展现出其绝对邪恶的本质。

鬼魂可以随时随地现身，不管白天还是晚上，而当时那类现象却大多数在没有自然光的情况下频繁发生。那些恶作剧通常会在日落后开始，日出前结束。鬼魂需要光的能量才能现形，但出现在人们眼前时这东西是黑色的，而且见光则退。它是一大团无形的黑色，亲眼所见之人形容它"比自然的黑色还要黑"。

另外，所有与幽灵有关的东西都很是吓人，充满了负面力量。

普通的鬼魂若是吓到了人就会消失，而这次的幽灵与那些鬼魂不同，在弥漫着恐怖情绪的环境下反倒会壮大。它的到来总是伴随着纯粹的恐惧和不祥的预兆，让屋子里充满了挥之不去的邪恶与敌意。那团黑色所过之处往往会弥漫着一股恶臭——像是硫黄、粪便或者腐肉的气味儿；它多次留下残留的血迹或者其他类型的体液。那东西就像灯塔一样，投下一片仇恨和极具破坏性的嫉妒情绪，它的一举一动都是残酷、暴力和错误的。另外，沃伦夫妇注意到，这类怪异东西的降临总会让氛围变得污秽不堪，不但让人们口吐脏话，还会导致受伤事件发生。

沃伦夫妇反复在一些案例中接触到同样吓人且肮脏的闹鬼现象。这股充满了恨意与暴力的邪恶力量到底是什么呢？最后，他们不用猜便得出了结论，因为那类幽灵常常故意留下十分明显的证据，比如说上下颠倒的十字架、成堆的粪便和一摊摊尿液。而且它还常常胆大包天地写下自己的身份，常常是从右至左倒着写在镜子上：

或者更直接地写——

上帝去死

"它要么就是潦草地写上几句渎神的话，"埃德说，"要么就是乱涂几行粗俗猥亵的句子。我第一次看见这些肮脏污秽的涂鸦，还以为那间屋子里住着个精神病呢。我天真地想把那些字儿从墙上和镜子上抹去，这样罗琳就无须面对那些污言秽语了。可是我刚擦干净，那些字儿在我眼皮子底下又出现了。很快我就明白了，这不是人类或者人类的鬼魂所为。"

"起初，"埃德承认，"我对恶魔现象的整个概念都不太清楚，我相信，其他人要是遇上同样的事儿，也一定摸不着头脑。而且我认为显然这些恶作剧与人类幽灵的所作所为全然不同。这些鬼东西不仅在墙上写字，甚至会在极罕见的情况下开口说话，发出真实可闻的声音。而且，罗琳和我都不得不承认，这些持续散发负能量的东西太强大、太有威胁性了，我们在工作期间尽可能避免与之接触。光是靠近这种现象发生的现场就是一种精神上的折磨。尽管我知道我们在区分人类幽灵的行为方面取得了巨大的进步，这种事还是我们以前从未想到的。"

对于埃德·沃伦来说，发现恶魔世界的存在并非是某种过度宗教追求的终点。他还没有进入那个世界，还没有发现符合他幻想的"恶魔"。"我们在调查中偶然碰到了这类灵异现象。现象发生时我们正好撞上了。但是和人类的幽灵不同，这类东西可不是好惹的。我们谨慎地与之保持距离，尽可能多地研究它们的行为，同时帮助遭遇不幸的人或家庭。后来我们才发现这些非人的幽灵对宗教象征进行了多么恶毒的攻击，再然后，我们意识到恶魔给虔诚的神甫带来了十分重大的问题。"沃伦夫妇的宗教信仰会不会影响到他们的所见呢？毕竟相信超自然现象的人比不相信的人更容易察觉到该现象。

"听上去很有道理。"埃德表示同意，"但是我们在工作期间看到的东西不可能受到我们的信仰的影响。我们没道理在这种事上施加影响：我们不是那种狂热的基督徒，而且我们的服务并不收费，生理上和心理上都很健康。大家得理解，人们来找我们咨询是因为他们已经经历了灵异现象带来的烦恼。或者是他们的孩子突然有奇怪的举动，或者是他们房子里的东西开始四处乱飞，他们既不知道这是怎么回事，也不知道该如何结束这一切，所以最后这些人才求助于我们。罗琳和我介入的时候，灵异现象已经发生过了，而不是尚未开始。这时候，我们就要尽最大的努力去侦测这种现象的来源，然后采取相应的行动，终结这类现象或者再求助更有本事的人。"

"现在，"埃德说，"不熟悉情况的人们常常喜欢在恶魔的话题上展开理性思考，将它看成是一种纯粹的心理现象，或者干脆说恶魔是不存在的。但是这些人从未亲眼见过这类现象，否则他们绝不会下此毫无依据的结论。他们只需要走进一栋存在非人幽灵的房子就能了解情况，只需进去一次就够了。"

"闹鬼的房子外面的人行道上会聚满看热闹的邻居。他们的直觉告诉他们出了事。等你走进房子，通常会发现那家人正在抽泣或者恐惧得抱成一团，完全被之前经历的一切吓呆了。他们的衣服有可能被撕烂了半边。空气中弥漫着那种硫黄、臭氧或者粪便的味道。如果发生了幽灵附体，那么被附体的那个人通常会像个笨拙的怪兽一样慢慢朝你走过来。东西都悬浮在空中。房子里的一切或许已经被看不见的力量整个破坏掉了，所有的东西，不管大件还是小件，全都掀了个底朝天或者干脆摔碎了。墙壁后面常常传来不可思议的重击声。至于墙，上面往往有无形的手用十几种语言写着各种污言秽语和渎神的恶毒句子。你会眼看着一些东西在眼前出现，然后又消失。宗教挂件会遭到亵渎或者突然倒过来。椅子的边角处会闪现出几簇火焰，而窗帘也许早就被火苗吞噬了。房子简直可以说是遭遇了一场浩劫！除此之外，那里笼罩着厚重的邪恶氛围，厚重到你几乎可以用刀去切。邪恶的尖叫声、渗透着恶意的呻吟声或疯狂的笑声此起彼伏，足以让你浑身发冷。如果你不走运的话，幽灵会穿过走廊走近你，甚至穿墙而入，再或者直接出现在你身后，然后事情就变得无比清晰——这绝不是某种无法言说的扭曲幻想。这是真实存在的对人类的攻击，直接而且目的明确。"

因为好奇，沃伦夫妇继续研究，他们发现非人幽灵现象的发生会分几个阶段。一开始，它们的行动相对温和，不足以引起人们的警惕。而且，不是每个人都会看到这类现象。非人幽灵常常会附体或攻击某个人。而且哪些人被选作攻击的目标也是有原因的——近来两名年轻护士恰好遇上了这种事。

Ⅲ. 安娜贝尔

沃伦夫妇家的电话响起，电话线那头传来一个低沉的声音，神甫向埃德·沃伦求助，告诉他发生了一件貌似十分严重的事件。那就是"安娜贝尔"一案。

这次找他们帮忙的是一位圣公会的神甫。神甫是从康涅狄格州教堂的行政办公室打来的电话，他在电话中转达了该州另外一位地方神甫的消息。尽管神甫说得太过简单，但埃德·沃伦还是从他透露的信息中得知，两名年轻护士与她们认为是人类幽灵的东西进行了"沟通"。神甫疑心这是个邪门的案子，因为向他求助的女孩称，另一个女孩的朋友遭到了攻击，而且是身体上的。尽管伤情不严重，但灵异现象仍在继续，而且有个女孩似乎认为她屋里有来自异世界的鬼魅。"你们是否……"他问道，"是否能对此案进一步调查一下呢？而且您作为恶魔学家，是否建议该由正式的教堂来采取一些行动呢？"

埃德·沃伦同意神甫的说法，也认为极有可能是某种消极的幽灵在作祟，于是他接受了对方的邀请。然后，神甫将当事人——两个年轻女孩的电话号码和姓名给了埃德。和神甫通话之后，埃德立即拨打了他刚刚得到的电话。与其中一名护士联系上之后，埃德问清了她们遇到的问题，然后告诉那个年轻女孩，他和罗琳马上就到……

尽管那天州际公路上并不拥堵，但沃伦夫妇还是花了一个多小时才赶到事主的住址，那是一栋现代的低层公寓大楼。沃伦夫妇停好车便上楼来到门前，埃德按响了门铃。他还随身带了一台磁带录音机、一台摄像机和一个黑色公文包。屋里立刻响起了脚步声。螺栓锁咔嗒一下拉开了，门也应声而开。开门的是迪尔德丽·伯纳德，她是个二十五岁的年轻女孩，长得楚楚动人，但表情严肃。埃德·沃伦和罗琳·沃伦夫妇自我介绍后便被她迎进了屋。

年轻的护士领着沃伦夫妇穿过一间宽敞的客厅，来到厨房。卡尔·兰德尔和他的未婚妻劳拉·克利夫顿正坐在餐桌边喝咖啡。迪尔德丽把沃伦夫妇介绍给他们，但是除此之外，这个年轻人很少说话。他们脸上严肃焦虑的神情说明了一切。沃伦夫妇和其他人一起坐在桌前。将一盘卡带放进录音机里之后，埃德打开了录音机，让它录下了时间、日期、地址和几位事主的全名。

"好的，"埃德开始说，"我想从头到尾听听整个故事。谁来讲给我听？"

"我来。"迪尔德丽说。

"那么，卡尔，劳拉，要是她讲的有什么遗漏，你们俩就帮着补充。"埃德嘱咐道。

"我要说的其实是两个故事。"迪尔德丽说，"其中一件是本周早些时候发生在卡尔身上的。另一个故事是关于安娜贝尔的。但是我想这两件事其实都和安娜贝尔有关。但我不确定。"

"安娜贝尔是谁？"埃德突然插了一句。

"她属于迪尔德丽。"劳拉回答。

"属于？"罗琳问道，"安娜贝尔是个活生生的人吗？"

"她是活的吗？"迪尔德丽自嘲地重复了一遍罗琳的话，"她能动，看起来像个活的一样，但是我并不认为她是活生生的人。"

"安娜贝尔就在客厅里。"劳拉说着往桌子对面指了指，"她就坐在沙发上。"

罗琳朝她左边的客厅望过去。"你说的是你那个玩具娃娃吗？"

"没错，"劳拉回答，"那个大洋娃娃就是，那就是安娜贝尔。她能动！"

埃德站起身，走进客厅去检查那个娃娃。那娃娃直伸着双腿坐在沙发上，又大又沉，和四岁孩子一般大小。埃德看它，它也用一双黑眼睛盯着他看，它脸上画的那抹微笑让人感觉似乎在冷冷地嘲笑着什么。埃德仔细端详着眼前的娃娃，但并没有碰它，看完就回到了厨房。

"这娃娃从哪儿来的？"埃德问迪尔德丽。

"这是个礼物。"迪尔德丽回答，"上次我过生日的时候我母亲送我的。"

"她送你这个娃娃有什么特殊的原因吗？"埃德想知道。

"没有，就是个新奇礼物罢了——可以当装饰摆件。"年轻护士回答说。

"好吧。"埃德继续问，"你第一次留意到它有异动是什么时候？"

"大约一年前。"迪尔德丽说，"这娃娃开始自己在公寓里晃悠。我的意思不是说它站起来到处走或者有类似的行为。我是说我们下班回家发现它的位置变了，不是我们上次放下它的位置了。"

"关于这部分请多解释几句。"埃德提出要求。

"自从我在生日那天得到这娃娃之后，"迪尔德丽解释说，"每天早晨收拾好床之后我就把它放在床上，让它的胳膊分别放在身体两侧，双腿伸直，就跟现在的坐姿一样。但是我们晚上回家的时候，发现它的胳膊和腿的姿势都变了。比方说，它的腿是盘着的，或者手臂叠放在大腿上。大约一个星期后，这种情况让我们起了疑。因次，我做了个实验，早晨故意将它的双臂交叠，一条腿搭在另一条腿上，想看看它是不是真的会动。最后，每天晚上我们回到家都发现它的双臂和双腿都是摊开的，它每次都会以各种不同的姿态来迎接我们。"

"是的，但它的能耐不仅如此。"劳拉插进来，"这娃娃还会自己挪地方呢。有天晚上我们回到家，安娜贝尔娃娃就坐在前门旁边的一把椅子上。而且是跪着的！古怪的是，每次我们试着让娃娃保持跪姿，它就歪倒在一边，怎么也跪不起来。还有的时候，我们发现它坐在沙发上，可我们早晨离开公寓的时候，它在迪尔德丽的房间里，而且房门是关着的！"

"还有其他情况吗？"罗琳问。

"有。"迪尔德丽说，"它还会给我们留言。笔迹看起来就像个小孩一样。"

"它写了些什么？"埃德问。

"它写了些在我们看来毫无意义的话。"迪尔德丽回答，"比如说'救救我们'或者'救救卡尔'，但是卡尔当时没有处在任何危险之中。而且它说的那个'我们'指的是谁，我们也不知道。再有一个诡异的地方就是，这些留言是用铅笔写的，但我们找过，发现公寓里压根没有铅笔！而且它用来写字的纸是羊皮纸。我把公寓翻了个遍，想找羊皮纸，可我们谁都没有这种东西。"

"听起来就好像有人有你们公寓的钥匙，在跟你们搞变态恶作剧一样。"埃德直截了当地说。

"我们一开始也是这么想的。"迪尔德丽说，"所以我们做了些准备，比如说在门窗处做一些标记啦，放上几块地毯啦，这样一来，不管谁进来都会留下痕迹，到时候我们就知道是有人在背后捣鬼。但是我们发现没有一次能证明有外来的人进屋。"

"因为娃娃老是在屋里移动，我们开始怀疑房间里进了贼，就在这时更诡异的事情发生了。"劳拉补充说，"娃娃像平常一样坐在迪尔德丽的床上，有天晚上我们回家，发现它一只手的手背上有血，胸口也有三滴血！"

"天啊，那回真是吓死我们了。"迪尔德丽坦白说。

"你们注意到公寓里发生什么其他现象了吗？"埃德问他们。

"有一次快到圣诞节的时候，我们发现音响上面放着一个小小的巧克力靴，可是我们谁也没买过。所以我们猜那是安娜贝尔的。"劳拉说。

"你们是怎么判定这娃娃和幽灵有关系的？"罗琳问。

"我们知道肯定这些事背后有鬼，"迪尔德丽回答，"这娃娃还会自己跑到别的房间，而且还会变换姿势：我们都看见了。但是我们想知道到底是怎么回事。玩具娃娃自己动这种事儿有没有什么合理的解释呢？所以劳拉和我找了一位灵媒。那是差不多一个月前了，应该是这些诡异事件开始发生六个星期之后。"

"你们有什么新发现？"

"我们了解到这地方以前死过一个小女孩。"迪尔德丽告诉沃伦夫妇，"她死的时候才七岁，名字就叫安娜贝尔——安娜贝尔·希金斯。安娜贝尔的幽灵说她在这些公寓建成之前就经常在这里玩。那是她的一段'快乐时光'，她告诉我们。因为这里住的都是大人，成天只知道关心工作，除了我们没人和她玩。安娜贝尔觉得我们能理解她。这就是为什么她开始移动这个娃娃。安娜贝尔唯一的心思就是得到关爱，所以她问我们能否允许她和我们一起住在这间公寓里，附到娃娃身上。听了这个请求我们能怎么办呢？我们只能答应了她。"

"等等，"埃德插话道，"你说她想附到娃娃身上是什么意思？你是说她提出要占有它是吗？"

"没错，就是这个意思。"迪尔德丽回答。"因为看上去这个提议并不危险。你们是知道的，我们俩是护士，每天都看到生老病死，特别富有同情心。总之，从那次之后我们就叫这娃娃安娜贝尔了。"

"自从你们知道它体内可能附着一个叫安娜贝尔的小女孩的幽灵之后，你们对这娃娃做过什么特别的事吗？"罗琳问。

"那倒没有。"迪尔德丽说，"但是确实无法再只把它当玩具娃了。它就相当于安娜贝尔啊。我们无法忽略这个事实。"

"好，在你继续讲之前，我们先来回顾一下。"埃德说，"首先，你生日的时候得到了这个娃娃。过了一段时间，娃娃开始自行移动，或者说它开始变换位置，引起了你们的注意。这让你们很好奇，因此你们决定举办一场降灵会，一个幽灵出现了，声称自己是安娜贝尔·希金斯。这个所谓的小女孩的幽灵只有七岁，她请求你们允许她占据这个玩具娃娃的身体，和你们住在一起。你们出于同情，答应了她的请求。然后你们给这娃娃改名叫安娜贝尔。对吗？"

"没错。"迪尔德丽和劳拉说。

"你们在这间公寓里看见过一个小女孩的鬼魂吗？"埃德问。

"没有。"两个女孩都说。

"你说这里曾经出现过一个巧克力做的东西。"埃德说，"还发生过什么奇怪的、你们无法解释的事情吗？"

"有一次，一尊雕像升到空中，飘过房间。"迪尔德丽回忆道，"然后它忽然在空中停了一下，然后掉到了地上。我们当时都没在那尊雕像附近，它在屋子的另一边。那次事件把我们吓坏了。"

"我来问你几件事。"埃德继续，"你们有没有觉得，其实你们不该给这娃娃那么多权利呢？"

"它可不只是个娃娃而已！"

迪尔德丽纠正他。"它里面住着我们关心的安娜贝尔的幽灵！"

"没错！"劳拉说。

"我是说，在你们还不知道安娜贝尔之前。"

"我们怎么知道该怎么做呢？"迪尔德丽问。"但是现在回头看看，也许我们不该太相信这个娃娃。但是，真的，我们把这玩意儿完全当成了安全无害的吉祥物。它从来没有伤害过谁或者破坏过什么东西……至少那天之前是这样的。"

"你们依然觉得移动这娃娃的是一个小女孩的幽灵？"罗琳质疑道。

"还能是什么呢？"劳拉回答。

"这是个该死的巫毒娃娃，对，它肯定就是那种玩意儿。"卡尔突然爆发，"我老早就告诉过她们要小心这东西。这娃娃就是在利用她们……"

"好了，卡尔，我想现在该你来讲讲了。"埃德对这个小伙子说。

"我这么说好了：我不喜欢那娃娃，那娃娃也不喜欢我。"他说，"那玩意儿有思维，可玩具娃娃不该有思维，对吧？所以，从一开始，我就不觉得那玩意儿在房子里到处跑是什么可爱的事儿。"

"除了这个，也给我讲讲你身上发生的事吧。"埃德说。

"跟他们说说你做的梦。"劳拉对卡尔说。

"嗯，"卡尔接着说，"那玩意儿还让我做了噩梦。而且是多次反复地做噩梦。但是我要告诉你们，据我所知，那绝对不是噩梦那么简单，因为我发现梦里的事确实会在现实中发生。上次做噩梦时，我在家里睡觉，睡得很沉。就在我躺着的时候，我看到自己醒来了，感觉似乎有什么不对劲的地方。我环顾房间，没有发现什么特别的。但是我低头看我的脚时，发现那破娃娃——安娜贝尔就趴在我的脚上。它正沿着我的身体缓慢向上爬行。当它移动到我的胸口时停住了。然后它伸出双臂，一条胳膊放在我脖子的一边，另一条胳膊在另一边，就好像要通电一样。接着我就看到自己被它扼住了脖子。我挣扎着想要把娃娃从胸口推下去，但是当时就好像在推一堵墙一样，因为它一动不动。我在梦里就这样被掐死了，我不管多拼命去抵抗都没有用。"

"没错，但是给我打电话的那个神甫说你被袭击了。这就是他说的那次袭击？"埃德追问。

"不是。"卡尔说，"那次袭击发生在这间公寓里，当时只有劳拉和我在。那是夜里 10 点或 11 点的时候，我们正在看地图，因为第二天我要出趟远门。公寓里静悄悄的。突然，我们俩听见迪尔德丽的卧室里有动静，我们以为是有人破窗而入。我悄悄站起身来，踮着脚尖走到卧室门外，那门是关着的。我等那声音消失了才小心翼翼地打开门，进了房间，然后打开了灯。屋里空无一人！只不过，安娜贝尔被扔到了房间的一角，躺在地板上。我独自进了屋，走到那玩意儿跟前，想看看发生了什么事。但是就在我靠近那娃娃的时候，突然感觉身后有人。我立即转身，可是……"

"他不愿意提那段。"劳拉说，"卡尔转身发现后面没人，但是他突然尖叫起来，在自己胸口上乱抓。我赶到他身边的时候，他屈着身子，鲜血淋漓。他的衬衫都被血浸透了。卡尔浑身哆嗦，吓得要命，我们退出卧室回到客厅。然后我帮他脱掉衬衫，发现他胸口上有一处看起来像爪子抓的痕迹！"

"我能看看吗？"埃德问。

"现在已经不见了。"小伙子告诉他。

"我也看见了他胸口上的抓痕。"迪尔德丽证实道。

"有几道呢？"埃德问。

"七道。"劳拉说，"三道竖着的，四道横着的。"

"那几处痕迹有什么感觉？"

"感觉很热，就好像烧起来一样。"卡尔告诉他。

"事件发生前，你胸口同一个地方有过伤口吗？"埃德问。

"没有。"小伙子回答。

"袭击发生前后你是否曾失去过知觉？"

"没有。"又是否定的回答。

"那伤口多久才愈合？"罗琳想知道这点。

"伤口几乎立即就愈合了。"卡尔说，"第二天就好得差不多了，第三天全好了。"

"那次之后还发生过什么事吗？"埃德问。

"没有。"几个年轻人一起说。

"事件发生后你们首先告诉了谁？"

"我先联系了一位圣公会的神甫，大家都叫他凯文。"迪尔德丽告诉埃德和罗琳。

"你们为什么决定联系他而不是找警察呢？"罗琳问。

"你觉得大街上会有人相信卡尔胸口的抓痕是娃娃干的吗？"迪尔德丽反问，"另外，我们都觉得处理伤口远不及解决卡尔受伤的原因重要。我们想知道要是这种事再发生该怎么办。我们的问题是该向谁求助。"

"那么你们找凯文神甫有什么特别的原因吗？"罗琳问。

"有。我们相信他。"迪尔德丽说，"他就在附近的一所大专学校里布道，而且我和劳拉都认识他。"

"你们是怎么跟那位神甫说的？"埃德问。

"我们跟他讲了整件事情的来龙去脉，包括安娜贝尔和它自行移动的事，尤其是卡尔受伤的事。"迪尔德丽回答，"起初我们都害怕他不相信我们，但是事情并不像我们想的那样——他完全相信我们的话。不过，"她说，"他告诉我们，近些年来他还没有听说过这种事。当时我们都吓傻了，就问他觉得我们到底遇到了什么。"

"他怎么跟你们说的？"埃德问她。

"他说他不想妄加揣测。"迪尔德丽回答，"但是他似乎觉得这确实是幽灵所为，也许还是个相当厉害的幽灵，他说他要联系教堂里比他等级更高的人——埃弗雷特神甫。"

"他确实这么做了。"埃德告诉她。

然后劳拉关切地问沃伦夫妇："你们觉得卡尔胸口的伤是什么东西造成的？"

"我们过会儿再谈这个。"埃德说，"首先，我要问你们几个问题。这种事以前发生在你们身上过吗？在你们当中的任何一个人身上发生过吗？"

"没有。"他们告诉沃伦夫妇。

"这个事件发生前，你们在现实生活中听说过叫安娜贝尔或者安娜贝尔·希金斯这个名字的人吗？"

"没有。"他们再次否认。

"尽管你们谁都没有在这儿见过幽灵现形，卡尔还是觉得他受伤前背后有什么东西……"

"这儿确实有东西。"劳拉肯定地说，"事实上我已经受不了再住在这儿了。我们决定搬到别的公寓里。我们要搬家！"

"恐怕搬家也不能解决什么问题。"埃德冷静地说。

"什么意思？"迪尔德丽吃惊地问。

"大家伙儿听好了，简单来说，你们不小心把一个幽灵带进了这间公寓，让它进入了你们的生活。那么你们绝对不可能轻轻松松地把它甩掉。"

可想而知，埃德的这番话让他们更加焦虑了。他和罗琳贴心地沉默了片刻，好让这三个年轻人消化一下。

漫长的一分钟后，埃德再次开口。"今天，从此刻开始，我们将为你们提供帮助。我想做的第一件事就是给埃弗雷特神甫打电话，让他赶过来。然后，我要让你们明白到底发生了什么，卡尔的胸口为什么会出现可怖的抓痕。我能借用一下你们的电话吗？"

埃德已经猜到了，圣公会的神甫正在等他的电话。同时，罗琳走进客厅，开始感知这间公寓里是否有幽灵存在。通完电话后，沃伦夫妇都回到厨房，重新和大家围桌而坐。

"好了，"埃德通知大家，"等埃弗雷特神甫来了，他会举办一个类似祷告的仪式，嗯……相当于给这间公寓驱魔。"

"我就知道！"卡尔叫起来，"我就知道得驱魔。"

"是啊，我猜你想到这一步了。"埃德对他说，"但是我觉得可能你们谁都不知道这背后的原因。要解释这件事，我得先声明，根本就没有什么安娜贝尔！从来都没有。你们都上当了。不过，我们确实是遇上了一个幽灵。你们不在公寓期间娃娃任意移动、羊皮纸上的留言、象征性的三滴血以及娃娃摆出的姿态都是有特定意义的。通过这些我发现这一切是有预谋的，这说明这些活动背后是一个有智慧的力量。但是鬼魂——人类的幽灵——完全无法导致此类性质和程度的现象发生。它们没有这个力量。事实上，这些事件的幕后是非人的东西。"

"非人？"卡尔迷惑地问道。

"恶魔。"埃德立即告诉他，"通常情况下，人类不会被非人的恶灵纠缠，除非他们亲自把这种力量带进了自己的生活。在此，我要很遗憾地告诉大家，你们两个女生就做了把恶魔带进你们生活的不智之举。"

"什么不智之举？"迪尔德丽迫切地想要知道。

"在很大程度上，你犯的错误都是无心之失，但是在这件事上，你的错误太严重了。"埃德回答，"你的第一个错误就是给了这个娃娃极大的认可。你们看，幽灵移动娃娃的原因本就是吸引你们的注意。一旦它得到了你们的关注，它就可以利用你们。它不仅没报答你们的关心和爱护，还给你们带来了恐惧甚至伤害。这就是非人幽灵的本质：它是消极负面的，它喜欢给人带来痛苦。一开始的时候你们就不该容忍那些异常现象。可你们非但没有斩断祸根，还对它产生了好奇，继而注意到了这种超自然的存在。"

"你们的第二个错误就是请了灵媒。"埃德继续说，"不管灵媒是谁，她都在不知不觉间被那东西当沟通工具利用了。降灵会上，那个非人幽灵向你们灌输了错误的信息。恶魔是个骗子。它甚至被人们称为'谎言之父'。所以说你们被一个扯谎的幽灵骗了，不知不觉地就信了它的鬼话。不过，你们最致命的错误还是允许那个幽灵'附到娃娃身上'。那是它一直觊觎的，于是它通过谎言让你们都忽略了它的存在，终于如愿以偿。"

"可是它为什么要这么做呢？"劳拉问道。

"因为要真正介入你们的生活，恶魔必须得到你们的允许。不幸的是，你们自愿给了它这个许可。这就好像把一把装满子弹的枪交到了疯子手里。"

"这么说那娃娃被魔鬼附身了？"迪尔德丽问。

"不，娃娃并没有被附身。幽灵不会附在东西上，只会附在人身上。"

埃德告诉她："只不过那幽灵常常移动娃娃，给人一种娃娃有了生命的假象。但是因为你们相信它是一个小女孩的幽灵，叫安娜贝尔，所以在你们看起来二者没有差别。简单说，你们完全不设防，因此被一个心怀鬼胎的恶灵利用了，而且是在你们允许的前提下。这就是事情的真相。"

埃德说到这儿顿了顿，想看他们有没有其他问题，结果谁都没有提问。

"现在，我们来说说这个星期早些时候发生在卡尔身上的事。"埃德继续，"这件事是迟早都要发生的。事实上，你们几个都身处危险当中，极有可能被这个恶灵附身，而这正是那东西的真实目的。但是卡尔并不信你们相信的那一套，所以他对它来说是个潜在的威胁。不管怎么样，它都要解决这个问题。那么究竟发生了什么呢？一开始它想掐死卡尔。失败后，它抓伤了他，留下了象征性的抓痕。我们在其他案子里也见过这类抓痕，那标志着非人的存在。这次你们轻易逃出了魔爪。但假以时日，一两个星期后，这个幽灵很可能会把你们都杀掉。"

"这个……这个恶灵现在就在公寓里吗？"劳拉结结巴巴地问道。

"是的，恐怕确实如此。"罗琳回答，"这里只有一个幽灵，但它的行为完全无法预料。"

沃伦夫妇的话把这一屋子的人都吓僵了。"你不是说真的吧？"迪尔德丽一脸的不可置信。

这时候门铃响了。埃弗雷特神甫到了。于是迪尔德丽起身去开门，他们在厨房的谈话就这样结束了。不到一个小时，太阳就要落山了，埃德希望能赶紧完成驱魔，把娃娃从公寓扔出去，然后回家。

正当沃伦夫妇收拾他们的装备时，埃弗雷特神甫——埃德和罗琳以前从未见过他——走进了厨房。这位圣公会的神甫是一个高个子的中年男人，显然对自己驱魔师的身份感到很不自在。寒暄过后，埃德把他得出的结论告诉了神甫，他认为这些充满恶意的行动背后是非人的幽灵，而且它现在依然在屋子里，把它赶走的唯一方法就是借助驱魔祈福的言辞的力量。

"其实我在魔鬼研究方面并非十分在行。"埃弗雷特神甫坦白说，"你怎么知道这背后是幽灵在作怪呢？"

"这件案子并没有多难判断。"埃德坦白地说，"这种幽灵的行为都有典型的特征。这里发生的现象显然发展到了侵扰阶段。一个幽灵——具体到这个案子里是一个非人的恶魔幽灵——通过心灵传送和其他办法让娃娃在公寓里随意移动。一旦引起了女孩儿们的好奇——这也就是幽灵移动娃娃的目的——她们就会犯下它早就预料到的错误，请灵媒来，灵媒的到来让事情有了更进一步的发展。她在催眠状态告诉他们是一个叫安娜贝尔的小女孩的幽灵附在了娃娃上。通过灵媒的沟通，这个幽灵利用女孩儿们的同情心，在降灵会上想方设法取得了她们的同意，从此便可为所欲为。因为恶魔是一种消极的幽灵，它会故意引发一些消极的现象：它不但通过操纵娃娃做这些诡异之事，散播恐怖情绪；留下手写信息，令人惶惑困扰；在娃娃上留下点滴血迹；最后甚至袭击那个叫卡尔的年轻人，在他胸膛上留下鲜血淋漓的抓痕。"

"除了那些灵异现象外，罗琳还了解到这个非人幽灵就在我们身边。罗琳的超感视觉很强，她对在场幽灵本质的判断从来没出过差错。不过，你们要是想进一步确认，我们现在就可以用宗教方法挑衅那个幽灵。到时候你们可以自己看……"

"不，我觉得那倒不必了。"埃弗雷特神甫回答道，"不如我该做什么就做什么好了。"

在这个案子里，神甫到公寓的每个房间里都诵念了大约五分钟驱魔祈祷的经文。圣公会关于家宅平安祈祷的经文十分冗长，写满了整整七页纸，充满了正面的力量。经文中没有特别提到驱魔之事，而是更加强调让家宅之中充满积极正面的能量，即上帝的力量。

仪式举行期间没有出现任何麻烦或灾难。神甫念诵完毕后，又祝福了每一个在场的人，这样做完之后，他宣布一切都安全了。罗琳也确认他们和这座公寓都不会再受到幽灵的骚扰了。

埃德和罗琳的工作算是完成了，于是他们便收拾好东西，准备打道回府。在迪尔德丽的请求下，同时也是为了避免公寓中再发生灵异现象，沃伦夫妇把那个大娃娃带走了。埃德把安娜贝尔放在后车座上。考虑到也许那恶灵并未离开那娃娃，他决定还是不走州际公路了，那样更安全些。他的直觉是对的。

很快，埃德·沃伦和罗琳·沃伦夫妇就感觉到一股恶毒的恨意。在路上每一个危险的转弯处，他们的新车都会出现熄火的故障，导致他们无法转向和刹车。而且这车开始不断地伺机碰撞。当然了，他们可以直接停下车，把娃娃扔进路边树林里。但是如果这个邪物没有瞬间移动回那两个女孩儿的公寓，或许也会给捡到它的人带来血光之灾。

车第三次在路上熄火之后，埃德从他的黑色公文包里掏出一个小瓶，将几滴圣水洒在那娃娃身上，然后对着它画了个十字。车的故障立即消失了，于是沃伦夫妇安全回了家。

接下来的几天里，埃德就把娃娃搁在他写字台旁边的椅子上。起初那娃娃浮起来过几次，后来似乎就没什么动静了。

后来的几个星期里，它开始出现在不同的屋子里。沃伦夫妇要出门的时候，就会把娃娃锁到外侧的办公小楼里。但等他们回来，打开大门，却常常发现它惬意地坐在楼下埃德的休闲椅上。

他们还发现安娜贝尔有了一个新"朋友"———一只黑猫，它偶尔会出现在娃娃旁边。那猫会先在屋里溜达一圈，看看埃德办公室里的书籍和其他物件，然后回到娃娃身旁，然后头以下的猫身就此隐去。

而且安娜贝尔憎恶神甫这一事实越来越明显。在跟进案件期间，沃伦夫妇常常向圣公会里协助解决那两个年轻护士的公寓"闹鬼事件"的几位神甫咨询问题。有一天晚上，罗琳从圣公会独自返回家中，房子里突然响起此起彼伏的咆哮声，把她吓坏了。过了一会儿，她开始听电话答录机上的录音，里面有两段挨着的来自凯文神甫的电话录音。两通电话录音之间插进了一段不可思议的咆哮声，和她之前在房子里听到的一样。

有一天，之前与埃德合作过的一名天主教驱魔师丹尼尔·米尔斯神甫来访，问起了他办公室新添的邪物——"安娜贝尔"。

埃德给丹尼尔神甫讲了这个案子的来龙去脉，然后表示希望他能写写他的"听后感"。听完埃德讲述完整个事件，神甫拿起那个娃娃，然后马上说道："你就是个破娃娃，安娜贝尔。你没本事伤害任何人。"随后神甫便把娃娃扔回到椅子上。

"这种话你最好还是不要再说了。"埃德大笑着劝他。一个小时后，丹尼尔神甫要离开了，他向罗琳道别，罗琳则叮嘱他路上开车小心，还特别要求他回到教区之后给她打电话报平安。"我预感到那位年轻的神甫将有一场劫难，"罗琳说，"但他必须自己去面对。"

几个小时之后，电话响起。"罗琳，"丹尼尔神甫说，"你为什么要在我走的时候嘱咐我小心开车？"

"因为你的车有可能会失控，到时候可能会发生车祸。"她告诉他。

"好吧，被你说中了。"他直截了当地说，"我的车刹车失灵了，我差点在车祸中送命。现在我的车已经报废了。"

那一年年底的时候，沃伦夫妇在自己家里举办了一场大型聚会。聚会上，罗琳和丹尼尔神甫避开人群，私下里聊了一会儿。巧的是，前一天，安娜贝尔移到了他们交谈的这个房间里。神甫和罗琳正说话，瞥到墙上的装饰物突然动了一下，然后那件二十四英寸长的野猪牙项链就在他们上方爆炸了。听到巨大的声响，其他客人都立即赶过来。人群里有人很有先见之明地拍了张照片。冲洗出来之后，照片上其他部分都很正常，只有那娃娃上方出现两道明亮的光柱，直接射向丹尼尔·米尔斯的方向。

"还有一次，"埃德回忆道，"我在办公室和一位刑警在谈事，说的是关于当地发生的一起涉及巫术的谋杀案。作为警察，他见识过各种各样的犯罪行为，所以可以这么说，他是最不容易被吓到的那种人。"

"我们正在说话，罗琳在楼上喊我去接一个长途电话。我告诉那位警察可以在我办公室随便看看，但是小心不要碰任何东西，因为有的是我办过的案子中的邪物，随意碰触可能会唤醒其中潜伏的魔鬼。"

"结果，我离开了不到五分钟，警察就面色惨白地上楼来找我。我问他发生了什么，他却什么都不肯说。"埃德回忆着往事，不禁咧嘴笑起来，"他只是一直念叨着那娃娃，说'娃娃是活的……'当然了，他说的就是安娜贝尔。那个小娃娃竟然让他从此信了鬼神之说！事实上，我回想起来，那天之后我和那警察的每次见面都是约在他办公室了。"

"就在上个星期，这儿发生了一件类似的事。"罗琳补充说，"当时埃德在苏格兰出差，我们雇了个木匠师傅上门来他的办公室做几个书架。木匠师傅上楼问我要不要把那娃娃挪到别的地方去，他好继续干活。说实话，我确实害怕那娃娃。可是埃德不在，只好由我把它放到别处。"

"像安娜贝尔娃娃这样的邪物都有它们自身的光环。当你碰它的时候，你的人类光环就会与它的交叠在一起。这个变化会立即吸引幽灵，就好像你引发了火警一样。因此，为了安全起见，我在身上洒了一些圣水，也在娃娃上用圣水画了个十字。我问木匠师傅用不用也在他身上洒一些，结果他向我微微一笑，表示自己并不信鬼神，也没有宗教信仰，他就不洒什么圣水了。"

"当时我们的虎斑猫玛茜和往常一样躺在埃德的办公室里。就在我拿起安娜贝尔往外走的时候，玛茜的毛倒竖起来，它痛苦且恐惧地发出刺耳的叫声。它溜着墙边跑出门去，然后发出一种我从未听猫发出过的声音。玛茜叫起来没完没了，直到我打开办公室的门，放它到太阳地儿底下才安静下来。木匠师傅惊诧地看着这一切。然后他一言不发地凑过来，从我手上接过装圣水的瓶子，"她一边微笑一边说，"然后开始往自己身上洒。我说过，我们在出现场的时候，从未在闹鬼的房子里见过一个无神论者。"

"人们很难接受他们以前始终不信的东西的存在。"埃德总结说，"我还要说，是缺少这方面知识才导致这个恶灵得逞，进入三个不设防的年轻人的生活。要是他们之前就知道世界上还存在这类十恶不赦的幽灵，那么很可能那个年轻人就不会遭到利爪伤害了。"

不过还是有很多人认为，说幽灵存在是荒谬的，也没有事实根据。他们说那些现象都是幻觉或者错觉，都是压根儿不存在的，说那些现象都可以找到科学解释。可是真的能找到吗？最近，沃伦夫妇在全国播放的电视节目上谈到了这个话题。

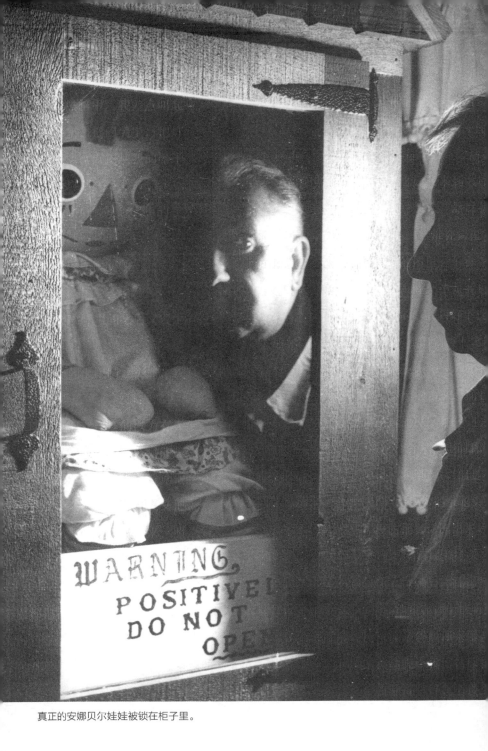

WARNING. POSITIVEL DO NOT OPEN

真正的安娜贝尔娃娃被锁在柜子里。

Ⅳ. 反常现象

离开康涅狄格州一个半小时后，埃德·沃伦和罗琳·沃伦夫妇坐在纽约市某后台的一间休息室里，等着录制《大卫·萨斯坎德脱口秀》。

当晚节目的主题是"神秘学"，开场环节会请三位嘉宾上台谈谈住在闹鬼的房子里有什么体验。沃伦夫妇会在节目最后压轴出场，与阿方索斯·特拉波德神甫、亚历克斯·塔诺斯教授和他们刚刚认识的两位通灵研究者进行小组讨论。特拉波德神甫是埃德与罗琳二人的老朋友了，他是方济各会的修士，同时还是一名神学教授。他也是魔鬼研究和超自然现象的专家。塔诺斯教授则是一名受人尊敬的灵媒和神学家，他在南缅因州大学从事教学工作。从显示器上的小组讨论实况录像不难看出，这场节目真正的主题其实不是什么"神秘学"，而主要是灵异现象。

开场环节结束后，几位专家和作家就从休息室走上舞台，各自就坐。广告过后，大卫·萨斯坎德将讨论引到了重点上："这种灵异现象是真的吗？还是人类头脑中产生的幻象？"

塔诺斯教授从超心理学角度给出了一些解释，其他嘉宾则力证大多数现象是意念的力量对物质产生影响从而导致的。特拉波德神甫和沃伦夫妇赞同他们解释，但是也补充说有些现象是外部力量导致的。他们还说，若是低估家中发生的反常现象，尤其是那些实际上可能与魔鬼有关的现象，不仅愚蠢，还很危险。沃伦夫妇进一步解释，阿米蒂维尔案不是一场骗局，该案的当事人声称看到的那些貌似荒谬，甚至可以说异想天开的现象其实正说明了那是魔鬼耍的把戏。"不过，"特拉波德神甫指出，"人也不该把所有古怪的事件都往超自然力量那方面想。"

节目录制得很顺利。不过，它并没有探索幽灵现象的深层意义以及现象背后的真相。节目的最后，大卫登上舞台，面对摄像机，用柔和的声音对各位嘉宾致谢，感谢他们为大家带来了一个有意思的夜晚。嘉宾们也都很愿意效劳。但对于观众来说，收看了这个频道的这档轻娱乐节目后，他们产生了许多挥之不去的问题。在超自然研究中，科学起到了怎样的作用？超心理学是什么？在灵异现象研究上，科学方法的局限有哪些？超心理学家与恶魔学家的分歧在哪里？

当然了，埃德·沃伦和罗琳·沃伦夫妇会首先站出来解答，说并非所有古怪的活动都是幽灵或者恶魔造成的。"通常，"埃德说，"人们会对房子里发生的怪事给出一些自然的解释，比如科学家就能给出令人信服的科学解释。但是，你要是相信灵异现象的真伪最终取决于科学界的裁断，那就错了。超自然现象本身并不属于科学的范畴，它的真实性也不能由科学分析单独决定。没错，胶卷和其他记录设备可以捕捉到幽灵活动，但是能观察到的现象只是冰山一角。"

　　埃德指出，证据并不缺乏："我们这种几乎每天都对付超自然现象的人都知道，那些现象是真的——千真万确，毫无疑问。因此，有人告诉我他们不信鬼魂和幽灵的力量时，在我听来，他们说的不过是他们不熟悉这一范畴的数据。可数据就在那里，他们理应关心一下。事实上，在如此严苛的条件下，收集的数据已经不少了，很多其他科学研究与其相比十分苍白无力。举个例子，就拿我和罗琳 1978 年夏天在英国恩菲尔德进行的调查来说吧，那里的非人幽灵就很活跃。现在人们虽然不能通过录制还原那间小屋的危险氛围，但是可以记录下来屋里空中悬浮、瞬间移动和人与物的突然消失等现象，更有几百个小时的磁带录音，录下了屋中幽灵大声说话的声音。[1978 年 6 月 16 日，这些声音通过无线电从大西洋彼岸的恩菲尔德传输过来，在 WVAM 电台（宾夕法尼亚州）播出了。] 我就不再重复我和他们一起进屋时听到那声音说的污言秽语了，但是我们进去之后，英国心理研究学会已经针对该现象拍摄了 1300 个小时的录像。BBC 也在该地独立拍摄此案，显然是要制作一部电视纪录片。"

"那些灵异现象确实是真的，千真万确！这也就是为什么我会说，不管你们了解不了解，灵异现象就是存在的。如果你不了解，那就自己去调查，但是别跟我说什么你不信邪。因为我完全可以证明给你看：事实上，我要向你展示的是你绝不会相信这世上会发生的事情！"

尽管科学家和其他调查者已经能够收集大量的相关数据，但从某种程度上说，使用科学方法依然是一把双刃剑。尽管科学家也许可以证明反常现象的真实性，但并没有资格来判断这些现象是否是由幽灵引起的。出于这个原因，在研究超自然现象领域，科学最能体现价值的地方就在于向大家证实哪些奇怪的事件不是由幽灵引起的。因为，人们家中发生的不同寻常的事件往往能找到自然的解释。

"人们上报的很大一部分'超自然现象'都是因为他们的误解、误判、错觉和幻想。"埃德指出，"一系列的巧合可能会让一个家庭轻率地得出'他们遇上鬼了'这种结论。那些人听见的所谓幽灵的声音实际上恐怕是他们家里高保真扬声器受到了无线电波的干扰。室内布线不合理的话，当电路过载，会导致电灯闪烁或者电器失灵。另外，有偏执妄想倾向的人还会抓住任何一次反常现象满足他们的幻想。"

"人们读完一篇恐怖故事或者看完一部恐怖电影，就喜欢自己吓唬自己。过几个星期，这些人开始相信他们家地下室有鬼或者阁楼上有吸血鬼，到时候你怎么劝他们也劝不回来。于是他们就雇那些所谓的专家上门捉鬼拿妖。这些专家进到屋子里，穿着巫师袍子到处转悠，点上从魔法铺子里买的烟雾道具，背上几段晦涩难懂的废话，然后就开始演戏了！最后他们会因为驱鬼收取上千美元的服务费。这种事会一遍又一遍地上演，直到这些可怜的家庭被榨光最后一分钱。我知道的就有一回，两位女士被这种江湖骗子骗了总共五万美元！"

"也许一座房子里发生的罕见现象的最合理的原因就是意念的力量，它可以隔空令一些小东西悬浮起来或瞬间移动。我们把意念的力量简称为念力，这种力的成因就是心灵的能量转移到了物品上。典型的情况下，一个人放出如此能量是要承受极大压力的。沮丧或愤怒的孩子常常是导致念力现象的源头。尽管不同寻常的念力现象可能与幽灵引起的现象很相似，"埃德指出，"但是念力很少能让重量超过一磅的物体悬浮起来。没有实验显示人的思维能移动重量超过两磅的事物。而恶灵往往能移动通常需要两个壮汉才能抬起来的家具或家电。"

"有时候，我们能用日常的物理原理解释奇怪的现象，"他继续说，"比如说是该地区的磁场或地质干扰导致了奇怪现象的发生。有时候，电力会产生一种浮力或导致墙壁附近出现不同寻常的情况。护壁板的电热装置可以产生静电，而静电可以吸引较轻的塑料或纸类的物品或令其悬浮在空中。墙壁内，钢铁管道和其他金属物品都具有磁性，因此可以吸引小钉子或曲别针。尽管此类现象看上去神秘，但其实背后真相相当简单。当古怪事件背后基本没有人为因素，又无法从物理角度解释时，那么事实上很有可能是幽灵导致的。要真是幽灵的话，那么其中超过一半的现象都是人类的幽灵所为。"

然而，恶魔学家的主要关注点根本不在反常现象上。关心这个的是超心理学家，他们会从科学的角度来研究反常现象。过去，人们对超心理学印象不好，那是因为自称超心理学家的人常常是自封的专家，而且往往用邮购业务成绩当作自己可信的证据。现如今这个领域转变为一个正统的学科，各大学府和研究机构均有受到认可的教授在研究。

"总的来说，"埃德强调，"超心理学家研究的是且只是一样东西，那就是反常现象和人类思维潜能之间的联系。不过，当超心理学家遇到非人幽灵导致的现象时，他们常常会把其当作骚灵活动。'骚灵'是一个古老的德语词，指的是'喜欢折腾吵闹、恶作剧的鬼'。这个词儿在书面记载中并不常见，因为它没有指出那些令人烦恼的事件背后的真实原因。

"而因为超心理学与科学的'联姻'，前者的专家只能在得到大众认可的科学概念和实验技术的范围内对反常现象进行解释。结果，超心理学常常被视为站在我们的对立面上，因为该学说总是使用只适用于自然界的原则来分析超自然事件。不幸的是，因为有限制条件，超心理学家常常得出结论，认为他们测不出的东西压根儿就不存在。因此，他们才使用像'骚灵'这样模棱两可、含义不明的词，可明明大家需要更明确的语言来给这类事物下定义。"

埃德指出，"很多幽灵现象是人看不到，也无法估量的。跟无法用实验仪器测量的部分相比，出现在人眼前的那些现象不过是冰山一角。尽管超心理学给了我们许多关于反常现象的数据，也在一定程度上证明了其与人类的关联，但它依然没有掌握大多数幽灵现象背后玄之又玄的真相。事实上，超心理学家不承认幽灵的存在，这是他们的一个原则，有时候这种'不承认'甚至到了可笑的地步。我举个例子，就在最近，当时我在一个委托人家里，十分清楚有个幽灵在捣鬼。因此我就向该案的带头调查人说出了我的想法。结果他告诉我世界上根本就没有幽灵。他话音刚落，一个纸巾盒就升到了空中，从屋子那边飘了过来，然后准确无误地砸到了他头上。'看来这次我得承认我错了。'他吃惊地说。"

沃伦夫妇不认为自己是超心理学家，因为超心理学与魔鬼研究有着根本上的不同。超心理学根本不承认超自然力量的存在，而魔鬼研究只关注超自然事件。尽管超心理学家和恶魔学家可能会调查同一件案子，但二者一定会从两个完全不同的角度解读同一现象。

"我的工作，"埃德说，"就是确保人们不受到伤害——不管是身体上的还是精神上的——再有就是让这类现象不再发生，或者去找能终结这类现象的人。当事涉魔鬼时，我们要找的'人'通常是神甫。至于超心理学家，以我的经验来看，他们似乎只在乎他们手中的笔记本。他们调查某事往往是被派去的，要么就是他在努力得到某种许可。他们把人视为问题的根源，而自己的工作就是尽可能地列出和记录这些现象。他们可不想回去告诉自己的上级说那些现象背后是鬼魂在作祟！"

"可我没有这些问题。我在调查一件案子时身份首先是通灵调查员。"埃德继续说，"我进入委托人的房子并非想要发现什么幽灵活动，反倒是发现那里没有幽灵才会放心地离开。作为一个恶魔学家，我只对超自然现象感兴趣：自然现象可不是我的菜。自然活动没有特定活动目标，而且最后总会回归平静。但是超自然力量的行动总有原因。科学家可能会花上几个月的时间在传说中闹鬼的地方调查，但是结果什么都没发生，他们一无所获。然后等有天下午我带着圣物去现场勘查时，就有动静了，而且那些现象会突然在大家眼前发生，一切都乱套了。世界上真的有超自然现象：大家一定要跳出科学的框框来找答案。"

"我们在工作中，"罗琳捡起话茬，"感兴趣的不仅仅是现象，这一点和严格的科学家不同。我们工作的基础与人是分不开的，因为大多数时候，幽灵活动的目标是人。当一个家庭被幽灵纠缠了一段时间后，我们会开始介入。这时候，警察、心理学家和超心理学家会告诉他们，那些现象都是他们想象出来的，要不然就是闭口不言真相。他们那么说是因为他们不了解，或者不想了解幽灵现象。"

"因为之前的经历，我们看事物的角度与常人不同，我们对那些深陷恐怖的普通人有其他看法。我们不会用'情绪失控'或者'反应过度'这样的结论去打发他们，而是去问他们为什么会感到如此害怕。大家应该知道，案子当事人一般会在外一整天，直到很晚才回家，就是想尽可能少待在那个闹鬼的房子里。还有的时候，当事人会像个囚犯一样终日待在家中不出门。这都是不正常的行为。"

"换种说法，"埃德说，"那次我必须得从乔治·卢茨那儿拿到钥匙，然后进入阿米蒂维尔别墅。乔治在距离他家还有四个街区的地方就停住了，怎么也不肯再靠近哪怕一点点！他可是一个高大健壮的男人，而且是空手道红带，在海军服过役。他对不存在的东西毫不敬畏。搬进阿米蒂维尔别墅之前，乔治认为死人都已经死了，不可能再跑出来害人。他把家门钥匙交给我的那天晚上，我问他在房子里都看见什么了。他直勾勾地盯着我说：'沃伦先生，你知道我看见什么了。'"

"我刚才说的是人这方面，"埃德指出，"但是现象也很重要。作为恶魔学家，我需要寻找各种特殊的现象，是因为要判断其是否是由异类导致的。那是我的工作，也是专门处理这类情况的神甫的工作。我还要了解该现象背后是否确实是一股超自然的智慧力量。"

但是当这股力量不现形的时候，沃伦夫妇怎么知道异常现象背后到底是不是智慧力量呢？

罗琳这样解释道："尽管这股智慧力量我们常常无法看到，但现象背后是什么错不了，碰上非人的恶魔幽灵时更是如此。幽灵的活动会反复发生，倒序发生或者逆时针发生，要么就是明显有悖于物理法则。举例而言，在恶魔的攻击下，房子上空会掉下来石头、螺母和螺栓。这些石头砸下来的冲击力很大，甚至可以砸穿屋顶。我们还有一次看见室内下起了石头雨。因此，大家应该很清楚，这些事件是非自然的。当你看到物品以反万有引力的方式划着之字形向你砸过去，你肯定一下子就清楚这现象背后是什么了，这根本不是问题。下石头雨甚至从天上掉下来小动物，比如说青蛙或鱼，这种事情时有发生。另外，在美国，这种事情每周都会发生一次。"

"而且到时候不会只是简单的物体掉落，当事人的家中会同时发生十几种其他非自然现象。而就在这种动静极大的现象发生时，家中的人也会遭遇类似的、有针对性的袭击。总之都是些恐怖之事，比如纯真的孩子忽然变成具有不同常人的力气的可憎怪物，再比如成年人会一夜白头，抑或是呈现出某位逝者的面貌特征。很多次，这类变化发生后就再没有变回去。没错，这种事情是有的！我说的全都真实发生过，情况十分严重。若这些事件背后的主使是恶魔，那么往往这家人的性命就堪忧了。"

让沃伦夫妇受邀去调查一桩有可能涉及魔鬼的案件时，他们会如何判断幽灵的性质呢？

"我们手上的案子，"埃德回答，"往往是事主通过教堂的神职人员交给我们的。一旦接到他们的求助电话，我们就会立即联系事主。当然，时间是最宝贵的。我们面对的是很有可能导致人员伤亡的邪物。"

"我们到达现场后，我会和那家人一起坐下来，然后仔仔细细向他们了解情况。我会用磁带录下来整个谈话。到现在，我录下来的案子有上千件了。通常我说的话非常少，而是让他们告诉我他们的经历。我会着重注意某些特定线索和特征，以便判定案件属于非人恶灵作怪还是其他类型的现象。"

"我想了解的事情有，比如说这家人是从什么时候开始有哪些遭遇的。大多数闹鬼事件会在夜里发生，也就是等太阳落山后。还有，这家人是否在房子里闻到过古怪的气味儿或遇到过气温的快速变化？幽灵常常会释放恶臭来告诉人们它的存在，或者从屋子里汲取能量，导致室内温度骤降。他们是否听到过类似陌生人在房间中活动的声音？比如说门会自己关上、故意压低的说话声、沉重的喘息声、电灯时开时关，这些现象都是幽灵存在的明显标志。我还要问，这家人是否会在夜里某个特别的时间醒来？幽灵常常喜欢在每天的同一时段再现它的悲惨经历，通常是它生前的最后一刻。这家人是否尤其害怕进入某个房间或房子里的某片区域？人类的幽灵喜欢待在室内生前它熟悉的地方；非人幽灵则会待在房子里让它精神上感到舒适的角落。"

"如果这些问题我都得到了肯定的答案，那我会进一步问下去，问他们是否用过灵应盘。这是邪灵被招来的最普遍的方式。他们是否举办过降灵会？那些把看不见的东西往自己家招的人往往会招来他们闻所未闻的邪灵。他们是否举行过魔鬼崇拜仪式或黑巫术仪式？说起把灵魂卖给魔鬼，人们可能会笑这是无稽之谈，但事实上，这种事确实可能发生，而且相当容易。这家人中有没有人曾经进过闹鬼的房子？一个有兴趣进入真正的鬼宅的人往往会把绝望的幽灵带回家。他们有没有做过特别逼真的梦或凶险的噩梦，随后梦里的事在现实中真的发生了？很多情况下，忽然预见到未来之事就意味着幽灵的存在。幽灵喜欢托梦给人，因为人在睡眠中处于无意识状态，易于接受信息。他们是否曾害死过人，包括意外或其他情况？有时候'入土'也无法让灵魂平静。鬼魂为了实现它心目中的公正，往往会寻机报仇。这家人中是否有人接触过被附身的人或者常常举行神秘仪式的人？被附身的人或者沉迷于黑魔法的人身边通常有大量幽灵。内心脆弱的人若是与被附身的人接触——甚至和相当业余的巫术沉迷者接触，都会有受到幽灵本身影响的危险，不管他/她本人想不想受到这种影响。这家人中是否有人被诅咒了？这听起来有些迷信，但我确实亲历过十几个这样的案子，当事人被其他人故意诅咒了。20世纪20年代，罗马天主教会在美国录下了有史以来最严重的恶魔附体案，该案中就有一位父亲诅咒亲生女儿，结果女儿被恶魔附体。"

"问了这些问题之后，"埃德继续说，"我就让他们开始描述他们遇到的现象。了解他们是否看到有物品移动或悬浮在空中。如果他们告诉我有冰箱浮起，那我就知道了，这不是人类幽灵能做出来的。他们是否发现有东西在眼前消失？他们是否见过物体穿墙而过？是否有物质、物体或动物神秘地出现在他们眼前？如此问答约一个小时后，我就能了解这些人是否真的遭遇了灵异事件，这些现象是意外发生还是有预谋的，这些现象背后是否有智慧力量的操纵，这股智慧力量来源于人还是魔鬼。"

沃伦夫妇受邀调查典型的涉及古怪事件的案子时，是二人独立调查还是与其他人共同合作解决难题？

"首先我要纠正一点，"罗琳说，"根本没有什么'典型的'案子，每个案件都有其独特之处。至于合作，大多数时候除埃德外，还有其他人见证那些怪异现象，同时当事人也在。有时候埃德和我恰好是首先到达现场的外人，但是安排好之后，我们开始调查，肯定会与不少十分有能力的助理人员共同合作。举例来说，埃德的主要助手是一个学识渊博的年轻人，名叫保罗·巴茨，他追随我们多年，而且多次参与了对恶魔活动的调查。而且，我们常常还会带一位摄像师，他会在诡异情况发生时将其拍下来。幽灵现形时，他也会赶紧拍下来。在需要和幽灵进行沟通的少数案子中，我们还会带上一位能进入深度催眠状态的灵媒。如果灵异现象背后是人类幽灵，那么埃德通常会带一位神甫或一个想获得魔鬼现象一手经验的助手。如果背后的是非人力量，那我们就会请一位驱魔师与我们同行。"

"总之，我们知道一点，在我们到达之前，那家人的朋友、邻居、亲戚，他们曾求助过的警察、超心理学家、心理学家和通灵研究者都曾经见证过那些反常现象并尝试帮忙找出现象背后的真相。因为幽灵常常是人们想到的最后一个解释，埃德和我往往是最后才被请过去帮忙。"

这些案子——那些可怕的案子一开始的时候都有什么特殊的地方呢？

"这个问题我们经常被问到。"罗琳回答，"这次我想这么跟大家解释，一个家庭中的情绪往往会触发某种现象。因此，一个快乐的家庭是这家人不受到看不见的入侵者骚扰的最佳保护。鬼魂通常都不快乐。他们总是喜欢在那些具有消极情绪的人面前现身。这条也适用于人类的幽灵——但有些案子里，人的情绪特别激烈，招来的会是恶灵。但是在许多案子中，我们的调查显示，那些反常现象都是人招到自己家里的。有些人觉得超自然力量人畜无害，或者压根儿就不相信它的存在，结果竟在不知不觉中'自愿'把一些邪物请进了家门！"

恶魔现象引人注意的一点是，当你在事发地有背诵祷文、提及上帝或耶稣基督等宗教行为时，恶灵就会有狂暴的表现。正如埃德所说，对于恶魔的研究属于宗教而非科学。

"并不是因为我说它是宗教范畴的，或者我想相信这是真的，所以它才是，"埃德指出，"我说那现象与宗教密不可分，是因为那股力量——恶灵——对宗教事物有反应。人们或许不信上帝，但那些幽灵信。"

跳出宗教背景，我们是否还能通过别的方式来了解非人恶灵？

"最终答案是，不能。你难道以为我不曾走过同样的理性求证之路吗？"埃德问，"你们可以和科学家一样管这叫骚灵现象，但是一旦幽灵开始做出反宗教的行为，那么对于这类现象，'宗教'的标签就呼之欲出、不言自明了。显然，对于这些幽灵的存在，实在是没有什么世俗的——或者说非宗教的原因能解释。"

埃德·沃伦和罗琳·沃伦夫妇曾经对大众——以及关注幽灵现象的专业团体——讲过课，那是十几年前的事情。1968年，沃伦夫妇举办了他们的第一场大众讲座。当时，埃德和罗琳已经在超自然现象领域做了二十二年的调查研究。但他们搞不懂为什么普通人会对他们的经历如此感兴趣。埃德和罗琳认为，他们的经历对于广大听众来说是相当可怕的。另外，应该只有真正经历过那类现象的人才会对这个话题感兴趣吧。所以他们决定在讲座上最好点到为止。

"不要这样，"一位当地奖学金委员会的负责人主张说，"你们为什么不把你们画的十几张鬼屋的画带到市政厅来呢？然后就挑银茶艺术展开幕那天来做讲座怎么样？门票钱将会对奖学金起到很大帮助。"

沃伦夫妇同意了他们的安排。到了讲座那天，他们的画作摆在画架上，在舞台上排成一排。埃德·沃伦在爆满的观众席前紧张地指着一张张画，开始讲述每个案子里古怪的细节。这场讲座持续了一个多小时。最后，沃伦夫妇的讲座门票收入足够赞助不止一个而是两个学生的学费。那天是1968年9月7日：埃德·沃伦的生日。

尽管人们对于听鬼故事相当感兴趣，但埃德·沃伦和罗琳·沃伦夫妇发现他们不愿意公开讨论恶魔现象。这个话题不受人欢迎，一旦提出，会让人觉得充满了矛盾与迷信，而且触到了当时人们敏感的神经。不是每个人都能接受沃伦夫妇的说法。结果，后来因为一些奇怪的原因，突然一切都变了。

"1970年，"埃德解释说，"我们初次进入大学办讲座。那时候我很不满，甚至对讲座起了厌烦情绪。我和罗琳一开始都以为，受过高等教育的人应该想了解幽灵现象的来龙去脉。可当时人人都在寻求'真理'，只不过他们寻求的是符合那个年代的偏见的'真理'。"

"我们说起鬼屋和鬼魂的时候，人们就不乐意了。当我们不可避免地提到恶灵、魔鬼研究、恶魔，甚至基督、神甫或宗教的时候，台下听众就表现出极大的反感，就好像有谁按了个开关一样。有时候台下观众的敌意实在太大，我们都不能继续往下讲了。尽管大多数人还是会在原地继续听，但其他人都起身离开了会场。大学教授们一下子都成了专家，站起来用他们不成熟的论据来反驳我们，坚持说幽灵根本不存在。有些人说得更过分，他们说我们在 20 世纪 40 年代之后经历的那些事压根儿没有发生过！当时我真想一走了之，回到我的画室，安安静静地过艺术家的生活，同时帮助那些被幽灵缠身、迫切需要帮助的人们。"

"有一天在车里，我对罗琳说，我受够了。'魔鬼研究'这个词儿我连提都不会再提了。要是人们以为世上没有鬼魂，也没有闹鬼的房子，那就让他们那么以为吧。我再也不想把我们的工作讲出去，让一些急功近利的记者当笑话来报道。我也不想让人们把神甫们在这一领域的正经工作当成闹剧来看。罗琳同意了我的决定。"

"我们说话的时候，正开车经过一座大大的圆顶建筑，那是哈德孙河河畔的一个布道中心。我以前一直想去那儿看看，便掉转车头，停在了那座建筑旁边。我们走进前门，来到一间安静雅致的大厅。一位有些驼背、上了年纪的神甫正拄着拐杖，站在一个陈列柜前，看着架子上摆放的花瓶和其他华丽的中国摆件。我穿过大厅，走到他身旁。'天啊，神甫，这些东西可是远道而来啊！'我说。他长得慈眉善目，抬头望望我，然后说：'我以前在中国传教很多年。'于是，我们聊了起来。我跟他说起了我的工作，他一边听一边频频点头，表示理解。'我在中国也举行过很多次驱魔仪式，'他说，'但我没有告诉这里所有的神甫我做过什么。因为他们不了解，也不会信。'然后他抬头看着我的眼睛说，'我想带你去图书馆楼上见见那位日本的修女。'"

"'为什么，神甫？'我问他。"

"因为她会告诉你一些事。而你也应该知道这些事。"

"于是，我和罗琳就去图书馆楼上，见了那位修女。她看起来是位睿智的女士，五十多岁，穿着一身黑色长袍。我们做了自我介绍，然后我跟她讲了我和那位老神甫在楼下的对话。她像他一样，也微笑着点了点头。"

"'沃伦先生，您是因为最近发生的事情心生倦怠了。'她说。'莫要就此灰心丧气。你做的事是有意义的。而且很快情况就会有改观。比你料想的还要快！'"

"然后她跟我们说了说她作为修女的工作，还说了她在世界各地驱魔的经历。她说完之后给了我一本内容丰富的、关于魔鬼研究和驱魔的书。那本书后来帮了我很大忙。但是你们知道吗，自那天以后，我去做讲座，我向人们说起恶魔的存在，再也没有遭到过任何嘲笑。我心上的一块大石头仿佛被移开了。突然间，大家开始对我讲的内容感兴趣了，开始向我问一些严肃的问题。那是一个重大的转折点。而今时今日，人们对这一话题的兴趣更盛了。"

V. 圣诞节的招魂书

1978 年 5 月中旬的康涅狄格州，水仙花已经陆续开放，但春天还未到来。罗琳原本计划周六（13 号）在后院里种锦紫苏，可大风过境，随后又下了五天大雨。这种天气倒是挺适合这个凡事皆不顺的周末。事实上，从这个月的月初开始，罗琳就感到一种愈发迫近的压力。她知道，很快就有事情要发生了。

瓢泼大雨拍打着他们的房子，在这个潮湿的周日午后，沃伦夫妇开始规划他们马上要进行的英国之旅。因为工作原因，他们常常去英国出差，他们也因此对英国的闹鬼所在有了一些心得体会，遂决定 6 月去那儿举办一个讲座。到英国后，他们会在伦敦停留两天，接受 BBC 的采访，然后依次到约克郡、爱丁堡、尼斯湖附近的苏格兰高地和威尔特郡的巨石阵参观游览，最后 7 月回程的时候在南安普顿开讲座。

沃伦夫妇为英国之旅安排好初步计划后，决定晚上外出用餐。用餐回来时已是午夜了。罗琳听了一遍答录机录下的未接来电，其中有条消息来自他们在洛杉矶的一个朋友；还有一通电话是他们在弗吉尼亚州度假的女儿朱迪打来的；然后有一个小伙子想和埃德见一面；再然后是一串古怪的滴答声和异样的风声，紧接着是一个他们不甚熟悉的女声，"希望你们能听到我的留言。"从声音可以听出来，这女人心神不宁。"我叫福斯特，称呼我桑迪·福斯特太太就好。我不知道这儿究竟发生了什么。"她用几乎要失控的声音诉说着，"但是我的孩子们被击中了……而且……而且还有不知道什么东西追在他们后面……"她顿了顿继续说，"我们的房子楼上有人，或者说有什么东西，就在孩子们的一间卧室里。听到我的留言请一定尽快给我回电啊。"

随后这个绝望的女人在录音中留下了她的住址和电话号码。埃德和罗琳静静地听着。尽管当时已经是午夜 12 点了，罗琳还是立即给她回了电话。"当有案子找到我们的时候，"埃德解释说，"我们通常会立即联系当事人或遇上麻烦的那家人。如果通过进一步了解，我们确实有必要接下案子，那么我们肯定会伸出援手。我们会告诉那家人，我们虽然接案子不收费，但是需要他们承担我们的基本开销，比如机票、宾馆住宿等。这一点谈妥后，我们就会尽快敲定上门的时间。通常我们会在一两个小时内就上路。"

拨出福斯特太太的电话号后，他们一直在等待，但就是无人接听。罗琳放下电话又拨了一遍。这次听起来好像有人拿起了听筒，但是电话那头还在响。第三次拨的时候，罗琳又得到了一样令人沮丧的结果。

罗琳感到很困惑，于是她打给接线员，让接线员帮她打给那个女人，可还是遇到了同样的问题。然后，接线员将问题报告给她的主管。罗琳向主管解释说她急着想给一个绝望的女人回电话。主管表示理解并且立刻提供了帮助，她进行了一些检查和测试，但最后还是失败了。她承认自己也不明白是怎么回事。"电话接收端没有故障，按说您的电话应该能打过去啊。"结果那天晚上，沃伦夫妇无论如何也没能打通这个电话。

埃德和罗琳深知，福斯特家的电话一定出了什么不同寻常的故障。事实上，有恶灵侵扰的家里电话出现故障是很常见的。进行干扰、设置障碍或者制造迷惑——一个想要搞破坏的幽灵会利用所有这些手段阻止外来的援助，它能将有形和无形的事物玩弄于股掌之中。

第二天一早，即周日（14 号），沃伦夫妇就开车去教堂了。路上他们的车里突然出现一股粪便的恶臭。然后，就在教堂做礼拜的时候，同样的恶臭又铺天盖地地让沃伦夫妇的嗅觉沦陷了。他们驾车回家的路上第三次被那股令人作呕的恶臭熏得晕头转向。但埃德和罗琳没有将其与他们下午要去调查的那个案子联系到一起。

沃伦夫妇从教堂回到家后，罗琳立即给福斯特家打了个电话。

电话响了第二声之后，福斯特夫人就拿起了电话。罗琳告诉她昨天夜里给她打了好几次电话却没能接通。"电话没坏啊。"女人回答，"但是午夜过后电话就不会响了。我知道这个是因为我一直在等你的来电。"电话的毛病让这女人更焦虑了，于是罗琳赶紧和她定下了下午上门见面的时间。

下午两点的时候，沃伦夫妇准时到了福斯特家。福斯特家的房子是一栋典型的具有科德角风格的别墅，四周树林茂密。后来，埃德和罗琳了解到，这家人住在这儿已经有十三个年头了。

那天下午，家里所有的成员都在。男主人叫艾尔·福斯特，一家电讯公司的线路工，很年轻，看起来只有三十五岁。他的妻子就是之前和罗琳通电话的女人，和她丈夫的年纪相仿，但是看起来更憔悴些。不过他们都没有目睹灵异现象。亲身经历的是他们的三个孩子：十五岁的梅格、十四岁的乔尔和十一岁的艾琳。

埃德将他的录音设备放到附近的一张桌子上，罗琳得到他们的允许后开始在房子里走动。沃伦夫妇合作破案的时候，罗琳常常首先要利用她的超感视觉仔细侦查一番，埃德则负责向当事家庭了解情况。她通常会从地下室开始侦查，一直到最顶层，期间会在房子的每间屋子里略作停留。因为超感视觉这种感官能力和其他五感一样，就像她无法主动拒绝去看去听一样，她也不能拒绝对超自然力量的感知。因此，如果一栋房子里确实有幽灵存在，那么罗琳能感觉到它的可能相当大。

她离开房间后，埃德开始对这家人提出各种问题。

福斯特先生和福斯特太太明确地告诉他，他们从未遭遇过他们的孩子说的那些现象。"但是我能想象，"福斯特太太说，"这事儿可能要怪我，至少要怪我对那些东西知之甚少。梅格一直对神秘学感兴趣——魔法、咒语之类的。她有个小书房，但是里面的书没有一本跟'招魂'有关。于是去年圣诞节的时候，我给她买了一本召唤魔鬼的书当礼物。我真是没想到会有这样的事情发生。"

"好吧，"埃德转向梅格问道，"这本书现在在哪儿呢？"

"楼上。"女孩儿回答，"是一本平装书，里面写了如何召唤七十五种不同的魔鬼，还写了如何正确地举行招魂仪式，仪式起作用后要付出什么代价。"

"那你举行了什么仪式吗？"

"是的。"

"你要召唤的是哪种魔鬼？"

"哪一种？"她重复了一句，"我不知道，我只举行了几个简单的仪式，都是我能看得懂并且能找到所需工具的。可我举行仪式的时候什么都没发生，所以我就没再管了。"

"有时候要等上几天、几周、几个月甚至几年才会看到结果。"埃德告诉她，"现在跟我讲讲这周你碰到了什么事。你遇上麻烦了，对吗？"

"遇上两次。"梅格说。

"发生怪事的时候在场的都有谁？"

"乔尔、艾琳和我都在。"她回答，"第一次是在上周四。爸爸妈妈出去拜访他们的一个朋友。我们待在家，因为第二天要上学。

艾琳和乔尔当时已经躺在床上了。我刚洗完澡。我先下楼确保门都锁好了，然后关掉收音机和楼下的灯才回到楼上。"

"进了卧室之后，我听见浴室里有水声。我开始没多想，但几分钟之后我来到大厅，看见所有的水龙头都打开了。于是我把它们一一关上。然后我又听见楼下的收音机响了。灯也打开了！我大喊：'是谁在捣鬼？'可没人理我。我下楼查看情况之前，先去艾琳的屋里看了看。她在床上睡得正香。我又去乔尔那屋看了看，他还没睡。于是我问是不是他把楼下的收音机打开了。他说不是他干的。我只好下楼再次把灯和收音机关上。"

"我回到楼上之后，浴室的水龙头又打开了！我气坏了，因为当时我以为是乔尔在捣蛋。但是我从浴室出来之后，收音机发出了很大的声音，而且楼下所有的灯都亮起来了！我走进乔尔的屋子对他说：'咱家进人了。'"

"乔尔，当时你听见收音机的声音了吗？"埃德问。

"听见了，但是我没多想。"他回答。

"是你把水龙头打开的吗？"埃德很快又问了一句，想趁他不设防把真话问出来。

"才不是呢！"男孩回答，"我一直在床上来着。"

"好吧，梅格。"埃德说，"请你继续说下去。"

"我在楼上能听到收音机在换台，所以我再次跑到楼下，心想可能是爸妈回来了。可这次我到了楼下，发现收音机正自己前后移动呢。我站在原地看了会儿，开始感到害怕。我再次关掉收音机和灯。可我上楼上到一半的时候，感觉有一只冰冷的手搭在我的肩膀上，但是只有一秒的时间，而且是在黑暗中。我差点叫起来，但最后还是没出声。我直接回到我的卧室，把门关上，把灯也关了。上床之前，我还听到了脚步声，好像有人正从我的屋子往外走，走进了大厅。但是我卧室的门从来没打开过！"

"你难道不觉得这些事奇怪吗？"埃德想知道她是怎么想的。

"我当然觉得奇怪啦。"梅格说，"我当时都被吓傻了！"

"艾琳，当时你听见收音机的声音了吗？"埃德问她。

"没有，我在睡觉。"最小的女孩回答道。

"现在，梅格，你告诉我，你听到脚步声离开房间之后又发生了什么事吗？"

"发生了好多事呢！我上床之后就躺下，闭上眼睛。突然，我听到楼下的门重重关上的声音。再之后我听见家具被挪来挪去、撞到一起的声音，就好像有人在疯狂地推它们。我真的以为有人闯进了我们的家，可是我当时太害怕了，什么也做不了，只能紧紧闭着眼睛。但就算我闭着眼，还是能从眼睑下面的小缝看见整个卧室。我干脆睁开眼，但是发现屋里没什么变化。于是我又把眼睛闭上了。然后，从缝里我瞧见一道银光从树林中射出来，照进了我的卧室。我再次睁开眼的时候，那束光还在。接下来我记得的就是有什么东西——好像是一只手——拽了我的头发三次。每一次都比前一次更使劲儿，第三次都把我疼哭了。然后我尖叫着跑进乔尔的房间。"

"乔尔，"埃德问，"你听见楼下的那些动静了吗？"

"听见了。"他回答。

"为什么你什么也没做？"

"因为我被吓坏了。"他承认。

"很诚实的回答。"埃德说，"艾琳，你呢？听到什么了？"

"我听见家具被推来推去，还听见梅格尖叫着跑进了乔尔的屋子。"

"这些事儿发生时是几点？"埃德问。

"说到这个，奇怪得很，"梅格告诉他，"我洗完澡的时候也就十点半，但是我卧室的表快了三个小时。可我到了乔尔的卧室发现他的表慢了三个小时。"

"好，那么你进了乔尔的房间后，那些噪音停止了吗？"

"声音反倒更大了。"梅格说。

"你听到当时屋子里有其他声响了吗？比如说咣咣砸墙的声音？说话声？敲门声？"

"没有，只有门被大力关上的声音、脚步声、家具被拖来拖去的声音。"乔尔说。

"艾琳，你又听到了什么？"

"和乔尔听到的一样。"

"我也听到了好像有人在我耳边说话。"梅格补充道。

"你听清那个声音在说什么了吗？"埃德问她。

"没有。"

"脚步声呢？"埃德继续问，"脚步声是朝着哪儿去的呢？"

"脚步声在绕圈。"乔尔说。梅格点点头，表示同意。

"你们都跑到乔尔的卧室之后，还能听到楼下的动静，"埃德重复道，"然后你们做了什么？"

"我们起了争执。"乔尔回答，"梅格想报警，我不让，因为我知道其实楼下根本没人！如果警察来了，他们一定会以为我们是在耍他们。"

"最后我给爸妈去做客的朋友家打了个电话。"梅格大声说，"但是等他们到家后，一切都恢复了正常。他们只是安慰我们说，听到那些声音只是因为我们累了。他们不相信我们！"

"福斯特夫人，"埃德问，"你在这栋房子里听到过或看到过什么不同寻常的现象吗？"

"没有，我之前就说了，我什么也没看见过。我听到的唯一反常的就是鸟叫。"她顿了顿接着说，"我们卧室窗外有一棵大松树。几个月前我们把树砍了。但是砍树之后到现在的三个星期，每天晚上艾尔和我都能听到窗外有鸟叫，声音就源于松树原来的位置。"

"艾尔，你也听到鸟叫了吗？"埃德问。

"是的，每晚都有。"他回答，"我以前没多想，可是鸟儿晚上一般不叫的，对吧？"

"没错。"埃德说，"一般不叫。"

"看来大家都遇到些奇怪的事情。"埃德总结了一句，"你们觉得这个房子是在闹鬼吗？"

"我觉得是。"梅格说。

"我也觉得是。"乔尔回答。艾琳和她的妈妈也比较同意这个说法。

"福斯特先生呢？"埃德问。

"嗯，我也不知道。他们说的那些事发生时我都不在场。"

这时，罗琳下楼来到他们身边。她向埃德轻轻地点了点头，表示房子里确实有幽灵，然后在餐厅的桌子边捡了个座位坐下。埃德不动声色，没有马上问罗琳有什么发现，而是继续提问和录音。

"你们说这种事儿发生了两次，对吗？"

埃德提醒孩子们，"第二次都发生了什么？"

"第二次就是昨天晚上。"乔尔回答，"只有梅格和我在家。发生的事和那个星期四发生的几乎一模一样。这次梅格在她的卧室里，我在洗澡。我走出浴室的时候听到楼下有收音机的声音。听到收音机在慢慢地换台，我往楼下喊道：'别换了，就听那个。'但是当我走下楼时，发现楼下一个人没有，只有我家的狗。那狗正冲着屋子里的什么东西咆哮。真是怪极了，因为它应该什么都听不到啊。我们的狗是个聋子！然后我又想起上次那个晚上，于是我跑上楼，回到自己的床上。大概过了五分钟，楼下响起了脚步声，整个房子跟着震动起来。接着就是家具被拖来推去的动静。第一次的时候我很害怕，但这次我更害怕了。"

"你也听到了吗，梅格？"埃德问。

"是的，和他听到的一样。我还冲乔尔喊了一句：'你听见了吗？'但是他冲我吼：'闭嘴！'"

"我想我是不愿意承认这种事又发生了。"乔尔坦白道。

"你回到自己房间后看到或感觉到什么反常的事了吗？"埃德问他。

"没有，什么都没有。"

"你呢，梅格？"

"我越觉得害怕，楼下的声音越大。第二次我还瞧见我卧室里有一团黑紫色的云。我无法直视它，只能用余光瞟。那个紫色的球在我屋里时，我紧紧闭上眼睛，这样就不用看它了。我躺在床上，紧紧攥着拳头。突然间，我感觉有一只手要掰开我的拳头！那只手十分有力，像成年男人的手。但它没能把我的拳头掰开，于是它开始拉我的胳膊，想把我从床上拉下去。它把我的半个身子都拉出了床外。我大喊救命。然后它就松开了我。我趁机跑进乔尔的房间。"

埃德望向乔尔。"接下来发生了什么？"

"我和梅格想报警，或者给我们的爸妈或其他人打电话。"男孩回答，"但我们谁也不想走出房间。梅格跟我说了有只手拉她的事，我们都觉得会有更严重的事发生。"

"比如说什么事？"

"不知道。"男孩回答，"但是我们都有一种强烈的感觉，那就是周围有邪恶的东西。我不知道该怎么形容那种感觉。不管怎么样，我们想离开这栋房子，可我们又不敢下楼去。梅格说我们应该从窗户跳出去，但是我觉得只有疯子才那么干。我告诉她我们还是一起跑出去吧。梅格从我衣橱里拿了衣裤穿上，因为她不愿意回她自己的屋。然后我打开卧室门。我们能看到楼下的灯光，我们还能听到四周沉重的脚步声。但是我们顾不得这些，我们只想出去。于是我们决定逃出去。"

"我们跑进大厅，什么事都没发生。"梅格说，"只不过楼上忽然热得要命。于是我们尽可能快步跑下楼，从前门逃了出去。"

"你们看到楼下房间里有家具被扔来扔去吗？"

"没有，没看见。家具都不在原地了，但我想我没看到有家具倒在地上。"

"你呢，梅格？"

"我根本就没看。"她坦白道。

"关于房子里面，我只记得，"乔尔接着说，"收音机不响了，而是发出吱吱啦啦的声音，就好像静电一样。总之，我们逃出了房子，决定一直跑到大学校园里去叫人帮忙。我可忘不了那一晚。外面有几条狗，它们看见我们在跑，也和我们一起跑。但是靠近我们之后，它们又立刻往回跑了！就在我们跑的时候，整个林子里的鸟都发出尖啸声！"

"当时大概几点呢，乔尔？"

"晚上十一点到十一点半之间。"

"除了夜间鸟一般不活动这件事，还有什么反常的现象出现吗？尖啸声是否只来自一侧，比如说左侧？"

"是的，都是左边传来的。"男孩强调说，"你怎么知道的？"

"这不重要。"埃德告诉他，"接着说你们路上发生什么了。"

"我们沿路一直跑，但是后面好像有东西在追我们。"男孩继续讲，"不管房子里吓到我们的是什么，总之那东西在追赶我们。我们朝着一盏路灯跑去，因为我们有种感觉，到了那儿就安全了。但是我们好像怎么跑都到不了路灯那里。我们跑了半天却好像一直在原地踏步。我们应该是被什么力量给拉住了。"

"如果那股力量追到了你们，梅格，你觉得会发生什么？"埃德问。

"它确实追上了我们！"她说，"它力气很大，压得我们趴在路上。如果我们没法赶到路灯旁边，它就会把我们都杀掉。"

"你为什么这么说？"

"因为我们喘不过气来。"她回答。

"不知怎么的，"乔尔回忆说，"我们终于还是到了路灯下。从那可以看到我们的家，看起来二者离得并不是太远。鸟的尖啸声也减弱了不少。灯光下，我们感觉安全多了，至少我们再没有感觉有压力迫近了。但是那街灯的光似乎越来越暗了，于是我们决定跑到大学校园里去，中途绝不停下来。结果我们刚刚离开那盏灯，尖啸声就高了起来。我们都被吓坏了。但是我们一直奔跑，有多快跑多快，一直跑到了一个车辆穿行的十字路口。那是我们第一次感到彻底安全了。然后我们就沿着马路走，走到一家还在营业的商店。我带了一美元，于是在这家商店换成了零碎的硬币。然后我们就走进校园，找了部电话。因为梅格穿的是我的鞋，她的脚都跑得起了泡。所以她坐在一个门廊上歇着，由我来给爸妈打电话。"

"你打电话的时候遇到问题了吗？"罗琳突然插了一句。

"没有，女士。"乔尔回答，"我们把电话打到爸妈的朋友家，这才找到了他们，我告诉他们发生的事情，可是他们说我们是在做梦，最好回去乖乖上床睡觉。"男孩说到这儿有点生气，"我告诉他们我们不在家——我们在校园里，而且我们不会回家的！就在我讲电话的时候，我看到一名校警停下来询问梅格是否需要帮助。妈妈叫我向校警求助，让他把我们带回家，还告诉我他们也马上动身回家，和我们会合。那之后就什么都没发生了——至少到今天为止还没发生过什么。"

这家其余的人都默默坐着，每个人都在消化着孩子们经历过的这个令人震惊的诡异故事。

接着埃德才开始问罗琳有什么发现。"在楼下，"我只感觉到一点点消极的气氛。但是似乎楼上一间儿童卧室里的情况更严重。我不知道那是谁的卧室。我在乔尔的卧室里感觉到极度的混乱和困惑，就好像我喝醉了一样。"

"我们也有这种感觉！"梅格惊讶地说。

"这感觉让我都忘了自己在哪儿了。"罗琳继续说，"我从那屋子里退出之后，走到我觉得应该是梅格卧室的门口。站在门边上，我的头和肩膀都感到有股阻力，它在迫使我后退，想让我退到楼下。我决定进那个卧室瞧瞧。那是一个非人的存在。据我判断，它就在梅格的卧室里。你屋里是不是碰巧有招魂的黑蜡烛？"罗琳问。

"是的。"梅格回答道，她被问得吃了一惊。

埃德扫视了一下桌边的人们。这家人看上去恐惧而无助。福斯特先生似乎觉得自己在家人面前有些抬不起头，因为他无法解决发生在自己家的问题，尽管这个"问题"是无形的。

"如果事情还没有发展到不可收拾的地步，"埃德告诉他们，

"我来试试能不能解决这个问题。今天是星期天，你们干吗不开车出去兜兜风呢？离开家一小时的样子。"他建议道，"等你们出去了，请千万别谈论过去几天发生的事情，连想都别想。等你们回来了，我们再说。"

他们听到沃伦夫妇能对此有所作为很开心。福斯特先生风风火火地招呼他的家人出门，不到一分钟的时间，他们就已经坐到车里上路了。

埃德和罗琳留在房子里。他们知道，孩子们没有编瞎话骗人。他们的故事里有太多具体的细节了，那是只有真正经历过的人才能讲出来的。确实，对于埃德和罗琳来说，孩子们讲的那些并不新鲜。他们说的所有细节都符合他们过去遇到的魔鬼活动的特征。现在，他们的任务就是搞清这个幽灵的真面目，然后驱逐它。

沃伦夫妇无法每次都仅凭问当事人问题就判断出涉事幽灵的本质。"恶灵总喜欢隐姓埋名，"埃德解释道，"但是它无法长期这么做。因为它肯定会留下超自然力量的痕迹。比如说，这类幽灵常常不顾物理世界的法则。几年前，我们为一户人家驱魔。在他们家，一名电视摄影师被一个穿墙而过的大理石物件给砸中了！还有几次，恶魔凭空变出了一些东西。如果是固体，通常摸上去会发现它们带有一丝温度，这表示它们上面有残存的能量。有时候那些被变出来的东西又会很快消失，有时候则一直留在现实世界中。我攒了不少这类'幻物'，我是这么叫它们的。"

人们对这些"幻物"或者说心灵传送来的东西进行过科学分析吗？

"当然有过。"埃德回答，"为了记录驱魔都需要做什么，这种物证必不可少。不管什么时候，只要案子里出现这些东西，我都会取部分样品并将其寄给一家实验室，让他们做成分分析。'幻物'大多数是由尿液、胆汁、呕吐物、血液或者粪便幻化而成的。这类物品要么是通过心灵传输出现在他们家中的，要么就是幽灵对现有物质重新组合而变出来的。这类'幻物'通常包含自然界中的各种矿物质、微量元素和氨基酸。它们没什么新物质，也没什么神秘的，值得关注的不是它们本身，而是它们是怎么出现在家中的。恶灵也许能干出些奇奇怪怪的事情来，但是它们仅能操控自然环境中的物质。和撒但崇拜者的想法不同，我们认为，魔鬼又不是神，没有那么大的本事。"埃德口气里有点讽刺的意思，"它们没有力量进行真正的创造，只能对已经存在的事物重新组合。"

　　为什么要让这家人都暂时躲出去呢？

　　"如果我问询期间得到的数据比较模糊，或者当时没有发生看得到的现象，"埃德回答，"我们就无法判断幽灵是人的还是非人的。那我就要诉诸宗教手段，虽然这样做危险，但行之有效，可以揭开幽灵的真相。这种情况下，什么事都有可能发生，所以当我不得不采取宗教手段时，我会把家里的人都安排出去吃午饭，然后独自一人待在闹鬼的房子里。在有些案子里，罗琳会和我一起待在现场，但是她的能力仅限于敏锐地察觉到幽灵的存在。具有超感视觉的人没有什么法子来对付凶狠的恶灵，但那些充满负能量的实体却有各种各样的手段可以伤害一个'敏感'的人类。等房子里只剩下我一人的时候，我就使用宗教手段挑衅恶灵，那是因为我不是灵媒，我必须得看到灵异现象才能用我的五感来感知幽灵，这一点我和其他普通人一样。我一直随身带着毕奥神甫给我的一样纪念品，因为它能保佑我。我身上带的宗教物件越多，幽灵越有可能做出激烈的回应。因为我知道自己要面对什么，所以大多数时候我都更喜欢带上撬胎棒和霰弹枪。但是你不可能杀死从时间诞生之初就存在的东西。"

"不过，当剩下我一个人的时候，房子里还是安安静静的。好像没什么不对劲。如果哪个地方出现了古怪的现象，我就先去那个区域看看有什么情况。如果事主告诉我没有哪个固定的地方会发生灵异活动，那我就一个屋接一个屋地巡视，直到有现象发生。如果背后真的是鬼魂在捣鬼，那往往我在房子里走动的时候，它就会在我面前现身。它清楚马上就没好果子吃了，而鬼魂没法儿真的和上帝对着干。但是如果这是个恶灵，发誓憎恨上帝，受到宗教物件的排斥，那么它迟早会走。室内温度会降到让人觉得寒冷，或者升到像火炉一样热。同时还会弥漫着腐肉的臭气或者其他恶臭。偶尔我还能听到什么东西爆掉的声音。要么是前所未闻的非人声音，警告我最好滚出去。再不然就是跑向楼上的脚步声，那声音通过心灵感应的方式直接传入我的脑海。这是恶灵的计策，为的是让我跟着脚步往上面走。我要是照办了，最后很可能会被困在某个房间里。看不见的手会在我面前的墙壁上写下污言秽语。还有的时候，以上现象都不会出现。然后等我以为不会出什么事的时候，幽灵忽然穿着一袭黑衣现身了。为什么宗教手段会这么有效呢？是因为我吗？不，起作用是因为恶灵憎恨任何提到上帝名字或使用宗教物品的行为。对，就是憎恨。这种幽灵就是罪孽、仇恨和嫉妒的化身，暴露在宗教元素下实际上会让非人的幽灵产生莫大的痛苦。"

这次在福斯特家，沃伦夫妇决定合作解决这个案子。为了刺激幽灵，埃德使用了十字架和圣水，二者都是恶魔憎恨的东西。埃德摸索着来到地下室，在地板上洒了四滴圣水。然后他大声说："奉基督耶稣之名，我命令所有幽灵——无论人之灵还是魔之灵——速速离开此宅，且永远不得返回。"沃伦夫妇等待幽灵的反应，但却没有任何动静。

为什么埃德可以在没有神甫的情况下使用圣水呢？

"因为使用圣水不需要他人的允许。"

埃德说："人们可以在家里使用圣水。不同的是，我工作中使用的圣水是得到过驱魔神甫祝福的。这种圣水具有非常强大的正面力量。并不是说水本身有多厉害，厉害的是它代表的那份虔诚。我只使用圣水，并不对它施以祝福。"

到了一楼，埃德在每个房间里都重复了一遍洒圣水的过程。驱魔师都知道，这是一种行之有效的方法，可以让作恶的幽灵现形（如果在场的话）或者离开。沃伦夫妇在地下室和一楼的所有房间都洒了圣水，但没有得到任何反馈，于是他们准备上二楼。他们知道，那里才是会遇到困难的地方。但是正当他们准备行动的时候，一种恐怖的情绪悄然包围了他们。对于沃伦夫妇来说，通过心灵投射让二人同时感受到某种情绪就是恶灵存在的一个明显的指示。"恶魔，"埃德说，"在人心中投下恐怖的阴影，就好比响尾蛇发出沙沙声，那是一种警告。"

一股好似得了霉病的玫瑰的潮味儿扑面而来。突然，楼上闪过一个影子。接着，一扇门砰的一声关上了，动静之大差点把他们震得双脚都离了地。沃伦夫妇甚至开始考虑还要不要继续驱魔了。他们知道，要是他们的判断出了一丁点儿差池，就可能会引发持续数年的恐怖反击。

沃伦夫妇像往常一样，最后决定继续行动。他们开始沿着楼梯往二楼走。尽管埃德和罗琳费了很大力气，但他们上到一半就再也无法往前上一步，阻挡他们前进的是一股难以突破、无法抗衡的力量。罗琳说："那种感觉就好像我们逆水走在齐肩深的激流中。"他们越要努力往上走，那股力量就越大，越难以逾越。慢慢地，沃伦夫妇退回到了楼下。他们不得不如此，因为继续勉力而为难免会摔下楼。

楼梯下，短短的一瞬间爆发出一阵恶毒的大笑。埃德被激怒了，往楼梯上洒了更多的圣水，导致那股力量顿时退缩了，足以让他们上到二楼了。二层分隔成了几间卧室，还有一条与房子同宽的长廊。

埃德先在艾琳的房间里洒了些圣水，然后又说了一遍驱逐令，但什么都没发生。于是沃伦夫妇离开那个房间，又进了乔尔的屋子。这扇很轻的屋门本来是大开着的，现在却是紧闭的。埃德转动门把手，然后用指尖将门推开。房间里没有任何异样，他们松了口气。埃德又按着固定流程走了一遍，但没遇上什么麻烦。梅格的卧室是他们的最后一站。

这家长女的卧室门也是紧闭着的。门的那边有什么在等待他们呢？沃伦夫妇不知道。埃德扭转门把手，先把门打开一条缝，然后再将其大力打开。他们都不由自主地往后退了几步。屋里有问题。尽管那恶灵没有现身，但它让二人心中产生了恐惧和哀痛的情绪，那是一种绝对令人心碎的情绪。但沃伦夫妇知道该如何应对这种操纵人情绪的行为。说穿了这是一个小把戏，是恶灵想激起他们的同情心。埃德沉着冷静地走进屋，手中拿着一个十字架。

尽管这次没有遇到阻力，但卧室里冷得要命。埃德最后一次向房屋的四角洒去圣水。然后他命令道："我奉上帝之名命令你现身，不现身就离开吧。"……一片死寂。"给我们一个表示，告诉我们你会离开吧。"埃德在空荡荡的房间中大声说，"不然，此时此地，我就要开始驱魔了。"

几乎是马上，他们感到的那种病态的悲痛情绪开始减弱了。然后屋里的温度也逐渐回归正常。咒语被破除了。

环顾卧室，沃伦夫妇看得出，幽灵是把这间卧室当成它的住所了。梅格的卧室里有黑色的招魂蜡烛、举办招魂仪式时的服装，还有各种异教仪式规程等。埃德将那些玩意儿扔进了屋里的垃圾桶，然后把它们放到走廊中，念了一段规定的净化祈祷文，"封锁"了这个房间。

工作算是完成了，沃伦夫妇这才走下楼梯。他们本不必度过这么一个恐怖、紧张而漫长的周日。透过客厅的窗户，罗琳看到福斯特一家正坐在停在车道的车上。她打开窗户，招呼他们进来。

"现在一切都取决于你们今后的行为。"他们一进来,埃德就解释说,"你们现在要多考虑该在生活上做出怎样的改进,让一切都正常起来。当然了,"他对梅格说,"什么巫术仪式之类的就不要再搞啦!你楼上卧室里所有的神秘学书籍和招魂的工具统统该扔掉。"

"除此之外,我强烈建议你们找本地的神甫来家里进行祝福。你们现在明白了吧,是你们的女儿胡乱举行超自然的仪式,结果引来了一个恶灵。举行祝福仪式是为了预防那恶灵再回来。总之,只要你们大家让家中保持阳光的氛围,那类恶灵就不会再被吸引过来的。我还有个建议,你们最好今天就请神甫来祝福,不要等到明天了。"

"最重要的是,"埃德强调,"未来的几周甚至几个月里,你们最好的保护就是培养点儿正能量的兴趣,那才是抵挡邪物的有效手段。如果你们笃信宗教,那就一家人每周去一次教堂,以示虔诚。这种姿态将是一个好的开始,有助于你们对抗被吸引来的那个幽灵。简而言之,你们的女儿做了负面的事情,那就要做些正面的事情来平衡一下。按目前的情况来说,你们家极有可能再次上演那些恐怖之事,除非你们表现出要积极改善的意愿。我和罗琳该做的都已经做了。现在就看你们的了。"

埃德在门口做了最后的总结。"另外,这房子里的幽灵现在处于休眠状态,"他提醒道,"没有彻底消失。"

话音刚落,罗琳的眼镜就突然从她手中挣脱出来,在众目睽睽之下悬浮在空中,然后画了一道弧线,狠狠砸在地上,摔碎了左边的镜片。福斯特一家惊异地看着，尽管他们还不太明白家里到底发生了什么。他们只是单纯的受害者，平日以为超自然力量是个有意思的东西，没想到现实里却是他们成了那股力量玩弄的对象。

VI. 来自异世界

人们的对话中所有普通和熟悉的东西里，与自然远隔且和五感无涉的事物中，没有哪一样像幽灵一样，与众不同却又常常被提起；而且不管人们所说的关于幽灵的那些事是否为真，它都算得上是人们最容易聊起来的话题，也是人们讨论得最久的话题，因为世上存在着大量的相关事例。聊起它来人们轻松又愉悦，大家认为这个话题永远都不会变得无聊沉闷。

——皮埃尔·卢瓦耶，1586 年

世上出版的第一批英文书籍中，有一些是探讨幽灵与魔鬼研究的。16世纪的时候，人们大多相信幽灵是真实存在的，比现在的人们还信：同样的废墟与恐惧，同样的暴力场面。

在《圣经》时代，耶稣谈到过鬼魂、幽灵、恶魔和附身。"事实上，"埃德解释，"在复活以前，基督至少有十二次在他的追随者面前以幻影的形式出现过。"

沿着历史长河向更久远的时代回溯，关于幽灵的问题似乎从人类文明的最初阶段就有了。甚至连古希腊的作家都认为，这种恶意满满的幽灵活动比半夜里偶尔出现的黑色魅影还要不祥。即便是那时候，古人都认为那是幽灵，它怀有不可告人的目的，因此管它叫"魔鬼"，意思就是邪恶或不洁的幽灵。

今天，在大部分大型城市或大学的图书馆中，都能找到关于人类幽灵现象的文献记载，这要归功于过去一个世纪里各个享有盛誉的灵学研究组织的努力。但是，关于恶魔幽灵的资料还是一如既往地少之又少。这个课题充满了神秘感。关于神秘学的大多数书中都多少提到过"恶魔"，但是此类内容前后总是少不了说这类现象纯粹是中世纪的迷信的话。科学家完全排除了"幽灵"存在的可能；医学界则将这种现象视为人的幻觉或精神错乱时的想象；学者认为恶魔就是一种幻想；只有宗教机构认可神学中恶魔的概念，因此这个说法也突然变得真实可信起来。它还有一个名字：罪孽之谜。魔鬼还有一个象征符号：XPISTOS（基督）——敌基督。

了解这一话题的最佳途径就是咨询专家，但如果是不常去教堂或者犹太教会堂的人，那可以去问恶魔学家。恶魔学家不多，而且他们的名字都是保密的。他们仅有义务向他们的前辈汇报他们的经历。就算是埃德·沃伦也不愿与外人多谈夜间造访他家的恐怖幽灵，那幽灵不仅给他捎来了一些消息，还口出恶语，亵渎神明。被问得多了，埃德也只是回答："有些事只有神甫和我知道就好，最好还是不要外传了。"

那么埃德·沃伦的观点的基础是什么呢？有没有确凿的证据可以支持他的观点呢？

"那些不怎么了解这类现象的人们有时候会问我，我是否有过类似于超现实的幻觉，就像堂吉诃德要拔剑与风车决斗那样。我只能说，幻觉其实是一种视觉体验。而这是一种会真正对你产生反作用力的现象。我对这一话题知道的其实并不比博学的神甫多，他们能和我一样，明白无误地告诉你，这种现象可不像噩梦那么容易证实。"

"我可以为我说的一切提供真实的人证和物证，"埃德继续说，"而且证人要么就是可信的目击者，要么就是德高望重的专家。我说过的话没有一句是推测或妄言。我对恶魔幽灵的本质下论断是基于我三十年来在该领域工作获得的一手经验，其他依据还有几位公认的恶魔学家与驱魔神甫的经历、曾经受到过这类幽灵侵害的几百位目击者的证言以及确凿的物证。关于恶魔的神学教义和我在自己现实生活中对这类幽灵的了解相当一致。我还是说得更具体一些吧。"

"非人幽灵常常自称是魔鬼，然后通过身心两种途径向人证明它的这个身份。从我的个人经验来讲，我曾经被这种看不见的力量烧伤过，还遭受过因它们而起的劈砍伤和切割伤。这些幽灵在我身上留下了深深的标志与符号的痕迹。我还被它们像个玩具一样在屋里扔来扔去。我的双臂被反绞在身后，事后疼了一周。有一次我甚至突发重病，不得不临时退出当时的案子。还有恐怖的幽灵化为实体出现在我面前，威胁要弄死我，还要杀掉我的家人，让我们死后也会受到折磨。但是不管我见过什么、经历过什么，其实承受的痛苦都没有与恶魔对抗的那个神甫多。"

"我说的就是现在正在发生的事。明天我要去天主教堂呈交书面证明，因为我说话的当儿正有神甫在为被附身的一位年轻女子驱魔，我要证明的就是这种驱魔活动的正当合理性。"

"至于证据，"埃德继续说，"我有几千小时的磁带录音，里面是我和美国与英国各地的人和家庭的谈话，完整记录了恶魔现象的真实存在。能支持我观点的证人可以坐满一个大礼堂。我收集了许多物品——也就是我之前说过的'幻物'——它们都是由魔鬼通过其他东西幻化而来的。我还拍下了恶魔现象的现场，有物品悬浮在空中的情形，还有幽灵现形的画面。我有磁带证据，里面录下了这些幽灵讲话的声音。还有很多次它们特别嚣张地爆出了它们作为恶魔的本名。还有更夸张的，"埃德透露说，"这些邪灵通过被附身的受害者与我直接对话；还有的化身为一个就像你我一样真实的实体和我叫板。它们告诉我——就以我现在说话一样清晰的声音告诉我——它们是谁，它们为什么会在这里，还有它们接下来打算干什么！"

关于最后一点，有人要求埃德拿出证据，于是埃德转身进了办公室，回来的时候手里多了一盘盒式磁带。"这盘磁带是 1972

年的时候录的。"他说着将磁带插进录放机里，"当时的案子里，当事人名叫玛丽，自她八岁起，就有一个不知名的东西时常附在她身上。于是我们尝试着确定这个东西的身份。我们录这盘带子的时候，玛丽已经五十多岁了。那天在场的有我、罗琳、一位天主教的神甫和一位可以进入深度催眠状态的灵媒。就在录下这盘磁带之前，那幽灵一直在通过灵媒扯谎，说着各种外语，就是不想让我们听明白他在讲什么，还用假声说话，声称自己是'天使'。为了了解真相，我们在灵媒身后的桌子上摆了一个十字架。当时灵媒正处在催眠状态，双眼紧闭着。然后我们要求幽灵开口讲话，这时候传来一个非常不同的声音。"埃德按下了录放机的播放键：

声音：不是我要来这儿的！

埃德·沃伦：那你为什么来？

声音：我是被迫的！

埃德·沃伦：被谁强迫的？

声音：一束白光！

埃德·沃伦：给我们描述一下你长什么样子。

声音：不要。（这时十字架刚好放到了桌子上，紧接着附在人身上的幽灵便发出了一声痛苦的尖叫。）

埃德·沃伦：给我们描述一下你长什么样子！

声音：我必须诚实地告诉你我长什么样子。我的长相邪恶又丑陋。我和人类毫无共同之处。我心怀仇恨。我面目可憎，身上长满了令人作呕的毛发。我眼窝深陷，全身上下都是黑的，被烧焦了。我头发很长，指甲也很长，脚趾像爪子一样。我身后有尾巴，手里有长矛。你还想知道什么？

　　埃德·沃伦：你管自己叫什么？

　　声音：（大声宣布）我是瑞西斯洛巴斯！我是瑞西斯洛巴斯！！

　　"尽管我和埃德不是学院派的神学家，"罗琳说，"但我们在过往的工作中没有发现任何证据表示魔鬼不是堕落的天使。从这幽灵的日常表现、超自然的力量和面对圣物时的激烈反应来看，这个结论是站得住脚的。事实上，人们传抄的驱魔经文就能够证明，魔鬼便是众所周知的堕落天使。"有人发现，除了《圣经》，再无其他文字对这类幽灵的存在有过正面的描写。《新约》和《旧约》中提到天使与魔鬼有三千多次。[①]关于魔鬼，除了一些晦涩难解的宗教典籍中提出了同样的简单观点，《圣经》之前再没有什么其他可靠的文字记录。

　　魔鬼与上帝之间到底有怎样的纷争并不为人所知。正如教宗保罗六世所说，"我对这场世界诞生之前的不快之事知之甚少。"（这位教宗还明确表示过，魔鬼是真实存在的，并非某种象征或是心理隐喻。教宗约翰·保罗一世在他短短的一个月任期内还再次重申了他前任的判断，说世上确实存在魔鬼。）关于这个实在吓人的话题，大家可以在尼古拉斯·柯特所著的《谁是魔鬼？》（*Who Is the Devil*）一书中找到一些很好的解释，同时也可以参考比利·格雷厄姆的《天使》。不过，最具权威性的解释要数圣·奥

---

① 出自《恶魔附体与驱魔》，约翰·尼古拉神甫著，Rockford，Ⅰ 11.: TAN，1974 年出版。

古斯丁在《上帝之城》中的讲述了。

"堕落天使"的经典故事简单来说是这样的：

上帝创造的第一批生命就是天使。他创造的所有天使中，等级最高的莫过于路西法。上帝把路西法塑造得如此完美，可以说除了不是上帝，上帝拥有的一切他一样不少。可是路西法并不安于现状，他觊觎自己没有的东西。路西法想做上帝，取代上帝，亲自掌管天堂。由此可见，魔鬼的确是一种充满了负面能量的幽灵。

与路西法勾结的其他天使也与他有着同样具有毁灭性的欲望，即"贪婪"：他们为了攫取不属于自己的东西，宁可放弃上帝恩赐给他们的生命。上帝对这种群体性背叛行为的回应就是将路西法和追随他的"群"驱逐出天堂，因此这些堕落天使发誓将永远与上帝为敌。

路西法自此更名为撒但——毁谤者、控告者和谎言之父。尽管这些天使从此失了天恩，但他们并未因此被剥夺能力，而是保留了之前就具备的不可思议的力量——从他们被创造出来就有的力量。这种力量从本质上包括了永生、洞悉宇宙秘密以及不必按照自然物理法则行事，因此他们才能制造那些灵异现象、随意变化出一样东西。不过，尽管他们有如此强大的力量，恶魔还是受到了约束，不可掌控人类。上帝与人立下圣约，只要人类敬畏上帝的力量，那么上帝就会保护人类。

当然，最后没人知道完整的故事。魔鬼对上帝的反抗本身并不能作为上帝存在的证据。只有通过我们观察到的那些亵渎神明、满含仇恨的言语和行动，我们才能推理出上帝是存在的。

"不管怎样，"埃德说，"除了《圣经》中提到的那些魔鬼，人间还有其他各种邪恶的非人幽灵在游荡。当被要求自报家门时，这些幽灵都说自己来头很大：我的名字叫群，我们是一体的。没错，这些幽灵确实具有强大的力量，异常狂暴，充满了怨恨，就是要与人类为敌。奇怪的是，人能找到唯一保护自己不受到这些幽灵伤害的方法就是提到上帝——不过更多时候会提到耶稣——还有展示受到祝福的宗教物件。除此之外，人们没有其他办法阻止这些怪异的幽灵。"

　　不过，如果灵异活动那么明显，为什么科学家在非人幽灵现象方面没有得出类似的结论呢？

　　"科学家也是人。"埃德回答，"而且有的科学家和具有通灵能力的调查者见过灵异现象，因此现在他们明白那是真的。平日里最爱发声的怀疑论者却从未亲眼见过灵异现象。不过，这些幽灵的活动和引发的现象都已经在很多案件中有系统的记载了。不幸的是，超心理学家通常不把念力导致的活动纳入研究范围，至多是把骚扰现象算到人类幽灵的头上。但是即便非人幽灵承认它们的所作所为是错的，它们也从未像人类一样臣服于上帝。事实上他们还为此感到自豪。当事人和可靠的目击者，对被附身者问询过程的磁带录音，还有驱魔的经文，两千年来教堂的记载都显示出，它们的身份就是一直以来众所周知的非人恶魔幽灵，充满了仇恨和敢于运用这股仇恨的邪恶智慧，再无其他；那些很久以前便存在的幽灵对上帝怀有极端的恨意，发誓要毁灭人类。它的大部分仇恨都是针对上帝的，但只有极少数人才见过它发怒。"

"至于灵异现象，"埃德继续说，"十几个调查者穿过一处恶魔盘踞的场所，有可能出来的时候什么现象也没碰到。很大程度上是因为，笃信科学的调查者其实是在缘木求鱼。那些科学家带着秒表和石蕊试纸赶到现场，这对那些栖居于此的幽灵并不能构成任何威胁。当然，幽灵也不会主动地表明自己存在。但若是人带着宗教物品去，非人幽灵就会对这种挑衅做出反应了。"

"在此我要简单地提醒一句，无论如何，我绝对不建议任何调查者或通灵研究者仿效以下行为。挑衅恶魔是典型的宗教方法，并非科学方法。这需要在尝试之前有特殊的准备，不然会有灾难性的结果。我这是说给那些想尝试的人听的。不管调查人员多么敬业，还是需要点到为止，接受有些事是自己办不到的，然后打道回府。这种工作中，没有所谓的'征服'。工作的结束就是驱魔，消除负面力量。其他态度都将导致失败。恶魔是个非常重大严肃的问题，不管是'良好的心愿'还是'零容忍'都无法彻底解决这一问题。它只会在上帝的名义面前退缩。就是这样。"

恶魔造成的灵异现象最令人烦恼的一面可能就是，一切的恐惧和混乱背后竟然是一个精明、工于心计的智慧存在。

"要把这一点记在心里，它们可不是什么死去的东西，"埃德点出，"而是活跃的、充满负能量的实体，在宇宙演化进程中先于人类存在的实体。它们比我们知道的更多，因为它们存在的时间比我们长。我们应该把它们看作强大的智慧存在，只是充满了负能量，迷失在对上帝的仇恨中。一旦有了这个认识，你才会渐渐清楚恶魔幽灵的真实面目。"

若说哪样东西能生动地描绘出恶魔幽灵的"邪恶智慧"，恐怕再没有比埃德办公室附近墙上挂的五英尺高的古老招魂镜更能胜任的了。凡是目光扫到它的人，都会注意到这面镜子的雕花镜框，但它绝不是普普通通的被人珍藏起来的艺术品。相反，埃德·沃伦把它陈列在此是为了让它时刻处于他的监视之下，因为它是一件渎神的邪物。

　　"如今，"埃德解释说，"人们对镜子魔法的认识其实源于《白雪公主》中的那段情节：'魔镜，魔镜，墙上的魔镜，告诉我，谁是这世上最美丽的人？'巫师曾经用镜子来施法，从而预测或改变未来发生的事件。那可不是幻觉，而是真正的魔法，能随心摆弄自然与事件的魔法。我门口的这面装饰镜原本属于一个叫史蒂文·泽尔纳的五十五岁老头，他住在宾夕法尼亚州。他心怀仇恨，曾经用镜子举行过一个不为人所知的中世纪仪式，我们管它叫'反光镜仪式'，或者叫'镜子魔法'。"

　　"现如今，魔法像巫术一样，可以用来行好事，也能用来做坏事。我说的这个老头就是把镜子当成了施展黑魔法的工具。首先，他念了一长串的咒语，向幽灵世界发出邀请，请求幽灵助他一臂之力，改变未来。咒语念完后，他将目光投向镜子，就像巫婆盯着水晶球那样盯着它看，将全部的注意力都集中到镜子上。"

　　"一开始的时候，史蒂文在镜子里只看到一些模糊的影子在动，还有些小小的变化，但对他来说毫无意义。但时间过去了一天又一天，一周又一周，他越将注意力集中在镜子上，越将自己的自由意志投入其中，史蒂文对镜中场景的控制力就越强，能看到的镜中事物也就越多。最终，他痴迷地连续数月在家中施展镜子魔法。泽尔纳先生当时已经掌握了技巧，只要他努力描述出自己想看到的东西，那么他心中的画面就会出现在镜子中。"

"假以时日，一旦他能完成这个仪式，他就能随心所欲控制未来的走向。他能看见——实际上是预测——一天、一个月甚至一年后会发生什么以自我为导向的事件。但是，老话说得好，权力会使我们所有人都成为它的奴隶。不久，他就决定使用这种邪门歪道的力量。于是他就更进一步，开始让镜中出现他正在想的人。泽尔纳先生脑子里浮现出的那些人无一例外都是他不喜欢的人——他专门挑出来要报仇或惩罚的对象。上帝帮了那个欺骗史蒂文·泽尔纳的恶魔一把！"埃德开玩笑道。

"为了泄愤，实现他自己的所谓正义，史蒂文会选一个出现在镜子中的人当受害者。这些不知情的人会出现在镜中的一些未来场景中。然后等受害者真的出现在史蒂文视野内的时候，他会在想象中让某种不幸降临在这人头上。举例来说，他若是看到他想加害的人站在一段楼梯的上方。那么，如果他想让这人从楼梯上摔下来，摔断一条胳膊，那他只需要努力想象这件事就行。通过这种魔法，他会在镜中看到他那可鄙的'正义'如他所想的那样实现，就好像在事情真正发生之前看到即时回放一样。"

"真是套神奇的把戏，对吧？只不过这其中有个关键症结。这些恶行不会因为他这样想就真正发生，他需要借非人幽灵之手去实施，这也是仪式的一部分。为了让镜中人摔下楼梯，非人幽灵会令他暂时失去方向感，让台阶上突然出现一摊油，甚至干脆用念力给他致命的一推——成了！"

"但是，在这个过程中，史蒂文犯了个错误，他的魔法出了岔子。无疑，他忘了要在仪式中对撒但表示敬畏。结果，他给别人招去的魔鬼开始转而攻击他了。但在这件事上他可没什么可叫屈的，因为那些幽灵原本是他释放出来去报复他看不顺眼的人的，现在却到他家来大肆骚扰，伺机伤害他。于是，除了他空无一人的宅子里开始频繁出现脚步声和沉重的喘息声。门开始自动开合。家中摆设也会自己浮在空中，或者被看不见的手抛来扔去。半夜里，他会被异世界的声响吵醒，而且还感觉房子里有看不见的东西在游荡，他对此却无能为力。"

"大概过了一周，这个老头害怕极了。他给东部天主教会的一名德高望重的神甫打了电话，毫不夸张地讲，他乞求对方派一位恶魔学家去他家驱魔。这位神甫并没有派事务繁忙的另一位神甫去，而是联系了在康涅狄格州的我，问我是否愿意对此事进行调查，让一切回到正轨上来。当时我和罗琳也很忙，但对我们来说，帮助他人是第一位的。因此我取消了当天剩下的安排，还取消了参加当晚一个特别重要的访谈节目，驾车和罗琳一道向北边的新泽西州出发了。"

"我们到了当事人的住址后，见到一个被吓得六神无主的老头。当然了，他被吓成这样倒是合情合理的。房子里的门自主开合。家中事物到处乱飞。每一分钟里都有东西碎掉；抑或是碰到墙上，反弹回来，砸到地板上，摔个粉碎——那情景简直不能更热闹了！从某种程度上说，那天下午我们的车也被卷进了这个烂摊子。我们到那儿大概一小时之后，街上的车就开始鸣喇叭。我从窗口向外望，看到我们的车正好停在交叉路口的中央，堵住了两条小路上的交通。而我们刚到泽尔纳先生家的时候把车停在了他家的私人车道上，还拉了手刹，锁上了车门。街上的几个人说，他们看见车自己倒出了私人车道。当然了，我赶紧出门去处理这件事，可上前一看，发现车门锁得好好的，手刹也在原地。"

"总之，"埃德继续说，"显然那个下午我得采取点措施才能阻止这些骚扰行为。在这种情况下，最好的解决方案就是'以其人之道还治其人之身'。因此我要做的就是将史蒂文的仪式反过来做一遍。我这么做对自己相当危险，但是它立即停止了现有魔鬼的恶行，也阻止了泽尔纳为改变未来召唤的其他魔鬼——因为这个仪式要求魔鬼要么对自己动手，要么就乖乖停止一切行为。"

"那天下午，我们的工作做完之后，泽尔纳先生想让我们走的时候把招魂镜也带走，我说'当然没问题'。这样的话，我就不用担心自己有一天还要再回到此地驱魔了。于是，我把镜子放进了我车的后备厢里，和罗琳趁着天还没黑赶紧开车回家了。"

"我年轻的时候，对这份工作的危险还知之甚少。"埃德说，"因此我去向那些学识渊博、了解这个世界的秘密的人请教。那时候，一位睿智的老人告诉我说：'埃德，不管为了什么原因，我都不会像你那样踏入鬼宅、和幽灵对抗——尤其是涉及魔鬼幽灵的时候。你一旦跨过了那道幽暗世界的门槛，你就会永远活在危险中，你爱的人也会永远如此。不管喜不喜欢，在人群中，你都是独一无二的，孤独的。永远别忘了，你挑战的恶魔力量聪明无比，和我们这些肉体凡胎不同，它们拥有的是跨越多少个世纪的智慧。'"

"那天晚上非常冷，路上结了一层薄薄的冰，所以我们开得比较慢。我知道，移动这面镜子会激怒某些恶灵，同时自己也成了它们发泄怒火的对象，因此我开车时格外小心。不管我多小心，从泽尔纳先生家开出约五英里之后，我的车碾过一个小坑。要是在平常，什么事都不会有，但是这次一个全新的、价值几百美元的子午线轮胎爆掉了——这件事儿太不可思议了。爆胎导致我们的车拐上了旁边的反向车道。司机们纷纷按响喇叭，急忙转向避让我们，以毫厘之差擦着我们驶了过去。我们当时没有死在那里真是个奇迹。"

"我换了轮胎之后就重新上了路。一辆大型拖车出现在我们身后，它绕到我们左侧，然后突然插到了我们前面。我注意到这辆车有些古怪，车身上没有喷印任何字母或标志，也没有拉货。突然，就在干燥的路面上，那卡车凭空向我们甩来了大量绿色的烂泥，那泥正好糊在了我们的挡风玻璃上，让我们无法看清前路。雨刮器几乎动不了，更不用说把泥刮走了。等我再次能看见窗外的情形时，那辆车已经消失得无影无踪了。就在我刚刚清理好挡风玻璃之后，那辆卡车又从左侧开到了我们前面的路上，刚才的事件又重现了一次。"

"这种事发生第三次之后，很明显我们是撞邪了。于是我把车开到路边上，让车辆从我们身边开过，我开始好好清理挡风玻璃上的烂泥。五分钟后，我们再次上路，这时同一辆车再次出现了，还是不管不顾地从左侧超到我们前面，立即向我们甩来大量厚重的绿色泥巴。那东西是专门冲我们的车来的。等我再次能望向窗外时，拖车又跟以前一样消失了。我们在去调查其他案子的路上或者调查完后回家的路上也发生过类似的情况。但以前不是这种绿色的烂泥，我们的车被从天而降的尿——还有一次是啤酒——给浇透了。和往常一样，遭殃的只有我们的车。"

"总之，拖车甩泥的事情至少重复发生了六次，而且我根本甩不掉那辆车。当时情况极其凶险，我们都做好了赴死的心理准备。最后我终于设法从那条大路上开了下来，拐上了一条通往康涅狄格州的小路。"

"那之后大约安生了一个小时。"埃德继续讲，"那条小路上几乎没别的车，我们都感到很安全。但是我突然在后视镜里瞟到后面有辆车正急速冲过来。当时天已经黑了，那辆车却完全没开前灯！我唯一能看到的就是一对暗淡的侧灯。很快，那辆车就冲到了我们尽后头，然后转向开上了超车道，继续加速行驶。这是一辆漆黑的轿车，我发誓，那车只差不到一英寸的距离就蹭到我们了。那车从我们旁边超过去的时候，罗琳紧紧盯着它，就好像在看魔鬼一样！'这和魔鬼也没什么两样，'我跟她说，'这倒霉玩意儿差点儿撞死我们。'开车的人真是疯了，竟然在路面结冰的晚上开得这么快，还不开前灯。"

"那车已经超到我们前面去了，于是我继续开车。远远地，我瞟见它开过一架单车道的吊桥，然后开上了一条上坡的山路。这时我只能看到那辆黑车后屁股上的两盏停车指示灯。看到终于摆脱了这家伙，我松了口气。但是等车爬到了山顶，大概距离我有一英里的地方，我看到它刹住了车，掉转车头，竟然又原路开了回来。我立即被一种可怕的感觉包围了。我脑子里只有一个想法，那就是等着我们的是一场严重的交通意外。"

"那个时候，我们已经开上了那座狭窄的吊桥，但是还没驶到桥的三分之一处。那辆车已经全速冲下了山，开上了桥，向我们迎面撞过来了！'这算怎么回事啊？'我记得自己当时自言自语道，'这人是想开车自杀吗？'"

"在他高速向我们冲过来的时候，我们已经没有机会倒车了，也不可能把那辆车让过去。恰恰相反——如果对方不立即停车，我们就会迎面撞上！但是它就是不停，还在继续逼近！那桥是拱形的，像个高架桥一样，跨过一道山涧。如果我向左或向右打方向盘，我们就会坠入山涧，板上钉钉地自此人间蒸发。当我的大灯和对方的车就要碰到一起的时候，我对罗琳大叫一声，让她趴下。因为情况是这样的，对面这个疯子正好驶到桥中央，向我们直直地冲过来。"

"他的时速是 90 英里，我的时速是 60 英里。因此，就算是我们两个都刹车，想停下来，冲力也会让我们撞到一起的。这个结局不可避免，但我不能什么都不做。还有五秒钟就撞上了，我心里只剩下一个问题：该转向还是照直开？在最后一刻，有个声音告诉我应该继续往前开！"

"已经没时间了。我留给罗琳的最后一句话就是'去找圣米歇尔！'最后的两秒钟——在这种情况下你想的只是剩下的时间，而不是距离了——我将双臂挡在面前，准备迎接马上到来的冲击。就在撞车前一秒，我最后深吸了一口气。然后就在撞上的那一刻……嗖的一声！！！那是个幻影！罗琳说的没错。"

宗教作品的作者常常管恶魔幽灵叫作"邪恶的天才"，这一说法暗指它们在骚扰家宅时的精心策划。因此，在调查中，恶魔学家首先寻找的是，灵异现象背后是否存在着阴谋策划的痕迹。

因为埃德·沃伦和罗琳·沃伦夫妇的工作的性质非同一般，恶魔的阴谋常常也会把他们卷进来。有几次，他们还没有应邀去调查案子，或者还没有回复求助电话的时候，恶魔的阴谋就找上来了。埃德开始讲述他办公室最近发生的几起破坏事件：

"这种事今年发生好几次了，常常是日落之后发生的。不过上一次可是在光天化日之下发生的。我和罗琳在厨房里，刚吃完午饭，电话响了。罗琳拿起听筒，却没人说话，她只好放下电话。大概过了一分钟，电话铃又响了，但不是那种有间断的铃声，而是一刻不停地响。罗琳接听后，里面传来一个沙哑的声音，仿佛是野兽的咆哮。"

"她不安地将话筒递给我，我也听到了那种咆哮声。还没等我们挂断电话，我们养的德国牧羊犬就在外面大声地叫了起来。就在这时，我办公室传来了好像是激烈的吵架一样的动静。此外，你还能听到家具被推来推去的声音，以及东西被摔碎的声音。这种情况持续了整整十分钟。大多数人的第一反应是跑到楼下去看看发生了什么，当然，除非你根本不想知道发生了什么！"

"过了一个小时，我们才走进办公室。屋里一片狼藉。墙上的画被撕掉了，文件乱糟糟地铺了一地。书籍、纸张、椅子、台灯和桌子都在屋子中央摞成了一堆。根据经验我们判断这不是人类所为。这是恶魔在捣鬼。"

"要知道，恶魔就相当于幽灵界的流氓暴徒。它们总在楼下活动。有时候我会在余光中瞟到正在快速移动的它们。有时候，它们会介于现实世界和异世界之间，处于半现形的状态，没有固定的形状，就像一团黑云。我们达成了一个共识，"埃德的话中略带讥讽，但态度相当严肃，"它们不来惹我，我也不朝它们身上洒圣水。"

那么为什么办公室会被它们搞得一团糟呢？

"目前，"埃德回答，"我们还不知道为什么会发生这样的事，但很有可能还会有更多怪事发生——只希望不会有什么严重的事儿。这类事情通常每过一两周就会发生一次，往往是在我们受邀接下一桩涉及魔鬼的严重的案子之前。现在我们只知道，在某个地方，一定有某个人正在受到恶魔的折磨，或者被恶魔附身。那个陷入困境的人或者家庭也许根本不认识我和罗琳，更不用说知道如何联系我们了。但是不管通过什么渠道，他们最后总会向我们求助。而且幽灵也知道这一点。这就是我的办公室遭此劫难的部分原因：它们想提前给我们个下马威。正如我说的，这种现象都是有套路、有目的的。"

长期以来，宗教团体始终是恶魔攻击的目标，其中最虔诚的人更是会被格外"关照"。大家在听完埃德·沃伦的陈述后，还可以看看毕奥神甫的传记中的一段记录：

毕奥回到他简朴的住所，总是发现屋子里所有的东西都被翻了个底朝天，他的床、被子和书籍都是如此，墨水还被泼到了墙上。这些恶灵总会以各种形象出现在他面前，最常用的伪装是修道士。一天晚上，他看到自己的床边围了一圈可怕的怪物……它们抓着他摇晃，然后将他摔在地板上、墙根里……但关于这些，他只向聆听他忏悔的神甫说起过，再没有向其他人透露过。

　　一天晚上，他看到有个修道士进了他的房间，那人和他以前做告解的阿戈斯蒂诺神甫长得一模一样。这个假修道士劝他放弃禁欲，从简朴的生活状态中走出来，还强调说上帝不喜欢他现在的生活方式。毕奥神甫吃了一惊，他没想到阿戈斯蒂诺神甫会说出这种话来，便要求他和他一起大喊：

　　"耶稣万岁。"

　　于是这个古怪的修道士立即消失了，只留下一屋子挥之不去的古怪恶臭和难闻的硫黄味儿……[1]

　　显然，宗教团体进行魔鬼研究是一种必要的保护措施，为的就是抵御来自异世界的各种不可思议的不良影响。尽管今天这种事常常是保密的，但世界主要宗教都会安排特殊的神职人员来承担魔鬼研究和驱魔的责任，这并非只是历史旧事（毕奥神甫逝世于1968年），而是在当代社会也有必要的存在。对于天主教徒，

---

[1]　出自《毕奥神甫：身负圣痕者》，查尔斯·卡蒂著，1953年出版。

魔鬼研究是罗马宗座大学中神甫必修的一门重要功课。"宗教团体才不想面对恶魔现象这种麻烦，"埃德说，"他们这么做的唯一原因就是他们必须这么做。"

按规矩，魔鬼研究这门学科还包含了哲学、哲学、心理学（包括正常心理学和变态心理学）、人类学、化学、生物学、物理学和玄学方面的课程。正因为这门学问涉及广泛，学习魔鬼研究的神甫才可以判断不同寻常的现象背后是否是超自然力量在作祟，而其他研究者则没有这样的能力。要做这样的判断是件很严肃的事情，需要做判断的时候往往有人正命悬一线。

除了知识以外，恶魔学家或者说驱魔师必须有不可动摇的内在力量，并且有能力在糟糕混乱的情况下掌控局势。"若是一个人走进恶魔作祟的场所，却一点自控力都没有，"埃德解释，"那他连五分钟都撑不过去，会崩溃的。灵异现象会通过你的五感对你施加影响，同时还会对你的个人心理状态产生极大冲击。若是你表现出丝毫的动摇，或者说话的时候口齿不清、支支吾吾，那你只能沦为恶魔力量的牺牲品。"

"更糟糕的是，"埃德令人惊讶地又加了一句，"幽灵知道你的整个人生，不管是过去还是现在，甚至在某种程度上还了解你的未来。事实上，当我面对一个被恶魔附体的人时，对方说的第一句话往往就是，'埃德·沃伦，我知道你是谁！'"

尽管埃德不是神甫，但他在这个领域和神甫所做的工作一样多。"到处出差、长期的调查、数据分析、对幽灵力量的敏锐观察和判断、接受咨询、进行疏导，完成神甫没时间做的接下来的一系列事情——这就是我的工作，准确地说，这只是我工作的一部分。"埃德说。"当恶魔学家这件事不能大肆宣扬，因为有可能你说的会让人们感到恐慌。同时也没必要警告人们，尤其是当他们真的遇上了邪灵作祟的情况却对此一无所知时。"

任何见识过邪恶的非人幽灵带来的诡异现象的人都知道，每当恶魔学家进入一栋房子，去和黑暗的力量抗衡，他都是在冒生命危险。但这种事必须有人来做。不然，那些不经意间落入恶魔陷阱的人会突然间发现自己将孤独无助地面对像商贩一样兜售恐怖与暴力的残酷力量。而这只是恶魔阴谋的开始。

泽尔纳先生第一次向埃德·沃伦讲述自己遇上的麻烦时，他的描述很准确，"我的房子里有个看不见的东西，它像个疯子一样大肆搞破坏，想让我屈服在它的淫威之下。"尽管那时候埃德不知道，其实泽尔纳先生不仅知道这麻烦的根源，还很清楚恶魔在要什么鬼花招。

VII. 侵扰：战斗开始

　　"参与一件案子之前，事实上应该说是尚未意识到有案子找我们的时候，"罗琳说，"就会有奇怪的事情相继发生。我管这种事儿叫'小麻烦，大问题'。比如说有古怪的电话打进来，等我接了，电话那头要么会传来遥远的低语，要么就是野兽的咆哮或者一些诡异的声效。过后，等案子真的找上门来，我们肯定会在案子现场听到同样的低语或者声效。"

　　"除那以外，在接涉及恶魔的案子以前还会有其他烦心事儿发生。午夜时分，我们会听见脚步声，它要么是在前门的门廊上兜圈子，要么就是在房后露台上来回溜达。当然，我们去看过了，没有人，可脚步声还会继续，清晰可闻。还有的时候，我们会听见房子里有人跑上楼梯，想要吓我们。私人车道上会有明亮的车灯扫过，仿佛有人开车到访，紧接着会响起脚步声，再然后就是前门的三次叩门声。但是，我们每次去查看，都发现门口没人，车道上也没有车。我们常常听到埃德的办公室里传出很大的动静，可办公室的门明明是锁着的，声响报警器也没有被触发。有时我们安安静静地坐在家里，会有一股冷风吹进来，要么就是会响起衣服摩擦时窸窸窣窣的声音，就好像有人刚刚经过。有时一只黑猫会信步走进客厅，坐在地上，然后自行消失——这就说明有鬼。"

"两天前的夜里，埃德因公事出城，去了中西部地区，我十分担心他的安全。就在凌晨三点的时候，传来一个不可思议的、巨大的撞击声，紧接着是窗户碎了、玻璃稀里哗啦的声音。那声音听上去特别像屋顶塌了！我起床，用手电筒照着在房子里四下查看，因为光对恶魔有阻碍作用，但是我什么也没发现。尽管没有发生什么实际的事，但那雷鸣般的撞击声把我吓得要命。我就是没法习惯这种事情！我和埃德渐渐明白，这种'小陷阱'其实是在我们接手相关案子之前恶魔就开始布下的一个局。但仅当案件结束，开始回顾案情的时候，我们才意识到这些早期的麻烦其实也是案件的一部分。所以，事前我们明白一点，那就是现在正有一个人或者一个家庭在被幽灵折磨，而那个幽灵不仅不希望其他人插手，为了防止被侦察出来还会做几乎任何事情。"

随着沃伦夫妇接到某件案子的时间点越来越近，他们生活中遭到的莫名干扰和入侵也会越来越严重。若是迫切需要帮助的当事人给他们寄了一封信，那么这封信很可能会被寄到一个错误的地址。如果有人想打电话联络他们，电话压根儿就不会响，尽管埃德和罗琳始终在家。本该被他们的答录机录下的留言往往莫名其妙地没录上，要么就是被严重的静电干扰搞得完全听不清。一旦沃伦夫妇成功收到了留言，他们在赶往案件现场的路上有可能会发生任何事情，包括和本是幻象的车迎面相撞。罗琳解释道："单独来看的话，在当时，这些麻烦哪个都不值一提；它们不过是一系列古怪的巧合而已。只有在事后来看，将这些'巧合'与之后的案件当成整体来看的时候，我们才明白，那些对我们造成拖延和阻碍的事件是一出更大的悲剧的序幕。"

词典中，"策略"意为通过耍花招，即诡计或欺骗的手段抢占先机，或者说以智取胜。事实证明，在人面前，恶魔幽灵都是一流的谋略家。这些臭名昭著的幽灵是如何巧妙地操纵复杂局势的，这一直以来都是个谜。过去，关于幽灵所用的手段的记载少之又少。因为缺乏书籍和侦测工具，修道士和预备修士只能通过手抄的形式记录恶魔侵扰的事实资料，以备未来历史学家不时之需。

不过，现在，经过几个世纪的研究和调查，我们终于了解了恶魔的行为模式。时至今日，在书籍、技术和与魔鬼的大量交流的基础上，20世纪的恶魔学家终于比较彻底地掌握了这些神出鬼没的恶魔幽灵的明显动机和策略。

"恶魔活动有三个分明的阶段，"埃德揭露说，"侵扰、压迫和附体。在有些罕见的案例中，还有会有第四个阶段，即死亡，或者死亡取代附体成为第三个阶段。如果没人来阻止幽灵，骚扰活动在没有干涉的情况下持续发生，那么事情就会按照1—2—3阶段的顺序依次推进。"

"在侵扰阶段，恶魔的目的是制造恐惧，同时也促使人们产生负面的心灵能量，这就会导致人类意志被击垮。福斯特一家的孩子们经历的就是第一阶段——侵扰，泽尔纳先生也是。安娜贝尔娃娃一案也可以归类于侵扰阶段。不过这些案子本不必发生。因为在以上案件中，若不是当事人给了幽灵进入其生活的某种'许可'，那些恶魔现象应该都不会出现。一定是他们为那类现象敞开了大门才会如此。"埃德强调说。

因此，从日常角度来说，恶魔幽灵无法随心所欲地支配人类。反倒是人类可以通过他们的自由意志选择是否为这些未知的访客敞开大门，是否要踏上黑暗之路。埃德还补充说："恶魔这种幽灵，人类根本没必要去了解。特别要提的是，这是个'需要'还是'想要'的问题。鬼魂需要与人沟通，诉说自己的烦恼，或者化为幻影向活着的人传递后者可能有必要知道的一些信息。恶魔幽灵则不同：它们的存在是因为人们想与它们接触，或者通过自由意志邀请它们来的，但其实人们根本不必这样做。在这方面有两条法则：一条是吸引力法则，一条是邀请法则。"

"吸引力法则的前提是，"埃德解释道，"物以类聚。你的行为态度积极阳光，就会吸引正面的事物，反之则会吸引负面的事物。因此，情绪消极的人，或者公然行违反自然法则之事的人就会招来魔鬼的注意，把消极的幽灵吸引到身边。可以这样说，这是因为二者都在同一个频率上。安娜贝尔案就是个很好的例子。那两个女孩天真无辜，对娃娃有一种反常的依恋，恶魔正是注意到了她们缺乏良好判断力的能力缺陷。当幽灵进入她们的房子之后，就开始想方设法让她们请灵媒来，这样就可以借机使她们相信它的谎言。简而言之，这两个女孩儿给了'安娜贝尔'进入她们生活的权利。要是我们没有介入，那个叫卡尔的年轻人最后的结局一定不是丢了性命，就是被害得很惨，那两个女孩也极有可能会被恶魔附体。"

"吸引力法则还包含一条定律，"罗琳补充，"恶魔可能会被人的行为吸引过去。举个典型的例子，若是有人欺辱好人，行为很过分，或者故意作恶，那就代表着恶魔的胜利，这种行为也是吸引负面幽灵的信号。当一个人通过做出残忍丑恶的行为来获取满足感的时候，他的气场就会改变，从而导致他的光环要比普通人的光环颜色深。就好像鲨鱼闻见血味一样，感知到光环的这种变化，负面的幽灵就会被吸引过来。"

当一个人一时失控或者动摇的时候，也会产生对负面幽灵的吸引力。埃德说："如果你不能掌控自己，那么其他东西就会掌控你。仇恨、愤怒、绝望、痛苦、醉酒以及因为感觉自己毫无价值想要自杀，这些状态都会在瞬间吸引恶魔到来。恶魔的到来对人类来说可不是什么好事儿，它们来只是为了加速你的毁灭。简而言之，恶魔容易被与健康积极向上相反的行为或状态所吸引。"

"而邀请法则，"埃德继续解释，"那就是所求即所得的意思。一个人可以通过仪式或某种虔诚的沟通渠道有意地召唤恶魔。

这是一种开放而自愿的姿态，而且还往往涉及仪式魔法、咒语、降灵会、灵应盘的使用或秘密的异教仪式，在这种仪式上一个人会自愿邀请恶魔出现在他面前。举行这种仪式往往是踏上不归路的第一步。施巫术也许不过是一个人在自己家里做的私事，或许像最近流行的一样，越来越多的撒但崇拜者中的一个在公共场合举行仪式，或者由黑女巫在主张使用黑魔法的大聚会上公然施术。"

巫术崇拜、撒但崇拜和恶魔之间有什么关系？

"首先我们来聊一聊巫术崇拜，"罗琳回答，"威卡教——或者说巫术崇拜——有四千年的历史，常常被叫作'旧宗教'，因为它比犹太教和基督教都要早。修习巫术的人通常被叫作白女巫，她们崇拜的是大地母亲。她们可以凭借自然的力量行善事，比如说治愈伤病，祈求好运、永恒的爱和大丰收。不过这之后发展出了灰巫术、黑巫术和撒但崇拜。自此便出现了新问题，因为巫术是把双刃剑，既可以带来正面的结果，也可能招致负面的后果。"

"灰巫术因其效果而得名。灰女巫可以下咒操控他人的命运和前程，但结果往往并非全是好的或者全是坏的。本质上来说，施行灰巫术是为了让一个人比另一个人拥有更多优势。真正的麻烦来自黑巫术和撒但崇拜。黑女巫的终极目的是获得人间的回报——金钱、性、权力、名望——抑或是借恶魔之手消灭敌人。黑女巫可能会在仪式中召唤等级较低的恶魔和魔鬼；而撒但崇拜者召唤的是撒但级别的魔鬼，比如阿斯塔罗特、别西卜甚至路西法。黑女巫为了借助黑暗的力量，会和个别的恶魔幽灵合作，而撒但崇拜者则像基督徒崇拜上帝一样崇拜撒但。"

"过去，这种黑暗的仪式从杀婴献祭到与魔鬼订立契约无所不包。有的仪式更为极端，主持者会上下颠倒地摆放《圣经》，在上面撒尿，然后沿着逆时针方向绕《圣经》蹀步，直到形成一个魔法圈。在这个过程中，主持者还会不停念诵渎神的咒语，表示要背弃上帝，投入另一位神——撒但的门下。"

"通过异教仪式，撒但崇拜者和黑女巫可以召唤特定的恶魔幽灵，命令它们为了施法者的个人或集体利益采取某些行动。"埃德说，"通过法术和咒语招来的非人幽灵能为他们提供帮助，使其获得金钱、名望、性、物质财富、强大的个人权力和对手的毁灭。但是恶魔就好像是放高利贷的人，不仅会在你猝不及防时上门收账，还想让你把得到的好处双倍偿还。而它最终想要的是人的灵魂。这就是为什么巫师、黑女巫和撒但崇拜者最后总会为自己所做的一切付出巨大的代价，有时甚至是永恒的代价。"

现如今，孤僻的人们往往是从杂货店的平装书里学到的如何举行仪式。这类人通常对仪式可能导致的可怕后果没有丝毫心理准备。"福斯特一案就是一个典型的例子。"埃德说，"这个案子真正的源头是 1977 年的圣诞节，那天，这家的妈妈偏偏把一本招魂书放到了圣诞树底下！这是具有强烈象征意义的一个举动。所以说，是妈妈先向恶魔做出了欢迎的姿态。虽然如此，但真正明确允许恶魔进入他们家的是梅格。要是她把那本书退了或者干脆扔了，那么接下来的怪事儿就统统不会发生了。但是梅格却自愿举行了一个正式的降灵仪式，这才有了下面的不幸。"

不管应了吸引力法则还是邀请法则，幽灵侵扰现象都有可能在新住户搬进来之前就出现了。阿米蒂维尔案就属于这种情况，卢茨一家就是走进了这么一个超自然力的陷阱。令人吃惊的是，沃伦夫妇竟然表示，这是大多数普通人接触到非人幽灵现象的途径。就算是住在闹鬼的房子里，也不是所有的人都在消极影响面前很脆弱。"一个快乐、容易适应环境的人，"罗琳说，"实际上拥有能把负面能量排除在外的乐观性情。从另一方面说，就好像苍蝇容易被粘蝇纸吸引一样，郁郁寡欢的人若是住进恶魔侵扰的宅子里有很大可能会惹上麻烦。不过大多数时候，人们遇上灵异现象是因为他们自己给了幽灵某种许可。"

人们都会通过哪些方式给幽灵以许可呢？

"比如说建立本不该存在的沟通渠道。"埃德回答，"灵应盘、降灵会、招魂仪式、蜡烛仪式、能进行自动书写的小玩意儿都是向超自然力量敞开的大门，这些门后通常都是通往不幸、恐怖和毁灭的道路。"

"事实证明，灵应盘是最常见的惹事道具，堪称是通往恐怖的万能钥匙，即便人们使用它与幽灵沟通的初衷是好的。"他强调道。"我们接的案子里，十起里面有四起是因为有人使用了灵应盘才招来非人幽灵的。我是看过驱魔案官方记录的为数不多的人中的一个。"

有这么一件案子，当事人是一个男孩，不是女孩。案子发生在 1949 年，你知道案子的导火索是什么吗？就是因为他使用了灵应盘！

"灵应盘本身倒是没什么新鲜的。"埃德补充,"那不过是一块木板,上面有一些字母。要是在打过蜡的桌子上使用倒立的红酒杯,也会产生一样的效果。人们在 20 世纪 30 年代就常常使用这种工具来通灵。但无论用什么,它都是沟通的媒介。换言之,重要的是你使用它的目的。当你使用灵应盘的时候,就等于你给了未知的幽灵与你沟通的许可。你会打开自己家的前门,让随便什么想进来的人进来吗?当然不会了。可是在超自然的层面上,你做的恰恰就是这种事。我和罗琳几乎没有碰到过在使用灵应盘上获得过良好体验的人。有些人显然对灵应盘上了瘾,他们认为这是与天上神灵接触的一个途径。但据我所知,从来没有谁通过灵应盘与类似天使的善良幽灵建立沟通,更别提得到什么真知灼见了。我们说过很多次,灵异现象发生之前,肯定是有人为其敞开了大门。灵应盘就是其中一扇大门。"

"降灵会也一样。"罗琳补充说,"要是人们每天都尝试着和幽灵沟通,那么与人沟通的是来自那个世界的谁或者什么东西就没准儿了。人类看不到与之沟通的对象,这对于心怀叵测的幽灵来说是个绝佳的机会,可以借此进入不设防的人们的生活。"

但是,借此和故去的亲人朋友沟通就没有可能吗?

"如果你请了六个、八个甚至十个人来,与你一起集中精力与幽灵沟通,"她说,"那么建立沟通的可能性非常大。但是我还是要提醒一句,毕竟你不知道和你搭上话的到底是谁。通常,降灵会的参与者中只有一位负责确认信息。但你怎么知道不是在问问题之前有邪灵通过心灵感应的方法将信息送到那个人脑子里的呢?"

"另外，不是每个故去的人都时刻准备着与你沟通的。在举办降灵会之前，你应该首先找到一个非办不可的理由。然后你应该找一个得到值得信赖的灵学研究组织推荐的灵媒，一个有着丰富经验的专业灵媒。当地具有超感视觉的热心肠人士和通灵业余爱好者可能确实可以与幽灵建立联系，但是不一定能分得清哪个幽灵是好的、坏的还是不好不坏的。再次强调，这种情况下，你根本无法知晓自己在和谁说话。"

"还有一种观点认为人们应该在白天举办降灵会。人类幽灵通常可以在白天与人沟通。"罗琳解释说，"夜里举行的降灵会总会招来充满负能量的人类幽灵或恶魔幽灵，有时候是因为张罗降灵会的人原本就已经在承受恶魔的折磨，因此不得不在黑暗中举办。你听说多少次降灵会上的桌子升到空中，然后飘过整个屋子的？即便鬼魂想这样做，它们也没有抬起桌子的力量。只有两样东西能做到这件事：一是非人幽灵，二是坐在桌子边的人产生的心灵能量，而后者是最有可能的。"

"重点是，如果你真有重要的事情需要和那个世界的幽灵沟通，那么你理应向专家求助，而不是随便找人来帮你。不然，你的粗心大意会让你在降灵会上给自己带来大麻烦。"

不管是因为邀请法则还是吸引力法则，只要幽灵获得了许可，它就会一直侵扰当事人。如果幽灵确实获得了许可，沃伦夫妇表示，一般情况下，这种侵扰活动会持续几周甚至几个月。

"在侵扰阶段，恶魔的目的就是要通过一个个令人费解的现象制造恐惧。"埃德说，"灵异活动通常会在夜里发生，即晚上9点到清晨 6 点，活动高峰期一般在凌晨 1 点到 5 点之间。首次侵扰事件往往会在凌晨 3 点整的时候发生。这是一个有象征意义的时刻，相当于恶魔一天中的'正午'。恶魔选择这个时间行动是因为它刚好对应耶稣死去的时间。一旦最初的侵扰现象发生了，接下来的活动就会在太阳落山后的任意时段出现。如果进行侵扰的幽灵能在白天汲取能量，那么白天也可能会发生种种事件，只不过没有晚上那么严重。"

"侵扰阶段的一开始，幽灵常常要为了掩盖行踪承受巨大的痛苦。"他补充说，"过早被发现对幽灵没有好处。因此，它的活动会比较低调。人们常常会忽略那些不符合常理的现象，比如古怪的事、巧合或者错觉。这些反常的活动最多会被归为念力所至，要不然就是无法安息的人类幽灵导致的。大多数时候这种判断都是对的。在不常见的案子中，若是灵异现象背后捣鬼的是不义的非人力量，那么它的险恶心一定会逐渐浮出水面的。"

福斯特一案的侵扰现象就是最容易辨识出来的。停下来好好剖析案情细节是很有价值的。

"首先，"埃德说，"在那个案子期间及之后都没有人类幽灵现身。而表面现象反映出背后有非人幽灵的介入，因为人类的鬼魂无法导致那么古怪的事件发生。进一步分析，这些活动还不是任意胡来的。事实上，鬼魂骚扰人类往往是为了找机会现身，与后者沟通，而此案中的活动十分剧烈，具有目的性，这都表示背后有阴谋。"

"此外，这些活动引起了巨大的恐慌。这也是恶魔存在的一个独特的标志，因为非人幽灵害怕暴露真身，而人类的鬼魂不会。福斯特一案中，那些暴力而含有恶意的现象目的就是吓人。"

"听到梅格告诉我'我越觉得害怕，楼下的声音越大'，这一目的就相当明显了。所以说，只有当人注意到有怪事发生时，现象才开始变得吓人。在这个案子里，梅格感到有冰冷的、无形的手触碰她，拉她的头发。他们还听到了脚步声，所以猜测是有人进入了房子。他们还听到了吓人的家具撞击声、低语声，观察到了自动调台的收音机、自动打开的灯、不准的表、关不上的水龙头、骤降的室温等反常现象。就算是个耳朵聋了的狗也会对这类现象做出反应！"

此外，那女孩儿还说用余光看到一个黑影。这就对了。沃伦夫妇表示，这是因为人的肉眼一般只能看到自然的景象，超自然的景象往往只能被人的周边视觉感知到。"那影子本身可能只是幽灵现形成一团黑色物质的早期阶段。"埃德说，"随着那女孩散发出越来越多的负面心灵能量，那幽灵也会随之渐渐现形。"

"就算是在侵扰阶段，幽灵活动也有可能扰乱人的神智。"罗琳表示，"比如说孩子们的父母卧室窗外那棵已经不复存在的树上夜里传来的鸟叫，那就是可怕的事件即将发生的噩兆。当终于有现象发生时，通常会和'3'这个数字有关。比如说，那女孩感到有冰冷的手摸她之前，灯灭了三次。女孩儿的房间里的表快了三个小时，男孩儿房间里的表则慢了三个小时。虽然女孩儿只被拽了一次头发，但其实是被拉了三下。"

"涉及'3'这个数字的现象就是有恶魔存在的标志。"埃德指出。"一件案子的侵扰阶段最先发生的事往往是三下敲门声。当然门前不会有任何人，至少不会有任何看得见的人。"

但是魔鬼为什么要用"3"这个数字呢？

"因为三是一个标志。"他回答，"恶魔用三是作为对圣父、圣子、圣灵三位一体的侮辱和嘲讽。但其实六才是恶魔的数字。恶魔的活动往往是六次为一组的，这就非常好理解了，这种现象一定不是随意的，而是有预谋的。"

福斯特一家的孩子们跑出房子的时候，他们感到那股邪恶力量在街灯下会有所减弱。这在沃伦夫妇看来是另一个昭示恶魔存在的事实。因为恶魔幽灵无法在有光的环境中对人施加影响。也难怪人们管它们叫"黑暗幽灵"呢。此外，发出尖啸声的鸟儿都在孩子们的左侧。在埃德和罗琳调查过的其他案子里，夜间在左侧尖叫的鸟儿往往第二天清晨会被发现死在地上。

在福斯特一案中，很明显，这些侵扰活动并非是迅速而致命的袭击，而是从三次不祥的敲门声或者房子里的脚步声开始的。也许还有墙内的抓挠声。家中特定区域会出现特别热或者特别冷的情况。房子里的某个房间或者某个角落会显得格外诡异，或者待在那里会让人特别不快。在场的人可能还会听到低语声或者沉重的喘息声。最值得注意的是，待在遭到恶魔侵扰的房子里的人会有一种挥之不去的感觉，那就是房子里还有别人。这种感觉会发展到这家中的一个人或全家人都在夜里固定的时间醒来，那常常是凌晨3点的时候。

随着时间的推进，侵扰阶段会陆陆续续发生一些其他事件。

比如说那个"格外诡异"的房间里会传来小动物的叫唤声。墙内的抓挠声会变成轻轻的敲击声，而后发展成重重的拍打声。房子里还会发生令人抓狂的"恶作剧"。家中的电器会自动开启。电话铃响了，接起来却没人讲话。前门的门铃响起，同时后门也传来敲门声。结果前门后门都没有人。

"还有一个非人幽灵存在的标志，那就是物品会有违反物理规则的运动。"罗琳说，"比如说水晶玻璃杯会自己掉到地板上，但却不碎，反而会弹起来！炉子上的食物就是煮不熟。洗碗水突然冻上了。钥匙打不开锁。门把手转不动，让人像囚犯一样被锁在地窖或者卫生间里。还有的时候，房子里的东西总是不在原地，不管你把它们放回去多少次，下次它们总是会出现在其他地方。"

"当然了，所有这些耗损的不仅仅是人的耐心，还有人的理智。但在这个阶段，人受到的心理影响还不能算是问题。尽管这些奇怪的现象会引发焦虑和不安，但一个人的心防不会这么简单就被突破。到了压迫阶段，人才可能崩溃。孩子，尤其是婴幼儿，对非人幽灵的种种活动最为敏感脆弱，即便在侵扰阶段也是如此。在被恶魔侵扰的家中，一两岁大的婴幼儿常常会在极度的恐惧中尖叫着惊醒。恶魔向婴儿下手从来不会感到愧疚。有警惕性的人常常会先产生怀疑，而后察觉到一些早期的恶魔活动。这时，他应该趁着事情还没有升级到不可收拾的地步，立即寻求帮助。"

"人们常常会问我们一个问题，"罗琳说，"那就是'你们怎么知道房子里有非人幽灵？'我的回答是，有恶魔在的时候，你肯定会知道。就算你的五感还没有告诉你它的存在，你的第六感也已经察觉到了。我们向人们问关于幽灵的问题的时候，他们最常说的是'一种什么都完了的恐怖感觉紧紧包裹着我。'或者'你会感觉到屋里有魔鬼。'"

"当你身处有恶魔存在的环境时，你的五感会被充分调动起来，你会看到、感觉到和听到明显是邪恶的或者异常的东西。但你仅仅是察觉到有不对劲的地方，这对幽灵来说还是不够的。"她继续道，"因为它想要的是让你害怕。因此它带来的那些令人惊恐的乱象是它策略的一部分。侵扰发生的最初阶段，家里发生的灵异现象往往让人难以判断原因。茶杯悬浮这种现象有可能是念力或者鬼魂造成的。恶魔灵魂知道，这会被称作'骚灵现象'，而不会暴露它的真实身份。于是，幽灵会故意躲在这种模糊难辨的现象背后伺机而动。所以说，你要注意的不该仅仅是能观察到的现象。你不可能指着悬在空中的茶杯对随便什么人说，'看哪！这是恶魔现象！'你还要透过这些干扰现象看到其背后的目的性和针对性。这类活动是有模式可循的。经研究，那些古怪事件一开始看上去比较简单，但最后你会发现它们之间有着内在联系，与巧合和随机的任意活动有着本质的不同。"

尽管侵扰阶段的恐怖经历已经够糟糕的了，但这才只是刚刚开始，下一阶段才是真正要命的。也许侵扰阶段会让你心烦意乱或者惊慌失措，但到了压迫阶段，幽灵会使出它所有的邪恶力量。正如埃德所说的，"侵扰阶段你面对的只是小问题，压迫阶段你遇到的才是大麻烦。"

起初，贝克福德一家以为附近有人在搞破坏。一天清晨，他们房顶上支撑电线的一根管子莫名其妙地弯成了90度。如图所见，有某种看不见的东西正在将它扳离原位。维修工说，只有用吉普车牵着链子才能弄弯这么粗的铁管。

彼得·贝克福德和莎伦·贝克福德夫妇卧室里的桌子抽屉会自动反复开关。他们的儿子埃里克睡在地板上的睡袋里时（沃伦夫妇当时住在他的卧室里），抽屉好几次飞了出来，撞向他的头。

一天开始了：每天早晨起床之后，贝克福德一家都会发现卫生间一团乱，他们的毛巾往往被塞在马桶里。

恶魔会蓄意破坏对受害者有特别价值的物品。埃德·沃伦刚夸贝克福德家的彩虹玻璃水果碗好看，它就升到空中，然后掉在地上摔了个粉碎。

日常混乱状况一瞥：新铺的床单被扯成两半。后来，这些床上用品每天都会浮到贴着天花板的高度，然后落下来，在床上摊成一堆。

维姬·贝克福德用灵应盘招来的恶灵每天都会在她的床上留下"纪念品"。它会把门和储藏室的口袋书，厨房、卫生间和洗衣房里的垃圾变出来，堆在床上。

矣德·沃伦正在检查冰箱。这台冰箱曾自动浮起，90 度悬空垂直于墙壁。厨房的椅子因为同样的神秘力量一度浮上了冰箱顶。这是冰箱第二次凭空移动了，且每一次发生之前都会传来一声低沉邪恶的呻吟。

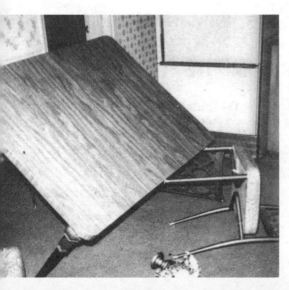

超自然实体可以操纵物理环境，令受害者产生恐惧情绪。这张照片中，一张厨房桌子在沃伦夫妇的眼前被超自然力量掀翻了。

地下室里，一瓶可口可乐悬浮在空中。

整个房子里的瓶瓶罐罐都浮了起来，盖子也会被自动拧开，里面的东西洒得到处都是。左侧第二套音响系统的高保真扬声器也被入侵的实体毁坏了。

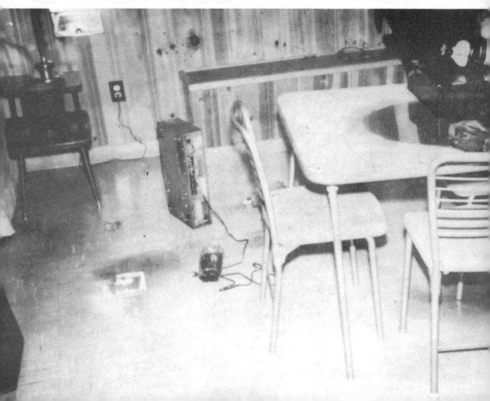

这张照片在拍摄时，娱乐室的沙发坐垫刚刚凭空消失。几小时后，人们在一个壁橱里发现了坐垫。

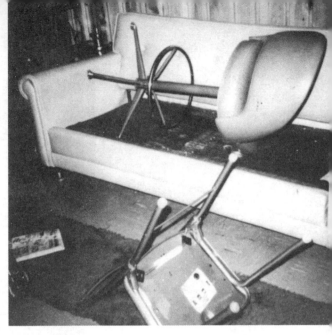

恶魔侵袭时，地下娱乐室的家具浮起的情形。

十分钟前，这个房间还秩序井然。此照片中有一个塑料垃圾桶上下颠倒地浮在一堆家具上。拍摄时整座房子里都出现了混乱状况。

沃伦夫妇首次拜访贝克福德家时，埃德去地下娱乐室查看家具物品的损坏情况。他走上回到一层的那段楼梯时，这些漂白剂和清洁剂的瓶子就漂浮着跟在他身后。这些瓶子的盖子都已经被看不见的手拧开了，里面的液体洒在台阶上。

在罗琳·沃伦在场的情况下，埃里克·贝克福德的卧室门凭空消失了。如图，后来他们发现这些门板就躺在通往地下室的楼梯上。这些消失的现象发生时毫无声息。摆在房子里某处的物品会令人猝不及防地消失。照片中的鞋原本在储藏室里，却因为某种奇怪的原因被摆到了这里，而且显然是一个人正在走路的样子。

娱乐室的落地灯悬浮在空中。

VIII. 压迫：阴谋初现

从本质上来看，"侵扰"就是房子闹鬼；而"压迫"意味着"鬼"开始尝试控制住在房子里的人。因此，沃伦夫妇还会在讲座上重点讲解"压迫现象"。他们之所以强调这一点，是因为家中发生的幽灵侵扰现象往往不为人所察觉，或者不受重视。等到人们意识到出了事，侵扰已经发展到了压迫阶段。

在侵扰阶段，恶魔的策略是制造恐慌，逐步摧毁人的意志。压迫阶段，盘踞在宅中的幽灵常常会掀起风浪，制造骇人听闻的现象，或者暗地里对你发起心理攻击，总之就是要完全控制受害者的意志。

"恶魔压迫的首要目标，"埃德说，"就是让人失去对自己的控制，或者说令人短暂地丧失自由意志，它好趁机附体。幽灵在该阶段的策略是继续制造灵异现象，令人心生畏惧、六神无主，最后令人的意志和耐性几乎彻底被摧毁。这些夸张的活动其实在本质上就是分散人注意力的花招。恶魔通过那些现象从生理和心理两个方面对人进行攻击，一边消耗受害者体力，使其不敢相信自己的所见所闻，一边最大限度地令其增加负面情绪。另外，为了雪上加霜，如果一个或更多幽灵在侵扰阶段取得了胜利，那么接下来会有更多更强大的幽灵加入进来，让这家的情况从不好变成糟糕，再从糟糕发展到糟糕透顶的程度。在这个阶段，人的自我控制十分关键，因为一旦这种为了摧毁意志而展开的有组织的行动开始，幽灵就会不达目的不罢休。人对灵异现象的敏感度也很重要，因为幽灵的负面活动会逐步累加，直到那些现象质变为不可收拾的混乱场面。"

幽灵的压迫策略可以总结为一句话：恶魔幽灵想方设法使人丧失人性。不管采取什么行动，公然地还是偷偷地行动，幽灵总之是要把人类之所以为人的特质打压到最低点。宗教方面的作家早就认可了这一事实，他们将压迫策略分为两种形式：内部的（精神压迫）和外部的（感官压迫）。其分别对应的是心理现象和生理现象。

外部压迫指可观察到的事件，即恶灵通过与物理世界的互动带来令人不堪其扰或忧惧惊慌的现象。沃伦夫妇主张，在这个阶段，人可以看到或感觉到幽灵的活动。"只要遇到这种事，你绝对不会搞错。"罗琳指出，"到时候会有一股超强的力量让人感到无比害怕。疯狂的恶魔幽灵会通过毁坏物品或攻击人类把它的怒火发泄出来。在有些案子里，人们只能看出幽灵存在的一点点痕迹；而在另一些案子里，则有明显得不能再明显的证据。在我们调查的几乎每一件案子里，都是幽灵在捣鬼，而且被害人的家中都造成了相当的破坏。"

家中有非人幽灵存在的话，这家人会遭遇什么状况呢？"压迫"会有多严重？

"若是我和罗琳受邀调查涉及外部压迫的案件，"埃德说，"当事人家中必然出现了特别恐怖的现象。常常发生的就是这家人遭到了攻击，有的属于自然事件，也有的是非自然事件。至于可能发生的事情，受害人的五感常常会被各种可怖或恶心的现象包围，比如说令人作呕的气味儿、令人毛骨悚然的呻吟声和尖叫声、或急或缓的敲门声、巨大的拍击声、沉重的喘息声、邪性的低语声、凭空响起的脚步声、屋子里频繁变换的温度、阴森的场景等等。宅子里的乱象，即恶魔的进攻，一旦开始，人们就会看到人或者物突然出现、突然消失、从一处自行挪动到另一处、悬浮在空中等类似情形，会感觉到有人从后面掐住你的脖子、扭住你的胳膊，切割、灼烧甚至狠凿你的皮肤。或者你会发现自己身上出现多道伤口，会突然病倒，会发现墙上有看不见的手写下各种无耻下流、亵渎神明的话，会遇上莫名其妙的火灾，会听到电话那头传来非人的声音，会看见恶魔的面孔出现在电视屏幕上——各种各样的现象，不胜枚举，我都见过。有时候，受害者会被困在自己家中，被那些非人的力量和魔鬼的手段一步一步地控制，甚至被杀害。精神上，人的大脑会超载；生理上，人会感到精疲力尽；而情绪上，个人或家庭都会感觉被掏空、被榨光。到那个时候，幽灵的活动已经上升到了人不可承受的地步。受害人会在凌晨 3 点醒来，看到幽灵就在床脚的一团黑暗中，劝他放弃抵抗！这种事太恐怖了，而这正是压迫！"

"我这儿有个很好的例子，"埃德说，"每年都会有数以百万计的美国人搬家，同时也有相当一批人会搬进有可能存在恶灵的房子里。卡尔森一家就撞上了这种倒霉事。卡尔森夫妇二人都三十来岁，感情很好。他们在新英格兰买下了一家旧旅馆。那是一栋相当漂亮的老宅子，跟柯里尔和艾伍兹①的画中的那种小房子如出一辙。某个周五，他们搬了进去。有一周时间，南森·卡尔森在外出差，他的妻子亚历山德拉留在家中，照顾他们的小宝宝和稍大一点的女儿。他们搬进这座房子不久，卡尔森太太和她的女儿就听到二楼有脚步声，那儿以前是客房。下午和晚上，她们还会听到拖曳重物时的沉重脚步声，好像有人就从她们头顶二楼的地板上走过。这声音的大小、节奏从来都一模一样。"

"卡尔森太太的姐姐就住在附近，她有时候会来这边过夜，在卡尔森先生出差期间帮着照看孩子。卡尔森太太的女儿和她姐姐

---

① 美国著名石版画家柯里尔和艾伍兹所成立的版画复制公司。

都在二楼睡觉，她们也听见了一样的脚步声。卡尔森一家还在这房子里给住家的农场帮工安排了几间别的卧室，这些帮工听见有人围着他们的床走动。事实上，晚上卡尔森太太要入睡时，她会忽然被家里的幽灵惊醒，因为她盖好被子之后，总会有一股力量将被子掀到一边。她后来才知道，那些农场帮工也遇上了同样的情况。他们来工作没多久就提出辞职，原来就是因为这个原因。"

"最后，侵扰现象升级了，关上的屋门里开始传来阵阵低语声。可是，每当卡尔森太太或者她姐姐推门进入有动静的屋子查看时，都发现屋子里空无一人。尽管这些幽灵低语的声音刚好能让人听见，但她们姐妹俩从来分辨不出对方说的是什么语言。有时候，闹鬼的宅子里出现的这种神秘的语言不过是很久以前的英语罢了。"

"随着时间推移，她终于完成了对房子的清理和修葺工作，但骚扰现象还是接连不断，屋子里的小摆设和其他物件儿总是不在她上次放下的地方。晚上，从室外看房子，会发现阁楼亮着灯，可是事实上那里并没有通电。有一天，她在粉刷一间屋子，屋里的温度突然降下来，同时她感觉到肩膀上搭着一只手。卡尔森太太说她当时一下子就火了，立即转身把刷漆的刷子冲着她认为有鬼的方向扔出去，大声呵斥，'我不知道你是谁，或者说你是什么东西，但是你别想吓到我。'当然了，卡尔森太太把这些事也告诉了她丈夫。可是卡尔森先生从来没听到过那些动静，也没见到过灵异现象，所以没当回事，而且告诉她那是因为房子太老了，免不了出些咯吱咯吱的怪声音。"

"当然了，这是恶魔的一种策略——只让特定的人看到这些现象，却让其他人一点都感知不到异常。通常情况下，压迫行为只针对一家人中的一两个成员。到底是买下房子的时候里面就有幽灵，还是后来孩子们玩灵应盘把它吸引过来的，这个问题无关紧要。只要房子里有满怀恶意的幽灵，它就一定会挑人欺负。通常幽灵会先挑心理最脆弱的或者独自待在房子里的时间最长的人下手。不用说，倒霉的八成是家庭主妇。我们调查的'压迫'案和'附体'案中，五件里头有四件的受害人都是女性。恶魔发现压迫措施对女人最容易起作用，因为女人往往比男人更敏感，而且她们的丈夫出门工作时只有她们在家。"

"恶魔灵魂先挑一个人下手的原因很明显：两个人会互相商量，从而认出这些现象是外部影响。另一方面来说，一个人没法证明发生的事情。若是一个人感觉有只看不见的手轻拍自己的肩膀，听见空无一人的房间里传来大力关门声，在抽水马桶里面发现一枚结婚戒指，那肯定会特别不安，但是这还不能证明是超自然力量在搞鬼。经历这些的人不想说出来被取笑，所以会缄口不言。感受到压迫的人不会小题大做，而是选择自己消化。"

"但是，这个人迟早会产生自我怀疑，开始疑心自己是不是疯了。他听到晚上起居室里传来汽车鸣喇叭的声音，却找不到一辆在响的车；他感觉有人在拽自己的头发，回头一看却一个人没有；他还发现日落后屋里总是弥漫着一股令人作呕的味道，却没有找到过腐烂的小动物的尸体。"

"我听到的看到的是真的吗？受害人会这样问自己。压迫他的幽灵当然会巴不得它制造的现象能勾起他的疑心，这样才能趁这人不知所措的时候加深他的怀疑。这就是我说那些活动不过是一种分散人注意力的花招的原因。幽灵活动就是为了让受害人动摇对自己的信任。因此，在压迫之下，人的自我会受到外部力量有目的的攻击，而且一旦受害人开始失控，他接下来的下场就是被附体。当然了，这也正是非人幽灵的终极目的。"

"在卡尔森案中，"埃德继续说，"外部压迫现象几乎每天都会发生，侵扰现象更是很早以前就在这栋宅子里出现了。厨房和浴室的水龙头会突然自动打开，而且是同时开到最大。他们还频繁听到有人在敲击玻璃窗，门吱呀一声忽然打开，还有楼上走来走去的脚步声。这的确是一栋闹鬼的房子！卡尔森太太时不时地会听到前门传来三下敲门声，这便是非人幽灵存在的一个常见的标志。但是不管什么时候她去门前查看，门外都没人。曾经有二楼的客人说听见窗户被敲了三下，探头一看，发现窗台上有条蛇。可是，附近根本没有可供蛇爬上来的树。"

"有一次，卡尔森太太又听到了三下敲门声，还听到前门被打开了，接着是重重的关门声和上楼的沉重脚步声。'这下可被我逮到了。'她想。卡尔森太太鼓起所有的勇气，拿着她丈夫的小手枪上了楼，还挨个儿检查了经过的每个房间，下定决心一定要把这个可恶的入侵者逮到。但是，当然了，她在楼上一个人也没看见。在涉及恶魔的案子中，这种事经常发生，她再次被愚弄了。"

"不过，"埃德继续说，"和后来发生的悲剧与罪恶相比，这些只能算是些微不足道的小事。卡尔森一家搬进这栋房子之后又生了一个孩子。一天晚上，卡尔森太太和一个农场帮工正在客厅看电视，突然听到了巨大的爆炸声。他们从沙发上跳起来去查看情况，还以为是炉子炸裂了，结果发现是婴儿房的门被暴力扯开了。他们赶到时屋里的东西还在飞来飞去，还有的悬在空中，屋里的气温'跟冷藏室里一样'。她这个孩子是早产儿，几周前还放在医院的保温箱里。家中的幽灵显然是想杀掉这个小婴儿，但他竟然活了下来。等他长到三岁的时候，卡尔森太太发现了一件惊人的事情。有一天，她从这孩子身边走过，他突然发出一声尖叫。'你踩到比阿特丽斯了！'他清清楚楚地对他妈妈说。对于一个三岁的孩子来说，比阿特丽斯是个太过复杂的名字，把这名字叫出来就更难了。卡尔森太太放下她正端着的脏衣服筐，开始问孩子他说的是谁。'她是我的朋友。'他回答，'平时就是她教我该做什么的。'然后，卡尔森太太让她的儿子去问比阿特丽斯她是谁。于是小男孩儿就问了。问完之后，他就等待她的答复。稍后他对妈妈说：'比阿特丽斯让我告诉你，她是个女巫！'"

"和大多数人一样，卡尔森一家不相信鬼魂的存在，对灵异现象更是知之甚少，所以这些看不见的恶灵才能在他们家中放肆横行。直到一天晚上，事情才出现了转机。那天夜里，卡尔森太太独自躺在床上，她看到房间里还有一个大大的黑影。在她的描述中，那个黑影'比最深的夜色还要黑'，她这么说是因为当时卧室的灯都熄灭了，而且他们住的那片地方没有路灯，也不会投下古怪的影子。那黑影在房间中缓缓移动，把她吓得整个人都僵在床上，动弹不得。所以说，卡尔森太太是这个案子最主要的受害者。

然后，那团黑影变成了一个篮球大小的光球，发出震耳欲聋的咆哮，她说就像炉子爆炸的动静一样。然后那东西才消失。那现象先是发展到了一定程度，才会突然消失。屋子里只剩下身心俱疲的卡尔森太太，不久她就沉沉地睡去了。这种事又发生了两次——总共有三次。"

"发生后来那两次时，卡尔森先生都在家里，就躺在她身边，可他什么都没看到。卡尔森太太告诉我，'我心里明白，这种恐怖现象只是针对我的，并非所有人都能看到。'她能意识到这点，说明她是个敏感而警觉的女人。幽灵第二次现身的时候，她突然被床边那同一个黑影给惊醒了。紧接着那东西就变成了一个光球，同时还伴随着火炉爆炸的轰鸣声。现象发展到了极限，而后忽然消失，只留下被吓破胆的她。幽灵第三次在她卧室现身的时候，她想把丈夫叫醒，但没能成功。她使劲摇晃他，捶打他的后背，但不知道他是不愿意还是不能，怎么都不醒。与此同时，幽灵依然保持着骇人的架势，在屋中与她对峙，吓得她几乎都没了知觉。最后，恶魔给她留下一条信息，'滚出去！'于是他们照做了。现在，卡尔森一家依然住在那个小镇上，但是如今他们已经十分了解那家小旅馆和里面住着的危险幽灵了。"

恶魔幽灵常常以黑色云团的样子现身吗？

"我提到的那团黑影是恶魔在人间现形时最常见的样子。"埃德说，"我不知道这是否能代表它们现形的规律，还是说只是某一种恶魔才会这样现身。但是恶魔幽灵现身时最惊人的形象莫过于耶稣基督！此外，有时候它会变成鬼魂的样子，有时候是个戴着兜帽的人影，还有的时候甚至变成动物的样子。几年前，我坐在这儿的办公室里，正巧用余光瞥到有个东西在动。我转头去看，瞧见一个我从未见过的黑色动物正从地毯上走过，身形大概是土拨鼠的两倍。它毛茸茸、胖乎乎的，走起路来一摇一摆，就好像它的身子和四条腿不配套一样。我不知道那是什么，以为它是从外面的树林溜进来的。可当我站起身，却发现没有一扇门是开着的。当时，那只动物正往走廊走去。它脸上好像长了个猪鼻子，就像臭鼬一样。我跟着那东西进了走廊。因为门都是关着的，我想它应该走不到哪里去。为了不把它逼得太紧，我停下了脚步。可没想到那东西竟然径直穿过了关着的门。我愣了一下赶紧去把门打开，但那动物已经不见了。后来我才意识到那是一个幽灵，至少是一个怪物。它进入的那个房间——如果它确实进去了的话——是没有与其他房间相连的独立小屋，也没有其他可供进出的门。不管那是个什么东西，它都已经消失了。事实上，非人幽灵可以随心所欲地以任何形象出现在人们面前。"

如果是这样，为什么它们非要化作一团黑云呢？

"因为恶魔幽灵不想暴露自己的真实身份。"埃德回答，"幽灵往往以黑色云团的外形示人，这是因为，即使在罕见的情况下，它选择在白天现身，这种形象会很抢眼。不过，其实幽灵更喜欢在午夜时分冒出来。虽然这种情况应该很少见，但它们偶尔也会以超自然形式现身。为什么说幽灵的最佳自保方法——事实上是终极自保方法——就是隐瞒真实身份和人们不相信它们的存在。虽然幽灵以一团黑云的外形示人，但其实它相当危险。就拿福斯特家的孩子的遭遇为例，当黑云将人逼至退无可退的境地，当事人会产生窒息感，或者感到身体冷得不可思议，有时还会有仿佛被巨石压身的压迫感。当人们无法逃脱时，通常会有两种结果。要不然就是自燃——当事人化作一团火焰，最后被烧成灰烬——要不然就是彻底消失，有时候再也回不来了。人体自燃的案例很少，有记录的迄今只有二十起左右。结果更多是人消失于无形。在卡尔森的房子里，罗琳察觉到那团黑云在那儿吞噬过两个人。第一次遭殃的是个士兵的侍从，1776 年，他在房子后面的马厩里遇上这团黑云，没能逃掉。自那以后便永远人间蒸发了。第二次消失的是个名叫劳拉·杜普雷的 14 岁小女孩，她为了躲避黑云逃进了房子中的一个衣橱里，结果还是难逃被吞噬的厄运。这件事发生在 20 世纪初，如今在州警察署的档案中她仍被列为失踪人口之一。如果不是卡尔森太太有先见之明，及时找到我们寻求帮助，恐怕她就是第三个消失的人了。"

埃德说恶魔幽灵很少会以超自然的形式现身。那么恶魔幽灵的真实面貌是怎样的呢？回答这个问题让埃德感到非常不适。

"尽管幽灵可以以任何外形现身，"埃德说，"但其实它的真面目像怪物一样，丑陋可憎。人们一定不想看到那些现象背后的本质。若是真的看到了恶魔的真身，人一定会有世界末日一般的感受。它的样子与大自然中的其他造物有着明显的区别，当你看到就会明白这一点，它如此真实，却又如此不同。"

那它到底长什么样呢？

"说到底，"埃德不情愿地回答道，"它就是长了一副非人的样子。它不是人，它有鳞片，看起来就像……爬行动物。对，就是这样。"他谨慎地说，"我不想把它的样子仔仔细细地描述给你听。"

然而，压迫现象并不总是外显的、可察觉的。它也常常是人主观上才能感受到的。

内部压迫就是情绪和心理上遭到了恶魔的入侵，这会给人的思想带来翻天覆地的变化。幽灵的压迫行为就是要通过控制人的意志，让他们的坏习惯变得更加糟糕，让本就糟糕的习惯朝着"罪恶"和"自毁"的方向发展下去。作为一种罪孽的存在，恶魔幽灵会伺机将不甚完美的人类拉下水，让他最终沉沦到其他所有生命都无法靠近的世界。公元 5 世纪时，圣奥古斯丁就写过关于这一点的内容，说不加抑制的习惯逐渐会变成生活中的常态。"这……"埃德说，"这就是心理压迫期间会出现的情况。那个时候，人们随时有成为傀儡的危险，还可能有被对他们施加压迫的幽灵奴役的危险。在晚期压迫阶段，幽灵可能会完全控制人类，而人则彻底失去对自己的控制力。当然了，在这种情况下，人离附体阶段就不远了。"

"幽灵在压迫阶段的目的就是拥有人的身体，"罗琳补充说，"若是不能，那就退而求其次，想方设法让人犯下谋杀的罪行，或者自杀——再或者先杀人，再自杀。在事情到达这一步之前，受到压迫的人还要经历一系列复杂现象的折磨。我来给你举个例子吧，通过这个例子你就能看出幽灵的内部压迫策略是多复杂了。"

"1978 年 4 月，我们接到了一位 35 岁左右的女士的来电，电话中她口齿清楚，显然受到过良好的教育，但是她的情绪十分激动，似乎被吓得不轻。这位女士名叫帕特里夏·里夫斯，她正在受到幽灵的压迫，但当时她对此一无所知。她费了很大劲儿才联系到我们，同时我和埃德也在去见她的过程中遇上了不少麻烦。帕特里夏和她的朋友在新英格兰买了一栋名副其实的鬼屋。尽管这件案子中的种种事件都非常有趣，但我要说的重点是这其中体现出的恶魔的策略。"

"帕特里夏在俄亥俄州出生和长大，她的家族中有好几位长辈都是浸信会的神甫。帕特里夏没有结婚，而是和另一个叫梅琳达的姑娘分租一套公寓。尽管从各方面来说，她都是个有独立行事能力的成年女性，但显然她的日子过得并不宽裕幸福，对生活多少心存不满，她甚至还在盘算着自杀，一了百了。因为长久沉浸在失落中，她买了一本巫术书。帕特里夏从书中找了一个据说能助人走上成功之路的仪式。举行那个仪式几个月后，她找到了一份收入丰厚、受人尊敬的工作。"

"有趣的是，自打十二岁以后，帕特里夏就常常做梦梦到自己生活在一个旧殖民时代风格的农舍中。买到这样一栋'梦寐以求'的房子是她这辈子的终极目标。对于帕特里夏而言，这就意味着'回家'。那栋房子坐落在上新英格兰地区，周遭一片田园风光，建造时间应该不晚于19世纪早期。因此，她每周都会进城，去市图书馆查阅波士顿的各种报纸上的房地产广告。用她自己的话来说，当时她简直是'着了魔'。'压迫阶段'其实也可以叫作'沉迷阶段'，这个阶段的种种迹象就在她眼前显现，可她却毫无察觉。"

"有一天，大概是得到那份新工作两年后，帕特里夏发现报纸上有栋农舍正在出售，描述似乎跟她梦中的那栋很像。因为急于亲眼见到那栋房子，她和她的室友梅琳达双双请了假，驱车赶往东部。她们首次看到那栋房子是在1977年1月1日。"

"那个地方美丽极了，从大路拐到一条郁郁葱葱的狭长林间小路上，走上一英里左右就到了。尽管那地方看上去确实风景绝佳，"罗琳强调说，"但其实那是个陷阱。"

"后来她们才知道，那栋房子之前的主人是个信奉撒旦的黑女巫。你难道不觉得这件事蹊跷吗？她们竟然从阳光灿烂的西南部被吸引到了三千英里外新英格兰中部，非要在这栋坐落在森林中的房子里住下。也许看起来这很奇怪，但因为帕特里夏举行过涉及黑巫术的仪式，她和多少也参与其中的梅琳达算是欠了恶魔一笔债。还有什么比美梦成真更吸引人的吗？因此她们就这样追逐着美梦进入了陷阱。"

"在接下来的一年多里，这两位女士开车去东部看房子不止一次两次，而是去了整整三次，这才做出买下这片地方的决定。有一次，帕特里夏的妹妹苏珊还和她们一起去了。但那段时间，这几个女人一点都没觉察出有什么不对头的地方。"

"内部压迫刚开始的时候，问题几乎难以觉察，因为那些变化都是一点一滴、逐渐发生的。从本质上讲，恶魔会让受害人在不知不觉中为'附身'的发生'做好准备'。1977年12月31日，帕特里夏做了一个重大的决定：辞职，然后买下那座房子。她和梅琳达都是独立女性，二人说她们想过'回归自然，饲养动物'

178

的生活。当然了，事实上，这是吸引力法则起了作用。"

"辞职之后，"罗琳继续讲述，"帕特里夏就办清了购买那座农舍所需的所有手续。但是没有哪家银行愿为两个未婚女人提供一大笔贷款。买下这栋房子需要她们先付一笔不菲的首付，可她们没有现金。但这不是问题！在洛杉矶游玩期间，梅琳达于生日当天参加了一档游戏竞赛电视节目，赢了一笔钱，那笔钱够付十笔首付了。事实上，她赢来的钱都花在了房子上。而且，当她们再次去银行申请贷款时，信贷人员不知出于什么原因竟然同意了抵押贷款，条件是要有三个人的签名。因此，帕特里夏的妹妹苏珊也卷了进来，和她们俩一起在抵押贷款的文件上签了字。传统上来说，恶魔往往会找来三个人，控制三个人类的意志，让他们都屈从于它，以此来侮辱三位一体的圣父、圣子、圣灵。苏珊很不幸，她之后的命运就不得不与那两个女人捆绑在一起了。"

"抵押贷款文件签署好的当天夜里，帕特里夏和梅琳达在新墨西哥的公寓里就响起了沉重的脚步声。听上去就好像有外人闯入了两个女人各自卧室所在的楼层。电话在起居室，所以两个女人不得不缩在被窝里战战兢兢地度过了一夜。当时她们还不知道，这就是恶魔进宅的典型方式。那场求成功的仪式欠下的债现在该她们偿还了。"

"1978年1月，有了抵押贷款的保障，帕特里夏和梅琳达如愿搬进了东部的农舍里。她们刚刚住进房子里，就产生了一种被监视的可怕感觉。她们实在无法忍受这种强烈的感觉，因此常常在附近的一家汽车旅馆里过夜，只在白天的时候返回农舍对其进行修葺。她们还养了两条柯基犬，它们之前一直亲密无间。但刚刚被带到农舍，两只狗就互相撕咬起来。为了避免它们自相残杀，两个女人不得不把它们分开关了起来。"

"差不多在同一个时期，帕特里夏和梅琳达也开始频繁地为了一些鸡毛蒜皮的小事起争执。她们也不动手修整房子，而是为了谁粉刷窗户、谁粉刷门这种事一连吵上好几天。现在你明白了吧？就是在'压迫'下，这些女人陷入了无休止的争吵中，她们养的狗也一样。事实上，'压迫'早就一触即发，只是在等待着她们的到来。"

"最后，在压迫下，两个女人觉得这终究是她们的房子，她们应该在里面过夜，而不该常常惠顾当地那家昂贵的汽车旅馆。这时候，那种被人监视的感觉进一步恶化了，整栋房子陷入了一种邪恶的氛围。两个女人相信她们的感觉只是因为心理敏感，所以尽可能地抑制自己的情绪，但是家里开始发生一些奇怪的事情。夜里，房子外面传来不祥的吟咏声，吓得她们浑身冰凉。白天，氨水等清洁剂平白无故地消失，只留下几滴鲜血。房子里的钱和个人物品也常常消失，而且再也没有出现。一天下午，房子后门传来了敲门声。她们开门看却发现门外没人。她们只见到一串左脚的脚印——这是恶魔的迹象——留在齐腰深的雪地上，直通往远处的谷仓。每个脚印之间都隔了三英尺，而脚印在雪地里的深度只有半英寸。"

"她们买下这栋房子几个月后，帕特里夏的妹妹苏珊来帮她们修葺房子。苏珊二十来岁，是个敏感的姑娘。这次她造访农舍，那个地方让她感到了一种挥之不去的恐惧，因此她立即逃也似的回家去了。但她还是受到了幽灵'压迫'的影响，因为几周后，苏珊突然抄起一把切肉刀残忍地捅进了自己的腹中。给这位年轻小姐医治的医生说，她的伤口——一共有三处刀伤——应该是致命的，可她竟然还活着，他感到非常不可思议。"

"因为离开农舍，梅琳达也得到了同样的惩罚。她们搬到东部不到一个月，梅琳达就因为房子里的恶魔感到不适，返回了俄亥俄州。但是回去没几天，梅琳达就被一个闯入住宅的陌生人强奸了。那件事发生之后，她垮掉了。她觉得心理上的恐惧总比身体被侵犯要好，因此又回到了新英格兰的农舍。"

"到了1978年的春天，被各种恐怖现象折磨了数月之久后，两个可怜的女人已经完全屈服于恶魔的'压迫'之下。二人脸上都生出了皱纹，褐色的头发变得花白，她们看上去是实际年龄的两倍。'我简直认不出镜子里的自己。'帕特里夏告诉我，'我们的眼神变得空洞、毫无生气。'"

"梅琳达时不时就会身不由己地性情大变，变得相当恶毒暴躁，尤其是在帕特里夏想对房子做出较大改动时。帕特里夏租了一把电锯，想要锯掉房子前面遮挡阳光的几棵松树。于是，最糟糕的事情发生了。"

"'梅琳达像身上着了火一样从房子里跑出来。'帕特里夏对我说，'她的脸狰狞得不可思议——那根本不是她的脸！她威胁我，说如果我敢在一棵松树上留下哪怕一条刻痕，她就要杀了我！'帕特里夏这才觉察到事情不对劲了，而且不是一般的不对劲，她们需要帮助。帕特里夏花了相当长一段时间向别人讲述她的经历，希望大家相信她，但效果不佳。最后，终于有人把我们的联系方式给了她，让她向我们求助。"

"当时我无法开口告诉她们，"罗琳继续讲，"但是这两个女人离死亡已经不远了。那座农舍就是个凶宅。我和埃德拐上通往那座房子的小路时，我通过'第二视觉'看见一群穿着长袍的人正在房子前面的草地上举行某种渎神的仪式。整个仪式都是在夜间举行的。他们口中吟诵着咒语，用人体当祭坛，或者说拿人当祭品。我们最后走进房子的时候，我已经很清楚了，这里曾经的主人参与了屠杀和残害动物的恶行。我能感受到成百上千只动物的悲戚，这里面有大动物，也有小动物，无一例外都是在那里被杀死的。房子里弥漫着浓重的邪恶与戾气，它们似乎存在于你呼入的每一口气中。那地方让我也产生了抗拒之心，显然，如果不是恶魔通过'压迫'控制了她们的意志，没有一个人能在这种令人毛骨悚然的环境中生活。"

"我觉得我们刚才讲的已经很清楚了，种种迹象表明，这座房子中有一股看不见的强大智慧力量在作祟。但是就这件案子，我想提出一点，那就是这座房子中的恶灵并非是全然看不见的。埃德向两个女人询问情况的时候，我决定在房子里到处走走。她们养的一条柯基犬跑过来，跟在我身边。这地方和大多数闹鬼的宅子一样，令人感到身心不适、莫名紧张，还总觉得悲伤。突然，那条狗蹿了出去，沿着走廊一路跑到一扇橱门前才停下，然后开始充满敌意地狂吠。我打开那扇门，橱子里闻起来好像一个粪坑。

那狗冲着橱子里的什么东西冲了过去。几秒种后，让我吃惊的一幕出现了，一个模糊的人形黑影出现了。它从橱子里冲出来，与我擦肩而过，急匆匆地跑上了楼。柯基犬在后面穷追不舍。这是我第一次看到有幽灵以如此像人的形象现身。"

"在这件案子里，"罗琳总结说，"恶魔的压迫策略十分狡猾，更多是进行心理施压，而不是生理攻击。不管用哪一种方式，恶魔的策略的目的都一样：击垮人类的意志，然后侵占他的身体，或者强迫一个人做出通常会涉及流血和死亡的负面行为。在这件案子里，恶魔差一点就得逞了。两个女人都需要一场驱魔仪式，这样她们才能摆脱此地非人恶灵给她们带来的消极影响和生理上的改变。最后，帕特里夏和梅琳达把农舍原价售出，返回了新墨西哥。在那里，她们开始了一段并不十分愉快的新生活，但这个决定是非常明智的。尽管我和埃德可以就这件案子里错综复杂的因素一直聊下去，但我想，事情很明显，对于这类案子，发生的一切绝不是仅仅用巧合就可以解释的。隐藏在背后、助力事情发展趋势的就是一股邪恶的智慧力量。"

"侵扰阶段发展到压迫阶段的时候，"埃德表示，"恶魔幽灵已经无法再掩饰自己的存在了。它们反倒是开始大肆宣传自己的存在，有时候会留下文字，有时候则是留下一些象征符号。"

"恶魔幽灵往往喜欢用书写的方式来宣告自己的存在。它们尤其喜欢在墙和镜子上写写画画，甚至有时候还喜欢用口红或蜡笔当书写工具。恶魔灵魂喜欢从右至左倒着写字，所以需要我们用镜子来照着读。也正是这个原因，墙上的词语和句子看起来像是用不常用的那只手写的。至于它们写了什么，我得说，所有幽灵都喜欢写粗俗、猥亵、渎神的话，用的常常是被压迫的人或家庭能看懂的文字。其中也会掺杂其他文字，但混合文字常常出现在'附体'阶段。压迫阶段的末期或者恶魔近在眼前的时候，它们往往会使用更复杂的语言。"

埃德和罗琳几乎只谈到了恶魔。如果有魔鬼——另一等级的幽灵，为什么不聊聊它们呢？

"尽管有很多外行写过关于魔鬼的事，"埃德解释说，"但我对魔鬼的认识都是来自我自己的经历和对宗教文献的学习。基于我的工作，想要正确地认识魔鬼，那就尽量不要将其与我们已经知道的恶魔幽灵相比。引发所有一切不可思议的现象的就是恶魔。确实，在驱魔过程中，恶魔幽灵会强撑着自吹自擂，说自己是某个强大的魔鬼，但是幽灵往往在撒谎。说到底，恶魔和魔鬼之间的区别就像工人和管理层之间一样：前者是打工的，后者是监工的。高阶的恶魔幽灵才会给人带来内部压迫，因为低级的恶魔缺少将'压迫'进行到底的智慧和能力。低阶的恶魔满足于通过外部恐吓击垮人的意志，而更高级的恶魔会通过减弱人的心理抵触来瓦解人的意志。严格来说，魔鬼在堕落前是高等级的天使，比等级在它们之下的幽灵学识更渊博、力量更强大。魔鬼留下的字迹往往整齐有序，举例而言，虽然它们还是从右至左倒着写，但笔迹更美观。学识渊博的幽灵往往喜欢使用更经典的语言文字——大多数时候是拉丁语，还有的时候是希腊语或古希伯来语。和恶魔幽灵不同，魔鬼似乎更喜欢在纸或羊皮纸上写字，而且只有在涉及与撒但的契约时才留下文字。在我参与调查的案件中，我常常看到恶魔幽灵胡乱涂写的亵渎神明的字句。"

如果恶魔没有在它充满恨意的字句下署名的话，沃伦夫妇就会寻找更多能显示它存在的象征性的、有智慧的痕迹。

"首先，"罗琳说，"这是一个恶灵，行事的的确确与人不同。恶魔喜欢做与这个美好的世界相悖的事情。它们喜欢从右至左、沿逆时针方向移动，甚至兜着圈子移动。所以幽灵通常会从人的左边或者身后靠近。仇恨、污秽和死亡都会让恶魔活跃起来，而善良、光明和祈祷却能让它动弹不得。幽灵以黑云的形式现身，掀起邪恶的风浪，伺机搞破坏。它留在身后的一切都污秽不堪、令人胆战心惊，引发的现象也少不了流血和伤害。幽灵会与自私自利、愚昧无知者结盟，让无辜者、不设防的粗心人和上帝的虔诚信徒遭殃。它总是在暗中行事、制造假象、迷惑人心，就像夜幕下的盗贼。它躲在谎言背后，通过欺骗和隐匿确保自己的身份不被暴露。就像有些宗教作品的作者所言，'幽灵没有一丝一毫的正面品质，美好品质的缺失恰恰是它存在的基础。'"

幽灵所做的那些象征性行为正好表明了它的存在。通常，恶魔会选择一年中的一个特殊的日子或时间对人发动总攻。沃伦夫妇发现，容易出事的日子有圣诞节、复活节、耶稣受难日、大斋节伊始、逾越节的第一晚、十一月（天蝎座对应的时期）、星期日、星期五和人的生日。

"月相可能也是恶魔选择行动时机考虑的因素之一。"埃德解释说，"恶魔比较喜欢在新月的时候动手，因为那个时候没什么自然光，而且新月一直以来就是死亡的象征。不过满月也常常是异事发展到高潮或刚刚开始的时候。这也许是因为自然规律使然，新月代表开始，满月代表高潮。但是我要强调一点，在面对幽灵现象的时候，人们可能会联想得过多。还是那句话，只有在事后经过分析，我们才能知道某个数字、日期或者一年中的某个时候到底是不是制造压迫的幽灵的全盘计划中的一环。"

"当我们把所有因素都综合在一起考虑，"埃德继续说，"并且采访了当事人，亲眼见证房子里的灵异活动，才会渐渐清楚这一团混乱中其实是有规则可言的。如果我们要说一个典型的恶魔压迫的案子，但其中可能会涉及上千个独立的因素。因此，必须把整个案子当成一个整体来看，这样，其中的所有因素——历史背景、现象本身、预兆、象征、策略和巧合就都能联系起来了。从整体来看，一个个事件连续推进，这个趋势会变得越来越明显，而且其中每个事件都起到了推波助澜的作用。你会注意到问题的根源、最初的伎俩、侵扰策略、压迫策略、象征性的事件等等。这些事件发生在一天中的某个时间，或者只发生在一周中的某几天，这些背后都有处心积虑的设计。如果拿阿米蒂维尔恐怖事件当例子，尽管我们不可能复述出其中的所有细节，但卢茨一家的报告和我们在调查中的经历有一些相似性。"

"首先，"埃德说，"让我们来看看卢茨一家搬进鬼宅之前发生的事情，也就是这个案子的背景。20 世纪 60 年代，一个普通的七口之家——迪菲一家搬进了这栋房子。"

1974 年 11 月 13 日凌晨大约 3 点左右——这可能是一年中最

麻烦的一天里最糟糕的时刻——这家的儿子用一把高性能步枪谋杀了其他六名家庭成员，包括他的父亲。但没有一个邻居听见枪响。这场惨剧发生十三个月后，乔治·卢茨和凯瑟琳·卢茨夫妇在圣诞节期间搬了进来，这往往是恶魔活动比较活跃的时期。我们掌握的情况当然都是二手的，毕竟卢茨一家遭遇危险的时候我们没有在现场。但是，根据卢茨告诉杰伊·安森的话，乔治以前很爱干净，总是打扮十分得体，还有点儿工作狂，但后来变得懒惰、邋遢。他几乎成天坐在火炉旁，但总也暖和不起来。可是，房子里的温度计显示，室温始终在八十多华氏度。在我们调查过的案例里，当幽灵吸取热能的时候，它通常还会把室内的热度完全带走。我们管这叫'灵致冷'。就算你用十几条毯子裹在身上，情况也不会好起来，因为你身体的热量也被幽灵夺走了。

"当然了，"埃德说，"幽灵吸走热量是有原因的，它要用这股能量来对付家里的人。鉴于它是一种邪恶的存在，它的所思所想也皆是恶念，所以这些力量也都将用于残忍野蛮的恶行。"

"同时，凯瑟琳还告诉我们她'变得有点不像自己'了，当时的她暴躁好斗，对孩子们不耐烦。根据阿米蒂维尔恐怖事件的档案记载，她做了不少似乎与迪菲谋杀案里面的一些事实有联系的梦。孩子们也变得爱吵架，他们搬进去之后，家里的宠物狗也表现异常起来。"

"至于接下来发生了什么，"埃德谨慎地说，"只有当时在现场的人才能说得清。但是乔治和凯瑟琳说，楼上的卧室里出现了成百上千只苍蝇。卫生间的水开始倒流。房子附近莫名其妙出现了一只瓷狮子。家具开始自己移动。一个孩子的双手因为乱跑的家具被压扁了，但却没受一点儿伤。还有，当然了，半夜里乔治听见游行乐队的声音。"

"讽刺的是，在卢茨一家入住那座房子期间，我们分别在两所学校举行了讲座，在讲座上我们详细讲述了遭到恶魔侵扰时受害者会看到或者听到什么——其中就包括半夜传来游行乐队演奏约翰·菲利普·苏萨作品的现象！"

"背后有魔鬼作祟的现象都是为了吓唬人。除此之外，卢茨一家还宣称他们亲历了'灵致冷'，和令人气闷的高室温、令人作呕的粪便气味儿——这些都是恶魔的典型标志。卢茨在打电话时也遇到了阻碍，凯瑟琳·卢茨的弟弟发现他准备用在婚礼上的一千五百美元从口袋里莫名消失了。"

那笔钱真的消失了吗？

"我不确定，"埃德说，"但是恶灵侵扰哪家人的时候，这家确实会常常丢钱。丢掉薪水支票或一大笔现金会给人造成很大困扰。这是恶灵想要把一个人或一家人整崩溃的一种伎俩。我认为这笔'丢失的'钱就这样化在空气里是不可能的。但是，我敢跟你打包票，这钱绝对是被转移到了哪个与邪术有涉的巫师或其他人手里。我这么说是因为我知道，不少巫师这辈子也没工作过哪怕一天，可他们从来不缺钱花。对于他们而言，什么东西都可以凭空变出来，生活自在得很；好东西自然会等着他们。他们什么烦恼都没有。钱会追在他们身后跑。为什么呢？因为他们通过邪术与恶魔结了盟。"

"尽管这可能听起来没什么大不了的，但其中大有玄机。这些巫师或者巫婆因为欠下了恶魔或者魔鬼的债，往往要把自己的灵魂或者之后的人生交出去抵偿，甚至有时候还要为它们献祭，比如说拿婴儿当祭品。对于这些人来说，这是踏上浮士德之旅的第一步。生命短暂，他们却对其毫无尊重。他们把价值千金的灵魂廉价出让了。所以，没错，恶魔入侵的房子里若有金钱丢失，我敢打赌这钱一定是进了哪个巫师的钱包！"

"所有这些因素将卢茨一家的情绪推向了崩溃的边缘，他们甚至开始怀疑自己是不是疯了。"埃德继续说，"总之，这些令人烦恼和恐惧的事件，还有我省去没说的很多事——比如说十字架被倒置，和我们见到过的外部压迫现象很像。后来，卢茨一家还告诉我们，他们看到一个恶魔样子的东西出现在燃烧着的壁炉中。在火或火炉中现形是这些幽灵的典型行为。楼梯上还出现了一个戴着兜帽的畸形怪物。这些幽灵往往是以穿着修道士长袍的形象示人。而且，他们家最小的孩子米茜说起她遇到一头自称为乔蒂的猪，它说它是个天使！"

这个叫乔蒂的猪似乎有点问题。它是不是真实存在的呢？

"我从来没有亲眼见过那东西。"埃德回答，"不过，幽灵并非一定要有实体。幽灵可以通过我们叫作'心灵感应术催眠'的方法让人看到它的形象。这个似乎有点复杂的词儿其实就是指幽灵可以通过我们叫作'三维超感官知觉'的途径让它自己以任何形象出现在我们的大脑中。幽灵只需要想想自己希望以什么形象出现，它就能如愿。人类的和非人的幽灵都能做到，通过这种方法，幽灵可以绕过人的肉眼，直接将它想呈现的形象投射到'心灵之眼'上，或者说投射到东方宗教里提到的'第三只眼'上。通过心灵传输将信息从一个智慧存在传到另一个的意识里，这样做的结果就是会让人不知不觉陷入陷阱中。不过，事实上，幽灵有可能永远也不会在人前现身，所以还是要靠人们去仔细观察和发现。"

　　阿米蒂维尔一案发生在圣诞节节期。其实还有一个同样恐怖的恶魔侵袭案发生在 1974 年复活节期间，案中的灵异活动持续了八周半才终于被一次教堂支持的驱魔仪式终止了。除了沃伦夫妇、驱魔师和当事人，到现在极少有人了解在这个不普通的普通美国家庭中发生的超自然战役。

　　现在让我们来看看贝克福德家发生了什么吧。

IX. 遭袭的一家

　　1974 年 3 月 3 日，50 岁的彼得·贝克福德先生在厨房的日历上记下了一件事：他的女儿维姬在去药房的路上，车爆胎了。然后，在这个周日的清晨，彼得·贝克福德给自己又倒了一杯咖啡。他还不知道，这个貌似很普通的小事会是一场非人幽灵暴力狂欢的开始。这些幽灵先是肆意破坏家中物品，最后几乎毁了他的这座小房子。

　　贝克福德家中变得像地狱一样不堪，这完全是因为昨天夜里，19 岁的维姬·贝克福德做了件出格的事儿：她请来了一个恶魔幽灵。尽管这个女孩是上了幽灵的当才做出此等不智之举，并非故意为之，但她的确招来了最厉害的超自然力量的侵袭。这或许是沃伦夫妇遇到过的最严重的恶魔袭击事件。

"说起来，这件案子的源头可以追溯到一年前。"埃德说，"维姬就是从那时候开始使用灵应盘的。"在她那个年纪，想与鬼神沟通倒是多少可以理解。她无聊又孤单，所以想找点刺激。她的父母是虔诚的信徒，十分严肃，对她和她十五岁的弟弟埃里克管得很严。维姬是个有些抑郁的少女，她没什么朋友，所有的想法都只能憋在自己心里。一天晚上，百无聊赖中，她决定用灵应盘给自己找个朋友。等大家都上床去睡了，她把那个'神奇的对话板'放在地上，将手指按在占写板上，开始问问题。"

"有人吗？我叫维姬·路易斯·贝克福德。有没有谁能听见我说话？"占写板忽然飕飕地动起来，给出了"有"的答案。于是，她有了一个看不见的"朋友"，而这个朋友将带她走向之后的不幸。

从那往后，维姬每晚都与这个幽灵交流。她每天都盼着晚上能和这个神通广大的"朋友"谈心，而且通过灵应盘一谈就是好几个小时。这也难怪，因为这个幽灵利用了她的虚荣心，总是变着法子夸她：维姬，你今天穿的这身褐色裙子真好看。你比其他女孩儿漂亮多了。明天把头发扎起来吧，那样看起来更可爱。一晚又一晚，灵应盘上的幽灵说的话愈发夸张，因此后来导致了这女孩的情绪失控。"甜心儿，一见到你我就特别开心。"灵应盘竟然对这个孤独的少女说出这种话。还有："要是可以的话我一定娶你。"

"你能当个活生生的人真是幸运。"它开始把话题往这方面引，

"告诉我活着是什么样子吧，跟我讲讲今天都发生了什么。"它恳求道。出于同情，维姬·贝克福德会一五一十地给它讲述每天发生的所有事情。讲完之后，她会问它一些问题。幽灵就开始讲故事了，它告诉她它是怎么死的，"遇到"她之前又是多么孤单等等。维姬相信它说的每个字。狡猾的幽灵每晚都会通过交谈让这个女孩心潮起伏，不能自已。然后，它会突然停下来，逗弄地来一句"明天见"。

就这样过了好几个月，这幽灵使得维姬相信它是个十几岁的小男孩的鬼魂，相当于一个小天使，在维姬还是个小女孩的时候就去世了。维姬十分轻信，而且从未怀疑过它的话，因此也把自己的所有情况和内心感受都告诉了"他"。灵应盘上的幽灵也回馈给她同样的"隐私"。有一次，她问幽灵叫什么名字，幽灵避而不答，给了一个蹩脚的理由，说它永远不能向活人透露自己的真名实姓，不然就会化为一团雾气。

随着时间的流逝，维姬渐渐迷恋上了这个通过灵应盘与她聊天的幽灵，她开始把它当成自己的男朋友。为了感谢她对它的喜爱，幽灵开始告诉维姬未来会发生哪些重要的事情。之后，她亲眼见到幽灵告诉她小镇上会发生的事都应验了。总之，维姬·贝克福德越来越信任这个灵应盘上的幽灵。

通过灵应盘与幽灵亲密交流一年后，维姬在感情上对它产生了依赖。1974 年 2 月的最后一周，维姬更进了一步。"你能告诉我我的未来吗？"她问。

这幽灵听她问起这个，简直不能更开心了。经过长时间的投入的交谈，它向维姬描述了她未来六年的生活，其中不乏具体的细节，甚至包括她第一个孩子的出生日期，还透露说，到了1978年，她总共会有三个孩子（最后证明这些预言都是对的！）。

与这个不知名的幽灵的交往时间越长，维姬就越好奇和着急，她迫切想要见见这个看不见的男朋友。3月2日，一个周六的深夜里，她央求他现身。"就一次。"她央求幽灵，她想看看他到底长什么样子。

第二天，周日早上，彼得·贝克福德出门办事，却发现无法发动车子。他打开车的引擎盖，发现火花塞的线被拔掉了，橡胶管被拧松了，风扇皮带也被割断了。没过多久，维姬也要开车，但她的车也发动不着，最后只能让当地一家修车行拖走去修了。第二天，修车工告诉他们，车的内部引擎零件被卸了。

那一周，贝克福德家还发生了好几起东西遭到破坏的事件。后门的门铃被人从罩盒里面扯了出来。房子周围种的灌木被人连根拔起。屋顶上，一截里面有电线通过的六英尺铸铁直管道被弯了九十度角，这简直无法解释。

3月8日，周五，彼得·贝克福德在厨房的日历上记下"爆胎送修"四字。维姬从修车行把车取回来之后没多久，车的另一个轮胎也漏了气。第二天，周六，她父亲在日历上把那四个字又写了一遍，只不过这次，那漏气的车胎似乎是被刀子划破的。

同时，不知道为什么，维姬再也无法通过灵应盘联系到她那个看不见的男朋友了。一天又一天过去了，她每晚都尝试联系那个幽灵，但占写板只轻轻地划出了"再见"二字。她不知道，她这位神通广大的情郎已经现身了，它就是那股搞破坏的超自然力的源头。

到了3月的第二周，房子和车遭到的破坏更多更频繁了，彼得·贝克福德不得不报了警。警察上门后，彼得将花园里的花草和灌木被毁的情况指给他们看，还有房子外面遭到破坏的痕迹以及本来上锁却显然有人闯进去了的车库，车库里的车的轮胎被人扎破了，而且引擎也被拆了个乱七八糟。又一次他甚至听到有人在外面重重地砸门！离开前，警察向彼得这个受人尊敬的好邻居保证，他们会在夜间巡视的时候对他们的房子格外留神的。

第二周晚些时候，根据警察的调查，种种迹象指出，这些破坏行径与附近淘气的孩子没有关系。下班后，彼得和他的妻子莎伦坐在厨房里开始盘问埃里克，问他是不是交了坏朋友，那些坏事儿是不是因为他在学校里生了什么事端引来的报复行为。突然，他们三个人听到房子里什么地方传来了东西摔在墙上的动静。他们小心翼翼地起身去查看，发现埃里克房间的石膏板墙上多了一个十八英寸宽的洞。

那洞口锯齿状的边缘向墙内微倾，这个发现更令人不安。

因为这说明是有人从房子内部往墙上扔东西！对于贝克福德一家来说，这些古怪的破坏行为一下子上升到令人忧惧的程度。

当晚他们上床睡觉的时候，贝克福德一家听到了墙内传来的抓挠声。听起来像是墙里进了个小松鼠。彼得在黑暗中仔细倾听，还听到了一块墙板被撬松的声音。他从床上跳起来，打开灯，花了半个小时的时间从房子的地下室到阁楼巡视了一个遍。但是他没有发现一块松动的墙板，什么发现都没有。可那些诡异烦人的声音持续了一周。

同时，维姬的车已经爆了三个轮胎了，于是彼得给她买了一组新的子午线轮胎。3月19日，周二，她的新子午线轮胎又扁了一个。经检查，那道缝隙似乎是被小刀割开的。

3月的第三周，现象开始升级了。夜幕降临，似乎有什么东西在贝克福德家房子外面重重地敲打。那大力拍击的声音总是以三次为一组，力道之大简直要让房子摇晃起来。彼得自然出门去查看情况，可外面什么异常也没有。那一周，这种事发生了至少十二次，他和埃里克带着手电筒出门查看，可每次都找不到拍击声的源头。

而且在第三周里，房子内部也一直能听到尖锐刺耳的叩击声。这个叩击声很快就升级了，力道越来越大，后来听起来就像一个成年人在墙内敲击。这家人上床睡觉的时候，这种毫无规律可言的敲击声和抓挠声还会继续。大概在午夜时分，墙板被撬动的声音还回荡在这座小房子里。

周末，即3月20日和3月21日这两天，蒸汽暖气片的压力阀不知怎么被拧开了，里面的热水喷得满墙满地毯都是。彼得一开始以为是维姬或埃里克捣的鬼，但是发生这事的时候他们俩都不在家。他感到既困惑又不安。把零件换上之后，他没料到每隔几小时压力阀就会松一次，热水再次喷射出来，屋里又是一塌糊涂。最后，他只好把地下室的暖气开关给关上了。

同时，房子里的敲击声更频繁，力道也更大了。那个周末，彼得·贝克福德——一个有着二十多年机械设计经验的男人没有一刻清闲，为了找到这些噪音的源头，他几乎把房子翻了个底朝天。浪费了整整一个周日后，他放弃了。第二天一早，迫切渴望安宁生活的彼得决定认输，他不再一个人摸索，而是打电话请了一个锅炉修理工和一个管道工。

3月第四周的周二，锅炉修理工一早就到了，他检查后说贝克福德家的锅炉状态非常好。但是他也听到了敲击声，结果在贝克福德家花了十九个小时，想要找到断断续续的敲击声的源头，好让它停下来。最后，他只能告诉彼得和莎伦"那响动不是锅炉引起的。"

周三，管道工来检查暖气。彼得此时正在他的制造厂上班，所以莎伦向工人介绍情况说，每天都会有一两个压力阀松掉，蒸汽和热水喷得到处都是。她还跟他反映了墙壁后的敲击声和夜里的抓挠声。

管道工检查了暖气是否有压力泄漏的问题，发现一切正常。但是为了预防，他换掉了旧阀门，把新阀门拧到了底。可奇怪的是，还没等他离开，新阀门就掉下来，躺在暖气旁边的地板上了。管道工检查并修理了各个暖气两遍，最后他还是把旧阀门换上去了。他收拾好工具，对莎伦·贝克福德说："太太，你们惹上麻烦了！"

就在同一州，维姬的一个新轮胎又被刀子划破了，尽管她的车和往常一样停在锁上的车库里。不过，轮胎漏气这种事儿和房子里的混乱相比根本算不上什么。每一天——尤其是日落之后——房子内外的拍击声都比前一天更大。令人震惊的拍击常常持续数小时，直至深夜。墙上的油画和装饰品都因此纷纷掉下来。

针对这些莫名其妙的问题，贝克福德一家勇敢地采取了一系列应对措施：他们开始在外面吃晚餐，去逛商场，还经常去免下车的电影院看电影，总之就是尽可能晚些回家。尽管这家人初期躲避骚扰的措施暂时起到了缓解作用，但其实那时发生的一切只不过是即将到来的暴风骤雨的序曲。

3月31日，周日，维姬的一个新轮胎上又出现了一个洞。这是车胎第六次被刀划破或者漏气了，这也是她最后一次遇到轮胎问题。因为那天晚上，过去一个月里出现的不可解释的破坏行径变成了公然的超自然活动。

周日晚上十点左右，拍击声还在响个不停，彼得和莎伦则在这栋房子里最安静的屋子——他们的卧室里看电视。埃里克和维姬不敢单独待着，所以他们坐在那间卧室附近的地板上。突然，屋里的灯接连暗了三次，然后电视也突然断了电。随后贝克福德一家看到卧室里一张沉重的木质梳妆台开始慢慢浮起，悬在离地几英寸的地方。

他们吃惊地看到这个装得满满的梳妆台——六英尺宽、两百五十磅重的家具开始疯狂地在空中来回转动。香水和装化妆品的瓶瓶罐罐都掉了下来，在地板上摔得粉碎。然后梳妆台落了地。但没过一会儿，梳妆台的一个抽屉滑了出来。那抽屉开了一会儿又猛地关上了。不久，所有的抽屉都不停地开开关关，仿佛活了过来。

贝克福德一家被吓得僵在原地。那些抽屉又突然安静下来。这次一把放着叠好衣服的沉重椅子飘了起来，停留在距离地板三英尺的地方，然后向一侧倾斜，把上面的衣服都倒在地上，最后从房顶重重地落到了衣服堆上。接下来，一件接着一件，墙上的画都从画钩上脱了下来，离开墙壁，围成一个圈飘浮在屋里。

　　"上帝啊，"莎伦喊出声来，"我们究竟做了什么，竟会遇上这种事？"话音刚落，床板砸到了地上。彼得和莎伦都躺在上面的双人床就这么塌了。飘在空中的画也掉到了地板上，屋里所有的活动都停止了。

　　那夜晚些时候，清理完之前现象留下的烂摊子之后，贝克福德一家要休息了。可是关灯之后，他们听到备用卧室里传来了小猫喵喵叫的声音。几分钟后，那声音变成了小婴儿的哭声。彼得想去那个房间里瞧瞧是怎么回事，但是理智告诉他不该去。以前总是出现的抓挠声变成了撕扯的声音。他们听到的是墙板被从墙上扯下来的动静。当时的一切听起来就好像整栋房子要被大卸八块了一样。

　　然后房顶上和房子外面都响起了敲击声，紧接着就是墙内传来的敲击声。大概过了一个多小时，敲击声转移到了走廊中，然后戛然而止，留下一片不祥的安静。突然，彼得和莎伦身后的床头板响起了刺耳的敲击声，就好像正有人用锤子猛击床头板。彼得和莎伦立即从床上跳下来，可那声音还在继续。彼得不知道从什么时候开始数那敲击声，那张木头做的床头板被连续敲了十八下。

　　随着恐惧在这家人心中蔓延，房子里的灵异活动也愈发猖狂放肆。听到客厅里传来一件家具掉在地上的声音，彼得正要去查看情况，维姬的卧室里传来一声令人毛骨悚然的尖叫。

"有鬼！"女孩儿被吓得几乎喘不过气来，"我屋里有鬼！"

愚人节那天，天上下起了石头！那些石头就直接从蓝天上砸下来，密集猛烈地打在贝克福德家的屋顶上，然后滚落到他们的草坪上。甚至有一颗石头打在了他们的后窗上，莎伦被吓坏了，赶紧给她在工作的丈夫打了一个电话。彼得因为昨晚的大乱套筋疲力尽，他嘱咐她给警察打电话，然后告诉她他马上就回去。

等彼得·贝克福德到家，警察已经在现场了，他们也在看天上下石头的奇观。石头雨总共下了大约一个小时，然后才停下来。彼得绝望地问警察他该怎么办。"给神甫打电话。"他们建议道。

教会能帮上什么忙呢？彼得心想。他们遇上的这些事和"宗教"又扯不上关系。

这天，彼得·贝克福德决定就待在家里哪儿也不去了。到了晚上，太阳下山后，房子里的家具和其他物件又开始在他们面前悬空飘浮了。有的物件会掉在地上，有的则会狠狠砸到墙上。这种恐怖的现象持续了一整夜。贝克福德一家人至多也只能是躲着飞来飞去的东西，可有些东西似乎是直接冲着他们扔过来的。

第二天早上，房子里一片狼藉。彼得恼火得很，他终于接受了警察的建议。他信罗马天主教，所以就联系了当地天主教堂所属的教区，和当值的神甫通了电话。房子里的家具都飘起来了，彼得解释说；家里贵重的东西被抛来扔去的，最后都掉在地上摔碎了；整晚都是敲击声、抓挠声和各种可怕的声音；他家房子上空还下起了石头雨！神甫问了贝克福德家的地址，然后承诺会在一个小时内赶到。

神甫赶到后，家中的灵异现象骤然停止，但彼得还是陪着神甫进了房子。神甫从翻倒在地的破损家具上迈过去，只是说房子里的人"心理有问题"，让彼得最好还是找个精神科医生来看看。随后神甫就离开了，紧接着拍打声和悬浮等现象又开始了。

彼得备受折磨，深感困扰，但当天晚些时候还是去上班了。他被家中的麻烦完全激怒了，决定直接向他信任和敬重的一位老人——他的上级主管倾诉。彼得走进一个玻璃板围起来的办公间，向上级解释他之前为什么有多次请假旷工的记录。在不到一个小时的时间里，彼得向这位上级讲述了整件怪事。上级相信彼得说的都是真的，但是他也不知道该怎么帮助他。不过，他回想了一下他在收音机里听到的一些人的名字。"他们好像姓沃伦，我觉得是。我记得他们说过，只有在家里放上受祝福的物件才能让怪事停止。我不知道该怎么联系这些人，但是我觉得你最好去求助他们。"

这番谈话让彼得·贝克福德冷静了下来。当天晚上，他走进地下室，把一个八英寸高的圣安妮石膏像拿了出来，希望这能解决问题。可是，彼得刚把石膏像拿到楼上，就听见楼下传来了巨大的声响。他跑下去看，发现娱乐室的家具都飘在空中。左边，洗衣间里的肥皂和清洁剂也都飘起来了，瓶子里东西都洒到了地上。这一切不合理的现象让彼得不知所措。他迈着沉重的脚步走到楼上，却发现石膏像不见了。后来，他在洗手间里发现了石膏像。

当天晚上，除了其他令人不堪忍受的现象之外，贝克福德家还传出了尖叫声和令人毛骨悚然的声响。第二天，一番查找后，他们发现圣安妮的雕像就在备用卧室的床罩下面。

发现雕像之前，彼得还在埃里克的卧室门上发现了几句用铅笔写的脏话，就像公共厕所里常见的那种污言秽语一样。彼得认为这肯定是埃里克干的好事，他怒气冲冲地进了卧室，把这个十几岁的小男孩劈头盖脸骂了一通。但是埃里克委屈地趴在床上，伤心地哭了起来。这男孩儿没有做任何错事。于是彼得向儿子道了歉。尽管还是有点糊涂，彼得·贝克福德开始渐渐明白过来，因为某些无法得知的原因，他的整个家庭都成了某种坏东西的受害者。

4月的第一周，他们在夜里几乎无法入眠。彼得感到忍无可忍，他决定举家搬出这栋房子，直到他想出解决办法。也许这一切都是他们的想象罢了，彼得想，或许他们离开了这里，就能摆脱这种受了"诅咒"一样的生活。于是，贝克福德一家带着他们的盥洗用品和干净的换洗衣物住进了附近的一家汽车旅馆。

那天晚上，为了安全起见，贝克福德家都睡在一间房里。不过，他们很快就明白了，这样是躲不过麻烦的。房间的灯开始明明灭灭。墙上的画纷纷掉下来，而且拍击声也再次响了起来。

第二天一早吃完早餐后，贝克福德一家返回房间，发现屋里的一切都乱了套。家具被推倒了，抽屉也都被拉了出来，床单、衣服、褥子和弹簧床垫都乱糟糟地扔在屋里。他们开始清理的时候，旅馆经理出现了，说其他客人投诉称贝克福德家的孩子们整晚都在拍墙，清洁工也向他汇报了屋里其乱无比的情况。

彼得·贝克福德认下了经理全部的指责，道了歉，还向他发誓这种事不会再发生了。可是到了夜里，那些现象又发生了。于是，贝克福德一家不得不选择退房回家。

4月6日，周六，彼得打开前门，一股不可思议的恶心气味儿涌了出来。地毯和床铺被泼上了食物、洗衣液、鞋油、古龙香水和女士香水。毛巾被塞在马桶里。每个房间的家具都倒在地上，有的已经摔坏了。墙上到处是用红墨水画的亵渎神明的疯狂涂鸦，还有对上帝和基督徒的恶毒控诉。于是，整整一天，贝克福德一家都在清理墙壁，努力让房子里的一切都恢复正常。

在沃伦夫妇调查过的特别暴力的案子里，"压迫"策略最突出的特点就是这种蓄意破坏行为。这些可见的凶猛的破坏行为留下的现场足以让看到的人呆若木鸡。那一片狼藉看起来就好像一群不懂人事的白痴穿过了这座房子一样。到处是家具和物件的残骸。歪歪扭扭的字母爬满了四壁，都是些污秽不堪的字句。这种破坏行为还专门针对他们最珍爱的东西和宗教物品，将它们都毁了个干净。若要以钱来衡量的话，恐怕家里的每分每角都要用来招待这个恶魔了。但是为什么要如此大肆破坏呢？为什么这些无形的幽灵如此重视损毁有形的物品呢？

"这些幽灵的本质是残酷的。"埃德说，"要是你花了半生的时间为家人建立起了一个温馨的小家，那么眼看着价值5000美元的家具在5分钟内变成一堆破烂，肯定很痛苦。通常，造成这么大动静肯定是多个幽灵在作怪，它们会毁掉一切你看重的东西。而且你对此无能为力。如果你想有所动作，那么你或是会遇到一股隐形力量的阻挠，或是会被什么东西击中头部。就像贝克福德家一案一样，破坏现象发生时，很多次人们甚至都不在家。他们回到家，结果发现他们拥有的一切都被损毁、摔坏了。若说是某种无形的力量做下的这一切，那恐怕没人信，因此人们的第一反应就是拿起电话报警，他们认为一定是入室盗窃的贼把房子搞得一团糟。不过，损毁东西的最终效果其实是心理层面的。幽灵是在尝试入侵人的意志。"

"别忘了，"埃德继续说，"外部现象只是分散人注意力的一种手段。破坏家具的同时，幽灵其实也同样在专注于从内部击垮一个人。要想在'压迫'阶段控制自己的情绪，那你必须有圣徒一般的耐心。不管那些破坏行径让你感到恐惧、沮丧、愤怒还是别的什么，有一样情绪你免不了，那就是不安。这没什么丢人的，正常人都会有这种反应。尽管说面对这种情形情绪激动没关系，但完全的情绪失控又是另外一回事了，因为毕竟那等于正中恶魔的下怀。"

4 月 7 日，棕树节，彼得的哥哥特里和他的家人一起来彼得家吃晚餐。特里和彼得不一样，他是某行业的专业人士。两兄弟都在工作上很努力，而且在生活上常常互相扶持。也许现在莎伦想的是让他们一起想想该怎么解决眼下的麻烦。

她和彼得向特里诉说了他们的遭遇。不过贝克福德这一大家子吃饭的时候，什么不一般的情况都没有发生过。特里·贝克福德只是说，凡事都能找到合理的解释。

晚餐后，两家人来到娱乐室。特里带来了他家最近去圣地巴勒斯坦度假时拍的照片，准备和大家分享一下。

结果，当一张上面有十字架、雕塑和圣地的照片播放出来的时候，维姬立即站了起来。她指着地下室，大家惊讶地发现有水从地下室的墙后漫了出来！

突然，屋里的灯都灭了，过了一会儿，楼上传来了拍击声。特里和彼得一起跑到一楼去找拍击声的来源。但是每次他们靠近声源，那声音就换了个来处，跑到房子其他角落里去了。接着，房顶上传来一阵噪音，听起来好像几个木匠正在顶上全力挥舞着锤子一下下地砸下来。整栋房子都在震动，墙上的画再次掉了下来。同时，特里的妻子和几个年幼的孩子也被吓坏了，但是她们还是跟着上一楼去查看情况。彼得坚持让特里先把他家的孩子带离这栋房子。特里不想把弟弟撇下，尤其还在这么可怕的情况下，但是那晚他没有其他选择。

"这事儿确实有蹊跷。"最后特里走到前门的时候承认说，"你最好再找个相信你的神甫问问！"

这个周日的晚上，恐惧继续占据着这座房子。除此之外，房子里的人似乎也开始疯癫起来。

"我要杀了你！"维姬对她的弟弟大喊。

"是吗？我要先杀了你！"埃里克大声还嘴道。

"我要把你们俩都杀掉！"莎伦冲他们俩喊道。

伴随着这场乱套的口舌大战的是那令人胆战心惊的拍击声，而且那声音一点没有停息的意思。彼得·贝克福德脑子乱成了一锅粥，他的房子也乱成一团，几乎要被拆成碎片了。他噙着眼泪，命令所有人都别吵了！埃里克抬头看到父亲的样子，忍不出哭了出来，莎伦也一样。而维姬表现得无动于衷，冷漠十足。她转身回到自己的卧室，上了锁，在里面一直待到天亮。

第二天，也就是 4 月 8 日，彼得·贝克福德面色苍白而憔悴。为了处理家里这个烂摊子，他的病假已经用光了。他必须赶紧做点什么，可是他又该指望谁帮忙呢？维修工帮不了，警察也帮不了，教会、他的亲哥哥都对此无能为力。彼得站在厨房的窗口，发现自己正盯着挨着他房子的修道院顶上的大十字架愣神。彼得突然从心底生出一丝希望。修道士可能会知道该怎么办！

彼得吃完早饭就前去拜访修道院。一个和蔼的中年修士将他领进门厅。彼得赶紧尽他所能将他遇上的麻烦讲了一遍，然后绝望地问道："你们能不能来我家看看我说的那些情况？"修士同意了。他们一起沿着小路回到贝克福德的宅子。

修士进门后仔细检查了家具和墙壁受到破坏的程度。他还听到了零星的拍击声，并且看到了屋里四处乱涂的污言秽语。结果他竟然没有被眼前的景象吓到，反而镇静自若。他让彼得坐下。

"我来给你说说我的看法吧。世上有些事十分隐秘，人们只有经历了才会懂。依我看——以我对这类事情有限的认识来说——你遇到的这个可怕的麻烦是幽灵引起的。你相信这类东西存在吗，彼得？"

"神甫，最近我已经没什么不信的了。"

"那好，"修士继续说，"这类幽灵以折磨人为乐。它不是人的鬼魂，而是具有某种特殊身份的幽灵。除了它们是非常令人讨厌的幽灵之外，我们对它们几乎一无所知。从它们行为的意图来看，它们绝非善类。我自己是没有能力单挑进入你家的这种幽灵的，不过有其他神甫能做这件事。但是一定要记住，"修士强调，"这世间还有很多未解之谜。科学的未解之谜每一天都在你眼前展现。但不是每个奇怪的问题都有个奇怪的答案。我们的思维会和我们开玩笑，大自然也会和我们开玩笑。在教会为你的案子派神职人员来之前，你先得证明发生在你家的事属于灵异事件。你觉得怎么样？"

"我觉得您真是说到点子上了，神甫。我愿意按您说的办。"彼得回答。

"那我给你一个人的名字吧，你可以向他寻求帮助，他就是埃德·沃伦。"

这是第二次有人向彼得·贝克福德推荐沃伦夫妇了。二人走回修道院的路上，修士打了个电话，问到了埃德和罗琳的电话号码。"你最好尽快和他们取得联系。"

"我会的。"彼得肯定地说。

那天上午晚些时候，彼得在上班的时候给沃伦夫妇去了电话，和朱迪·潘妮通了话。后者是一位年轻的女士，她在埃德和罗琳出门办事的时候负责接听来电。朱迪以前在电话里听到过一些令人汗毛倒竖的事情，但这次听到的情况让她感到尤其害怕。"沃伦夫妇正在西部办事。"她告诉彼得·贝克福德，"不过我会把您的事转达给他们。我建议您周六的时候再来一个电话，因为那时候他们应该已经到家了。"

漫长的五天后，终于等到了周六。这是复活节前的一周，是一年中恶魔活动最为猖獗的时期。第二天破晓时分，贝克福德一家被东西砸在房顶上的声音吵醒了。他们出门去看，再次发现他们家房子上空下起了石头雨。这一整个星期，贝克福德家的房子上空从每天黎明起就开始下石头雨，直到傍晚才停止。石头的数量和下落的速度每次都不太一样。有的掉下来很慢，仿佛是在水中下降一样。还有的是画着古怪的 Z 字形砸下来的。偶尔，他们会遇上洪水般的大小石头倾泻而下，有的狠狠砸下来，甚至嵌到了房顶上。这些石头碰到地面的时候，有一半会消失，还有一半不会消失，这家人只好事后再清扫。房子外石头雨倾盆而下的时候，房子里渎神的活动也正激烈地上演着。十字架统统上下颠倒。圣徒的画像全部被撕破，一股力量挑衅似的将撕碎的纸屑堆成一堆。贝克福德家现在摆在客厅的圣安妮的石膏像总是消失不见，就好像有什么东西不想看见它一样。

就这样，渎神活动达到了不可思议的极端程度。一天晚上，贝克福德一家听到埃里克的卧室里传来了一阵极大的声响。声响安静下来后，他们去那间卧室查看情况，发现双人床被扯成了两半。被褥被压在床架下面，弹簧床垫则不知怎的弹了起来，靠到了墙上，盖住了一幅带框的耶稣画像。

还有一次，贝克福德一家坐在客厅里，他们听到厨房里传出令人毛骨悚然的痛苦呻吟声。彼得小心翼翼地沿着走廊向厨房走去。他看到厨房地板正中央摆着他家的双开门电冰箱，这台冰箱此时所在的位置已经超出了其电线的长度。第二天夜里，他们听到了同样绵绵不绝的呻吟声，结果发现冰箱再次挪到了厨房正中央。

也许最吓人的要属他们发现现实世界的物品根本无法阻挡行"压迫"手段的幽灵。彼得把冰柜唯一的钥匙放在了地下室里。不可思议的是，一天下午，当他打开冰柜取东西的时候，发现里面躺着他一直放在车库的铁匠用的大砧座。后来，彼得还发现他的工具箱被莫名其妙地转移到了阁楼里。

最糟糕的是，现在房子里似乎多了一个实实在在的"人"。家庭成员独处时会有一种强烈的被人从身后窥视的感觉。再加上他们偶尔听到的脚步声、衣物摩擦的沙沙声和沉重的喘息声，这种恐惧就更强烈了。每当莎伦·贝克福德快速转身时，她都能看到身后有个黑影。

那一年，对于贝克福德一家来说，耶稣受难日——4月12日——是一个无比恐怖的日子。房子里弥漫着一种令人生畏的气氛。的确，若是种种严重破坏现象没有丝毫减弱的话，这栋房子恐怕是要炸了。房子外面是神秘落下的石头雨，房子内是无休止的混乱暴行，再加上现在愈发有真实感的邪恶存在导致谁也不敢单独在房子里待上哪怕一小会儿，情况严重到了无以复加的程度。贝克福德一家经过种种惊吓和折磨，现在只能求助沃伦夫妇了。不管他们是什么人，都是这家人唯一的指望。

X. 拯救

4 月 12 日。

拉瓜迪亚机场的航站楼内，足以塞下一个小镇的人在转来转去，等待他们的航班。航站楼外，观景台上，空气中充斥着浓重的烟气，一切都沉浸在喷气发动机引擎的尖啸与轰鸣声中。左边，曼哈顿的城市轮廓线在夕阳背景下仿佛一片黑色的剪影。上面，在黄昏的天空中，进场飞机从西边飞来，向右一转，飞过白石大桥，然后一架接一架地缓缓在跑道上降落。

晚 6 点刚过，一架三喷气发动机的大型客机顺利落地。乘坐那架飞机的就有埃德·沃伦和罗琳·沃伦夫妇，他们刚刚完成为期十天的巡回演讲，这是他们的归家之旅。他们在四个州举行了六场讲座，上了两次电视节目，在一个电台热线节目上花了近三小时的时间解答听众的各种问题，造访了一座闹鬼情况不太严重的宅子，还接受了四次校园报纸记者的采访。他们很高兴终于可以回家了。沃伦夫妇满心期待与亲朋好友一起过复活节。过完复活节，周一他们要再次上路，这次是去缅因州。

第二天，周六中午，罗琳接到一个因为恐惧和苦恼而有些神经质的男人的电话。罗琳对他进行了安抚，让他冷静下来。"您尽可能详细地说一下您的情况好吗？"

彼得·贝克福德花了一刻钟的时间讲述了一个令人难以置信的故事。他告诉她，家里的轮胎屡次被划破，汽车引擎也遭到了肆意破坏，为了换修他花了五百多美元。他还告诉她，他家的番茄酱、色拉油、漂白剂和香水都飘浮在空中，顺着走廊将里面装的东西统统倒在了地毯和昂贵的家具上。他告诉她，家中的一座雕像、一个砧座和一台冰箱常常自己移动；沉重的家具也会浮起来；他们的房子上空下起了石头雨，而且墙后面有水漫出来。他再也受不了了。他请求他们能帮帮他，只要能解决问题，付多少钱他都愿意。

一开始，罗琳疑心是彼得·贝克福德的想象力过剩。但是等他讲完了，她清楚地意识到，他的家受到了恶魔的攻击。"这周六埃德在办另外一个案子。"她不得不这样回答他，"不过，明天，也就是周日，我们应该可以去你家。"

彼得立刻表示同意。痛苦地度过了六周之后，他想，再多等一天也无妨。

　　魔鬼研究并不是哪里有大量诡异的活动就赶去哪里。尽管沃伦夫妇的日程排得满满当当的，但他们优先考虑的一定是去帮助那些受到黑暗力量压迫、攻击甚至附身的人。那天晚上，罗琳再次收拾好行囊。复活节的一大早，他们就踏上了去佛蒙特州的路，此外还要顺道拜访彼得·贝克福德家。复活节的下午，他们到达了贝克福德家。"除了草坪上凌乱的石块儿，"埃德说，"那地方看起来相当宁静祥和。"可进去他们才发现，室内的情况和外面看到的样子正相反。价格不菲的家具都破破烂烂的，上面还有不少污渍。墙上尽是涂鸦，空气中还弥漫着一股恶臭。尽管罗琳一进门就感到房子里有不少危险的幽灵，她甚至是强撑着才没有退出去，但她什么也没说。在她看来，这座房子里虽然积蓄了不少暴虐之气，但最坏的事情还没发生。

　　彼得向埃德和罗琳介绍了他的家人，然后开始带着他们参观整栋房子。到了每间屋子里，他都会停下来给他们讲屋中发生过的十几件事，沃伦夫妇则会认真地听他讲，记下他讲述的种种现象，同时也留意听他话中有没有夸张或不实的地方。

　　参观完毕后，埃德和罗琳开始照例询问贝克福德家的四位成员。首先，他们要求彼得代表全家人从诡异现象的一开始按顺序说出之后发生的事件。接下来的一个多小时里，彼得事无巨细地讲述了有可能是幽灵捣鬼的所有事件，起码在沃伦夫妇看来是这样。

　　"你们谁知道可能是什么原因让你们的房子惹上了这等麻烦吗？"埃德问。

"不知道。"他们答道。

"你们第一次注意到不同寻常的现象是什么时候？"

"我们觉得应该是 3 月 3 日，那天在药店门口，维姬的车胎扁了。尽管那可能是个巧合，但现在看起来可能是我们遇上的第一个灵异现象。"彼得回答。

"你们的邻居、亲戚或者和你们关系不好的人最近有没有去世的？"

"没有。"

"这个家里有没有谁患精神疾病？"

"没有。"

"破坏事件发生前，你们有没有买过古董或者二手家具？"

"没有。"

"你们家里有没有人买过或收到过国外寄来的不同寻常的礼物或者人形塑像？手工雕刻的那种人像？或者海地巫毒娃娃？或者另一个宗教中神的画像？"

"没有。"

就在埃德和罗琳和贝克福德一家谈话期间，断断续续的敲击声开始了。他们听到那声音是从墙壁后传出来的，但几分钟后就停止了。过了几分钟，那声音又出现了，这次的声源似乎来自地板下许多不同的位置。那声音清晰可闻，都可以用磁带录音了。

沃伦夫妇对那动静充耳不闻，还是继续询问这家人。然后埃德开始问一些比较具体的问题，他希望这些可以帮助他确认麻烦的根源。

"你们闲暇时喜欢研究神秘学吗？你们加入过意识提升小组吗？"

"没有。"

"有人买过或者从图书馆借过关于撒但崇拜或巫术仪式的书吗？"

"没有。"

"据你们所知，这栋房子里举行过降灵会吗？多年前的也算。"

"从来没有过。"他们肯定地回答。

"埃里克、维姬，你们有朋友对神秘学感兴趣吗？有朋友举行过什么仪式或者施行过什么仪式魔法吗？"

"没有。"

"有人用过灵应盘或者有自动书写功能的小玩意儿吗？"

"嗯。"维姬说，她的声音近乎耳语。

"你用了灵应盘吗，维姬？"罗琳特意问她。

"是的。"年轻的女孩儿承认了。她的家人全都一脸惊诧。

"好的，亲爱的，那你最好把事情经过完完整整地告诉我们。"罗琳说，"请从一开始讲起。"

于是，维姬·贝克福德一五一十地讲述了她用灵应盘和一个约十年前去世的"十几岁的小男孩"的幽灵交流的事情。维姬承认她从未亲眼见过那个幽灵，尽管她曾有一次要求他现身。她还为幽灵开脱，告诉大家它能准确预言未来之事。她不认为她的幽灵朋友会是房子里这些可怕现象的罪魁祸首。他是个"友好而且善解人意"的幽灵，并不残忍，也从不破坏东西。

"这个幽灵告诉过你它的名字吗？"等女孩儿说完后，罗琳又问。

"没有，它说它不能告诉我。"维姬回答。

"这么说你还和那个幽灵有联系？"罗琳问。

"没有。"维姬垂头丧气地说，"我肯定是做错了什么事。有天晚上，我问它能否在我面前现身，从那以后它就再也没跟我说过话。"

"那是哪天晚上？"罗琳进一步追问。

"稍等。"维姬起身走进她的卧室。"3月2日。"她大声回答，然后回到桌子旁。

"灵异活动开始的时间是……？"

"3月3日！"彼得·贝克福德说着看向埃德。

彼得、莎伦和埃里克听维姬讲这个诡异的故事的时候都十分震惊。像灵应盘这么不起眼的小东西怎么会导致这等灾难呢？在敲击声中，埃德没有别的选择，只能又花了半个小时向他们解释关于恶魔的那些可怕的事实。

埃德解释完之后，贝克福德一家瞠目结舌地静坐在桌旁。"沃伦先生，"彼得最后终于能说话了，"你是怎么知道这些的？"

"贝克福德先生，"埃德回答，"我就是干这个的。我这辈子都在从事这方面的工作。我是个恶魔学家。"

"我的上帝啊。"彼得只能说出这么一句话来。

对贝克福德一家的询问完毕后，埃德和罗琳起身来到门外的草坪上，私下里聊了一会儿。他们二人意见一致，这件案子比他们一开始想的要严重得多。幽灵对他们的侵扰显然不会自动停止。事实上，这些活动已经在向一个危险的阶段发展了。正如这家人已经认识到的，他们逃开此地并不能逃开麻烦，这些恼人的现象会一直跟着他们。沃伦夫妇认为最便捷的解决方案就是立即告知教会，只有这样，那些可怖的现象才能得到确认，被认定是恶魔现象后，神职人员才能进行驱魔。

冥冥中，埃德想到有个神甫肯定愿意来当证人，那就是丹尼尔神甫。得到贝克福德一家的允许后，他给与他在安娜贝尔一案中合作过的神甫打了个电话。丹尼尔神甫三十岁刚出头，年轻而博学，他过去一年里一直在做魔鬼研究，而埃德正巧在实践环节上给了他不少指导。

几个小时后，太阳刚刚落下地平线，神甫就到了贝克福德家。这时候，房子里的灵异活动已经升级了，之前的敲击声变成了抓挠声和拍击声，而且一些小物件浮了起来。埃德想知道这拍击声是不是什么力量有意为之，于是他做了个实验，在墙上重重拍了两下。结果墙那边也回了两下！他又连续快速地拍了四下。结果地板上也响起四下轻快的拍击声，接着桌子上也响起了拍击声。显然，这些行动背后是一股有智慧的力量。

埃德让丹尼尔神甫在每个屋子里都进行一次祷告。祷告完毕后，所有侵扰行为中最烦人的一部分——拍击声的大小和频率都降低了。这件事做完后，埃德和罗琳坐在客厅里，向神甫简要地说明情况。沃伦夫妇当晚必须去缅因州，不过丹尼尔神甫会代替他们陪着这家人。

"你现在就是众矢之的了。"埃德用这种略有些模糊的词提醒年轻的神甫要小心，"千万不要随便挑战这里身份不明的幽灵。你在这座房子里身心都有危险。如果你不小心，就会受到严重的伤害。所以，千万别试图独自解决这些麻烦。坚持住，别被负面情绪冲昏了头脑。关键时候要诵经祈祷，别乱了章法。"埃德递给他一张卡片，"这是我们接下来要去的地方的电话号码。别把什么都当作理所应当的。如果遇到你不明白或者对付不了的事，不管是白天还是晚上，别犹豫，打给我们。"埃德又给他写下一个电话号码，他嘱咐道："这件案子你可以放心听肖恩·麦基根神甫的指挥。我已经跟他联系过了。你每天都要给麦基根神甫打个电话，向他汇报这里的最新情况。"

　　"同时，"埃德告诉莎伦·贝克福德，"我们已经把你们交给最靠谱的神甫了，他在场很可能会让那些现象停止的。"

　　那晚，做完所有能做的事之后，埃德和罗琳便离开他们，去了机场。他们承诺会与贝克福德一家保持联系，如果丹尼尔神甫有需要，他们会立即从佛蒙特州返回这里。

　　沃伦夫妇离开后，贝克福德家便安排丹尼尔神甫在一间客房住下了。那天晚上，关灯后，神甫躺在床上，不得不伴随着贝克福德家过去一个月里天天听到的恐怖声响入睡。

　　接下来的几天，那些破坏活动还和往常一样，没有半分停止的意思。丹尼尔神甫亲耳听到了那些噪音，也见到了各种物品自主移动的奇怪现象。到了复活节周的周三，幽灵的活动丝毫没有顾忌神甫的存在，甚至可以说是在对他表示轻蔑。丹尼尔神甫每次开口要一支笔、一杯水或者一本书的时候，他要的那样东西就会凭空浮起，向他飘过去，不过更常见的是，那样东西立即出现在他视野当中。还有几次，神甫还没开口，他想要的那样东西就已经向他飘过去了。这种事情看起来似乎有点好笑，但是埃德提醒丹尼尔神甫不要把它太当回事。这些有讽刺意味的行动都是为了耗尽他的耐心，或者诱使他无法控制自己的负面情绪。

周三的晚上，大家都上床去睡了，房子里的气氛十分凝重。乱七八糟的噪音让人无法入睡。但是除了那些破坏行径，房子里骇人的邪恶存在已经相当明显了。一整夜里，丹尼尔神甫都能感受到虎视眈眈、蠢蠢欲动的那东西。

4月18日，周四，沃伦夫妇回来了。此时的丹尼尔神甫神情憔悴、脸色煞白。在和贝克福德家同吃同住的四天四夜里，他为了不让自己受到恶魔那些强烈的侵扰行为的影响，使尽了浑身解术。那天下午，他回到了他所属的管区，决定好好休整几天。他还向麦基根神甫进行了汇报，向教会申请为这座房子举行驱魔仪式。

埃德和罗琳则在贝克福德家过夜，亲自体验这里的灵异现象，同时还要尽可能地确认这些现象背后的幽灵的真实身份。因为害怕，埃里克和维姬都在他们父母的卧室里打地铺。与这家的其他人一样，埃德和罗琳也和衣而眠。他们就睡在走廊对面埃里克卧室里的两张单人床上。

这个周四的晚上，沃伦夫妇熄灯后，房子里的灵异现象一下子爆发了。先是传来低沉的咆哮以及其他野兽才能发出的声音，紧接着是令人血液凝固的尖声惊叫，和恐怖电影里的那种一样。除此之外，还有东西被撕扯的声音，然后又变成了墙板从墙壁上被撬下来的声音。很快，那熟悉的拍击声响起来了。只不过这次的拍击力道更大，仿佛有个巨大的拳头正在捶打房子。这"拳头"令整栋建筑都摇晃起来。埃德不由得担心这房子能否禁得住如此折腾。

在接下来的不到一个小时的时间里，破坏现象愈发强烈了，所有疯狂的声音和动静一齐响了起来。突然，彼得和莎伦的卧室里传来几声恐惧的呼喊。埃德赶过去之后，情绪激动的贝克福德一家声称他们看到一个特别黑的黑影在屋中移动。

埃德受够了那幽灵对这家人所做的种种过分的事，他决定和它直接开战，不管它到底是何方神圣，他都要搞清楚它的真面目。于是，他安排埃里克去罗琳待的那间卧室，他和维姬以及她的父母则坐在眼下出事的这间卧室的床上。

然后，他举起右手，在空中画了一个大大的十字。"奉圣父、圣子和圣灵之名，我命令你表明身份。奉耶稣基督之名，我问你，你是恶魔吗？"

话音刚落，坐着三个贝克福德家家庭成员的双人床诡异地升了起来，悬浮在距离地板两英尺左右的空中。突然，梳妆台斜着穿过房间，就好像下面安了滚轮一样。埃德急忙闪到一旁，于是梳妆台撞到了墙上，那张双人床也重重地落到了地板上。

与此同时，埃里克躺在他自己卧室的床上，静静地抽泣着。正当罗琳想要去安慰这个十几岁的小男孩时，她看到了令人吃惊的一幕，埃里克竟然悬浮在床上方两英尺左右的空中！很快，她看到那男孩儿被一股巨大的力量向五英尺外的墙上推了过去。男孩儿紧接着软绵绵地摔到了地上。

罗琳从床上跳起来，打开灯，其他人也赶了过来。埃里克头晕目眩，抖个不停，虽说万幸没有骨折，但是他的脸上、胸口都有青肿。

这就是恶魔对埃德的问题给出的答案。恶魔确实不是好惹的！第二天早上，恶魔再次向他们强调了这点。太阳升起后，罗琳向卧室窗外望去。从结婚起，彼得和莎伦的卧室里就挂着一个足有一英尺高的核桃木十字架。现在这十字架正头下脚上地插在一个雪堆里，而且雪堆丝毫没有融化的迹象。

4月19日，周五，埃德和罗琳继续和贝克福德家住在一起，房子里的种种超自然现象也愈演愈烈。男女主人的卧室的天花板上出现了污言秽语和渎神的字句，而且是用擦不掉的红墨水写的。更令人吃惊的是，在所有人的眼皮子底下，墙纸开始自动从墙上剥离，每次剥开一片，都会露出墙纸下面肮脏的涂鸦，那也是用血红的墨水写的！此时，照片和画不仅会自行移动，还开始燃烧，有的甚至蹿起了火苗。桌布、毛巾和围巾也会突然燃烧起来，然后带着蹿动的火苗扑向屋里的人。

这种来势汹汹的活动一直持续到了周末。沃伦夫妇取消了后面的所有日程安排，以便陪着贝克福德一家等候丹尼尔神甫周日回来。房子里的混乱依然照旧。在楼下的娱乐室里，两把挺沉的休闲椅浮起来，飘到了屋子的正中央，然后一把叠在另一把上面，显然是在模仿性交的姿势。最后，其他家具全都飘到了屋子中央，然后杂乱地、重重地掉落在地板上。楼上，墙纸开始从墙上脱落，露出下面恶魔写下的满怀恨意的字句。在这期间，时不时会有东西着火，因此人人都得提高警惕，以免房子陷入一片火海。

周日，丹尼尔神甫到了。在埃德和罗琳看来，除了驱魔，没有其他办法能解决这里的麻烦了。通常，神甫举行驱魔仪式不需要得到许可。不过，电影《驱魔人》上映后，教会对时评十分敏感。因此，麦基根神甫给丹尼尔神甫的指示十分明确：一定要提供关于超自然现象的书面证明，他才能为丹尼尔神甫提供驱魔方面的帮助。

沃伦夫妇已经预料到准备这类文件的复杂性，所以神甫到来的时候他们已经收集好了所有必要的证据。不过丹尼尔神甫还要为此做更多更繁杂的工作。因为无法再延后调查其他重要的案子，沃伦夫妇当晚不得不离开，前往纽约州北部。这样一来，神甫要再次住在这里了。他和这家人进行了一番谈话，记下了这里发生过的所有异常现象，也包括当时正在发生的、比先前更过分的现象。

4月22日和4月23日，周一和周二，丹尼尔开始着手准备关于灵异活动的证明文件。神甫为这家人的每个成员都分别准备了一份档案，这是为了搞清楚恶魔对他们造成了多大影响。也许受影响最大的要数彼得·贝克福德了。从一开始，每个异常现象的发生都让他从灵魂深处感到恐惧。更要命的是，他一想到自己的家现在俨然成了魔鬼的乐园就受不了。这种事情实在是让人无法接受！彼得·贝克福德不仅身心俱疲，感觉受到了羞辱，还生了病——有一处溃疡令他疼痛难忍，为了治疗还花了不少钱。尽管他把价格不菲的药丸藏了起来，但每天早上还是发现那些药被扔进了厕所马桶里。而他已经承担不起这种药的开销了。他一个多月都没好好工作了，而且因为房子里不断发生的破坏现象，他不得不雇人来维修，这些让本就存款不多的他很快便捉襟见肘了。

"内部压迫其实是一种渐进的过程。"埃德解释说，"这个阶段建立在'刺激和反应'的基础上。幽灵通过种种行为激起人的某种情绪——比如说沮丧。如果人因这种刺激引起的冲动做出反应，那么幽灵会反复刺激他，让他继续产生这种情绪。如果人不断做出反应，那么最终，这种情绪会常常出现，而且愈发激烈，直到有一天这个人情绪崩溃，或者闯下大祸。不过，很多情况下，人压根儿不知道自己是在被引导着一步步走向毁灭，因为他也可能要面对外部的压迫。所以，若是幽灵计划要让一个人从轻度的沮丧发展到深深的绝望，那么它一定会让这个人价值几千美元的高保真音响飘到屋子正中央，然后再让它重重地摔到地板上。这样它就能成功地转移人的注意力了。"

莎伦·贝克福德纠结的是，为什么这种事会发生在他们一家人身上？为什么这种暴力破坏、污秽不堪、充满恨意的行为会一而再再而三地发生呢？他们这辈子勤勤恳恳，生儿育女，好不容易营造了一个美好的家园。而且他们每周日都会带着孩子去教堂做礼拜。莎伦·贝克福德脸上挂着愤怒的泪水，问了一个有些难回答的问题："如果这些事是魔鬼干的，那上帝不管吗？就因为我们的女儿用了灵应盘，我们的家就要被毁掉吗？"

丹尼尔神甫对莎伦·贝克福德深感同情。她需要一个答案。于是，神甫决定用《申命记》第18章的一句话作为回答："你们中间不可有人使儿女经火，也不可有占卜的、观兆的、用法术的、行邪术的、用迷术的、交鬼的、行巫术的、过阴的。凡行这些事的，都为耶和华所憎恶。"

"处在压迫中的人常常会问，"埃德说，"'上帝怎么能允许这样的事发生？'我想说，上帝并不允许这种事发生，是人允许它发生的。恶魔幽灵的行为都要遵守造物主立下的规矩。这就是为什么恶魔总是在兜圈子，而不能直接插手人的事务。可人自己也得按规矩行事才行！所以说，若是一个人凭着自由意志违反了规矩，他就只有自求多福了。尽管如此，恶魔的力量只局限在'诱惑'的范畴，至少在理论上是这样的。换言之，恶魔幽灵无法让你做出违背你意愿的事情，但是它可以影响你，让你做出反常的行为。恶魔也不能强迫你做出超出自己能力的事。根据万事万物的法则，恶魔幽灵的行为就只能到这一步了，无法再进一步。但是就像人会打破规矩一样，恶魔有时候也会不讲规则。在贝克福德一案中，那些侵扰的幽灵就做得太过分了。他们打破了上帝的律法。"

那些可怕的现象对埃里克造成的不良影响还不好说。这男孩儿已经十五岁了，正是敏感的年纪。发生这些事之前，他性格外向，喜欢与人交际。但到了1974年4月中旬，因为受到了创伤，他变得沉默起来，也不太合群了。所以最好还是应该带他去看心理医生。

维姬则表现出从愧疚到冷漠的一系列不同的情绪。她常常显得防备心很重，有时候会对靠近她的人表现出敌意，甚至反应激烈。她肯定是恶魔附体的选择之一，而且当时附体的条件已经成熟了。

从始至终，那些灵异现象都和往常一样，没有变化。离开之前，沃伦夫妇私下里嘱咐了丹尼尔神甫几句话。"这房子里的恶灵不止一个，"埃德告诉他，"但是根据破坏行为的强度和力道，我们认为其背后不只是恶魔那么简单，很可能涉及等级更高的魔鬼，而且没准儿是从附近的那所修道院被吸引过来的，或许它原本是想拿修道院的修士们开刀。如果是这样的话，你可能会看到一些预示着它存在的迹象。"周二晚上，就在埃德和丹尼尔神甫打电话的时候，这个迹象出现了。

关于恶魔侵袭有个稀奇的地方，那就是对于恶魔幽灵来说，玫瑰念珠似乎是个禁忌。只有最危险、对上帝最为不敬的邪灵才敢动念珠。正当丹尼尔神甫讲电话的时候，玫瑰念珠突然从他住的客房中飘了出来。他眼看着那串念珠向左拐了个弯，沿着走廊一路飘浮，又左转了一次，飞进了厨房，最后围着一把椅子，摆出了要勒死人的造型。

这是幽灵的威胁！埃德让丹尼尔神甫组织这家人赶紧离开这栋房子，等他和罗琳周四从纽约回来再议。于是，大家都收拾好行李，快速离开了。

丹尼尔神甫回到他所属的管区，贝克福德一家则投奔了坐落在不远处的彼得父母家。这些可怕的现象再次如影随形般跟着他们去了。彼得·贝克福德绝不会告诉他七十五岁的父母家发生了什么，因为他知道，这种事说出来会把他们吓坏的。可是，就在他们搬过去的当天晚上，孩子们都在爷爷奶奶家准备入睡的时候，灵异现象又出现了。一些小物件浮了起来，墙上的画也离开墙面，两位老人开始互相询问："你听见什么声音了吗？"敲击声响彻了整个房子。周二晚上的问题还不算很严重。到了周三，整栋建筑里都回响着不依不饶的拍击声。第二天早上，浴室的水龙头和各种管道设施都被一股不可思议的巨大力量从墙上拧了下来。彼得没有向父母解释这一切，而是立刻打电话叫了管道工来修理。然后，他让家人收拾好行李，离开了父母家。

丹尼尔神甫则遭遇了更加凶险的幽灵活动。过去的两周里，他亲眼见到了恶魔制造的最不可思议的种种现象。这一次，神学书上的魔鬼现出了真身，让他感到了无比真切的危险。没错，贝克福德家的幽灵也缠上了他。第一次，他在通往他住所的一条狭窄的过道上被拦住了，挡路的是一个圆柱状的黑影。接下来的几天夜里，那黑影始终在过道上徘徊不去，让丹尼尔神甫只能整夜待在自己简陋的小屋里。彼得的父母家遭到破坏的时候，丹尼尔神甫正在刮胡子。可就在他眼前，浴室的照明设施突然脱离了天花板。零件一件件地飘落到了盥洗盆里。

4月25日，周四，沃伦夫妇从纽约州北部回来了。为了专心地解决贝克福德家的案子，他们取消了其他的行程和工作计划。他们在当地的一家小餐馆里和丹尼尔神甫见了面，交流了一下案件最新的进展。那天早晨，他们没能联系到贝克福德一家。不过，彼得之前把他家房子的一把备用钥匙给了神甫。埃德建议趁那家人不在的时候进入房子，这样可以不受干扰地开展工作。

于是，埃德、罗琳和丹尼尔神甫离开餐馆后就径直开车去了贝克福德家的房子。鉴于没人知道那家人离开后房子里都发生了什么，埃德认为最好还是自己首先进去为妙。

打开前门后，埃德发现房子里的所有东西都被破坏殆尽。客厅里，台灯、桌子、椅子、书、挂画、衣服和家具乱作一团。室内的气味儿令人作呕。所有的液体都被倒了出来。埃德走在房子里，发现床都被翻了个底朝天，抽屉也都被抽了出来，被子褥子被扔得到处都是。显然，所有能移动的东西都被糟蹋了个遍，或是被撕碎，或是被扯散，或是被翻了个个儿。厨房里，食品柜和冰箱里的东西都被堆到了地板上。这一堆食物顶上还乱七八糟地摞着各种盘子和银质餐具。

埃德在返回门厅的路上突然意识到一件怪事。房子开始剧烈地摇晃，隆隆作响，就好像地震了一样。埃德担心这房子真的会塌，想赶紧跑出门去，可他却动不了了！

与此同时，在外面等候的罗琳意识到埃德有危险了。她和丹尼尔神甫赶到房子前门的时候，他们看见埃德正在客厅中晕头转向地来回踱步，衬衫上还带着不少血迹。他们把他接出来的时候，发现他左臂上有两道既长且深的割痕，恰好形成了十字架的样子。

埃德不愿去医院，他清洗了一下伤口，然后从车里的急救箱中找出纱布和绷带，将伤口紧紧地包扎好。埃德解释道："有一股超自然的力量在屋中横行，狠狠划在了墙上，还划破了窗帘。"他是在抬起双臂挡在面前的时候划破了手臂。就在那时，他感觉到屋子里的力量想要伤害他。埃德认为，这次攻击是专门针对他的。因为一开始就是他用宗教手段刺激了这座房子里的幽灵，也是他邀请神职人员来调查此案，对幽灵造成了威胁。不过，埃德经过理性分析指出，真正有危险的还是贝克福德一家。

"幽灵控制住贝克福德家的房子其实就是它们要控制这家人的第一步。"埃德说，"我和罗琳发现，在此类案件中，当事人多半拥有超强的意志力。所以说，没有哪个幽灵能轻轻松松地就控制住一个人或一家人。这就是不同案子中压迫现象的强度不同的原因。幽灵作怪的时候十分讲究方法，它——或者说它们——会专门刺激人的一种或几种情绪，直到受害人在沉重的情绪负担下变得脆弱，从而失去理智。每个人都有崩溃的临界点，而意志力薄弱的人，比如有自杀念头的人，更容易崩溃，从而被恶魔控制。幽灵本不必在制造灵异现象时专门针对某个人。但若是遇上了意志力特别强的人，幽灵会拿任何东西扔向他，包括厨房的盥洗盆。受害人很快就会明白，面对幽灵活动他无能为力。因此，他会放弃抵抗，开始消极地接受那股压迫力量对他的伤害。这时候，人的意志力十分薄弱，空门大开，只等幽灵来附体了。"

"从另一方面说，假设有人就是不屈服，那么幽灵活动会继续下去，变本加厉，直至那人无法承受。按理说，接下来发生的就是受害人精神崩溃。但是，人将要崩溃的时候，通常相伴发生的是恶魔附体或者其他灾难。因为有能力让东西着火的暴虐的非人幽灵可以轻易地制造火灾，烧毁房子并且烧死里面所有的人。"灵异现象的程度越严重，贝克福德一家就越接近被恶魔附体或死亡。

此时不同以往，这个案子已然变成了两种力量的对抗，而贝克福德一家相当于这场战争中的人质。这件事关乎生死，埃德和丹尼尔神甫必须阻止这些疯狂而顽固的超自然力量。退缩就相当于给了恶魔对贝克福德一家大开杀戒、附体或者大肆折磨的通行证，而且如果妥协，埃德和丹尼尔神甫的后半生也免不了活在痛苦中。所以最后他们没得选择，只能坚持到底，直到驱魔成功。

4月25日，周四的中午，苍白憔悴、狼狈不堪的贝克福德一家开着一辆四门轿车回到了家。他们走进门，看到房子被糟蹋得不成样子，顿时陷入了绝望。沃伦夫妇和丹尼尔神甫连忙安抚鼓励他们。在大家的努力下，到傍晚时分，这座房子里的一切才终于有了点儿样子。

4月26日，周五，度过了浩劫般的一晚后，丹尼尔神甫终于在埃德和罗琳的帮助下准备好了他要呈交给麦基根神甫的资料。一般情况下，神甫需要几周的时间才能完成查证和确认工作，但是在沃伦夫妇的鼎力相助下，丹尼尔神甫当晚就带着他需要为这家人申请驱魔仪式的所有文件出发了。

埃德和罗琳则留下来陪着贝克福德一家。恶魔的压迫令这家人身心俱疲，导致他们中的任何一个人当时都有可能成为恶魔附体的对象。而附体这种事是最应该避免的，但4月27日和28日两天，他们每个人都不得不用尽全力抵抗那些幽灵活动。

金属相框开始发生阴燃，然后冒起火来。围巾、床单、衣裙和毛巾都蹿起火苗，向屋子里的人们飞去，常常会烧到他们。这些灵异现象没日没夜地、无休止地在这座房子里上演。客厅的家具跑到了主卧里，卧室的家具却跑到了客厅里。五分钟后，两个屋子里的家具又换到了它们原来的位置，这让沃伦夫妇和贝克福德一家人看得目瞪口呆。

4月27日，周六，埃德说他非常喜欢贝克福德家的车，他觉得开这辆车特别经济实惠。第二天早晨，埃德打开车门，发现转向信号灯的操作杆和驾驶杆被掰断了，扔在了车座上。因为车子发动不着，他从车内打开引擎罩，然后走出车门，去检查汽车引擎。在引擎罩下，他发现车的火花塞的线打了结，化油器的真空管也被拉了出来，垂在一边。

周日，丹尼尔神甫终于来电话了，他给被折磨已久的贝克福德一家带来了好消息。麦基根神甫，也就是与丹尼尔神甫一直有联系的那位神甫，同意贝克福德家需要驱魔。他会派一名驱魔师来主持仪式。举行仪式前，这位驱魔师要进行整整三天的禁食祷告。为本案派的驱魔师将从周一早晨开始禁食。也就是说，驱魔仪式的日子定在三天后，即5月2日，周四。

决战在即，房子里的灵异活动有了新动向，不仅在强度上变本加厉，形式上也别出心裁了。现在的幽灵活动似乎速度更快了，就像电影以两倍速快放一样。周日晚上，两个金属暖气罩突然凭空消失了，这有可能是原来的幽灵在展示实力，也有可能预示着房子里来了新的幽灵。几秒种后，地下室传来了巨大的金属物体撞击声。埃里克冲进地窖的门，发现刚刚消失的暖气罩就躺在地下室的台阶上。

那天晚上更晚的时候，从维姬的卧室传来了一阵不可思议的嘈杂声音，但是大家没有发现什么明显的灵异活动。罗琳转身要离开那间房间的时候，她被一截十六英尺长的铝制伸缩梯绊了一下。这梯子几个小时前还靠在车库外。

4月29日，周一，沃伦夫妇正在埃里克的卧室里睡觉。罗琳突然听到有个金属物件掉在地板上的声音。那是门的铰链销。她去看门，发现另一个铰链销正在从插销孔里往外跑。那铰链销也掉在了地板上，然后紧接着，门消失了！然后，衣柜门的铰链销也脱出了合页，然后衣柜门也消失了。几分钟后，罗琳发现两扇门擦在一起被扔在地下室里。不过，这种实力展示并没有吓到罗琳。

周二和周三这两天里，随着驱魔仪式越来越近，晚上在贝克福德家睡觉成了不可能的事。这时候的幽灵活动对于任何不小心的人都是危险的。到了5月1日，驱魔仪式之前，大家开始轮班睡觉和巡视。负责巡视的人要随时关注起火的情况或其他潜在危险。

周三晚上，大概十点半的时候，罗琳正在走廊里。她看到客厅的门口越来越亮。没过一会儿，整个门口都沐浴在一片强烈的光芒中，强烈到她都无法直视。这是个好兆头吗？她想。恶魔才不会在万丈光芒中出现。

彼得·贝克福德和埃德当时在客厅里，他们也看到了这片光芒。在光的中央，他们看到一个人影缓缓靠近。

罗琳通过另一扇门走进客厅，和彼得与埃德一起注视着那个越来越清晰的人影。不到一分钟，一个年长女人的身影出现在他们面前，但是只有上半身能看得清。这是什么意思？这就是那个幽灵吗？它要声明对房子里发生的灵异事件负责吗？

"说话啊。"埃德大喊道。但这个诡异的幻影只是挨个把他们看了一遍，并不答话。这应该是个鬼魂。罗琳刚刚一直在注意门口出现的这个半虚半实的人影，但现在她意识到，这一幕不过是恶魔的障眼法罢了。

鬼魂常常被称为"魔鬼的使者"。眼下的情形，至少有一半的可能是非人幽灵在拿人的外形当幌子。"埃德，"罗琳提醒他，"小心，那不是人！"

就在这时，两把天鹅绒的炉边椅向他们那边倒了过去。椅子先是跌跌撞撞地冲向埃德，然后忽然升到空中，将椅子腿对准他，迅速地将他逼到了墙角。门口的人影面带讽刺的微笑注视着这一切，然后消失了。埃德冲着那两把椅子画了个十字，它们立刻落到了地上。过了一会儿，一瓶指甲油浮起来，飞过房间，差点砸到埃德的额头。

此时距离驱魔仪式只有十二个小时了。埃德、罗琳和贝克福德一家人都无法合眼休息哪怕一会儿。尽管劳累疲倦，他们还是保持清醒，守了一整夜。他们开着灯，喝了一壶又一壶咖啡。

凌晨两点、三点，直到四点，房子里终究没有出现严重的事件。到了凌晨五点，夜色才终于渐渐淡去。屋外，太阳缓缓升起，刚发芽的树木间，鸟儿们开始唱歌了。

到了清晨。为了迎接这天的驱魔仪式，贝克福德一家和沃伦夫妇一起，驱车来到附近的一座教堂，参加了八点开始的弥撒。9点的时候，他们回到家，等候驱魔师上门。

上午九点半，他到了。尽管罗克神甫人至中年，还谢了顶，但他身材强壮，看起来不像教会的神职人员，反倒更像一个搬运工。这位神甫神情凝重、不苟言笑，身着一件黑色的短袖衬衫，还穿着硬白领，一副公事公办的样子。不过，他和很多其他神甫一样，为了让他即将进行的驱魔仪式充分发挥效力，他真诚地祈祷了很长时间。

罗克神甫和埃德·沃伦以前曾经合作过，二人对彼此都很有信心。现在他们走进厨房，开始商议驱魔之事。埃德认为此案中的幽灵不只有恶魔，是吗？

埃德相当确定，那女孩儿招来的除了几个非人幽灵之外，还有一个梦魇般恐怖的灵体。不过，鉴于侵袭现象中出现的特殊力量和附近的修道院，埃德认为是一个更高级的智慧存在——魔鬼——在背后操纵着一切。

神甫看到埃德缠着绷带的胳膊，问道："你是在这儿受伤的吗？"

"是的。"埃德不得不说。

埃德和罗克神甫回到客厅。罗琳和贝克福德一家正在这里等他们。罗克神甫从他随身携带的黑包里取出一条紫色的圣带，轻轻吻了一下，然后将它戴在脖子上。仪式开始前，驱魔师祝福了房子里所有到场的人，这样大家就不会在他念诵驱魔经文的时候受到伤害了。

神甫到了之后，对除了埃德以外的任何人都没怎么说过话。后来，他走到这家人的女儿面前，严厉地问道："你就是维姬吗？"

"是的，神甫。"女孩儿回答。

"丹尼尔·米尔斯神甫告诉过我你的所作所为。"他直截了当地说。维姬被神甫的语气吓到了，她拼命忍住满含愧疚和羞耻的泪水。

但神甫继续问她，"维姬，你想这种可怕的事发生在你家人身上吗？"

"不，我不想！"维姬愤怒地回答。接着她的声音低了下来，"不，神甫。我不想让这种事发生。这是个意外。"

"教会认为你做的事是罪过。你知道吗？你向上帝请求过原谅吗？"

"是的，神甫。"

"很好。"他说。随后就给了女孩儿祝福。"我们必须了解彼此的想法。"驱魔师对所有到场的见证者都给予了祝福，然后开始念诵驱魔经文。

经文一半是英语，一半是拉丁语，其中包括祈祷词、赞美诗和让入侵家宅的幽灵离开的命令。将整个经文念下来要花去驱魔师一个多小时的时间。这个过程中，房子里始终十分安静，只能听到神甫的声音。除了室内四处可见的破坏痕迹，这时候就像什么都没发生过一样。

驱魔经文的最后一节是命令幽灵说出自己的真实身份。大家在客厅里站成一个大圆圈，罗克神甫在中间用低沉的声音念道：

"生者与逝者在上，吾奉造物主之名，令汝等不洁之灵，汝等古蛇，速速报上姓名，抑或向吾示意汝等身份；吾命汝等立即从此地消失！"

神甫等了整整一分钟，但是什么都没发生。罗克神甫为此感到十分不悦。于是，他又把命令大声读了一遍，这次的措辞比上次更具有威胁性。

"吾奉上帝之名命汝离去，命汝等不洁之幽灵，汝等魔鬼，汝等撒但的追随者离去。"

"向上帝屈服吧！"

"在此，吾并非奉人之名向汝等下达命令，而是奉圣父、圣子、圣灵之名命令汝等！"

"撒但，且听吾言，且惧吾言！汝为人之大敌！死亡之源！邪恶之根！惑人者！违和者！制造痛苦者！看至高神的十字架啊！吾令汝遵从吾之命令，彻底消失！汝等速速报上姓名，抑或向吾示意汝等身份；吾命汝等立即从此地消失！"

莎伦·贝克福德突然大喊道："那儿！看火炉！"

一张脸逐渐清晰起来。大家都看到了，那影子头上长了一对角。它生有一双偶蹄，背后还长着一条尾巴！这时，室温骤降到几近冰点，一股令人胃里翻江倒海的腐臭味弥漫在空气中。

罗克神甫一边在那个七英尺高的影子上洒圣水，一边命令道："奉上帝之名，我命你消失。"

那幽灵立即不见了。可影子刚刚消失，魔鬼血红的一张脸，连同他篮球一般大的脑袋就出现在了脏兮兮的米黄色地毯上。那吓人的脑袋上的两侧各探出一只角来。

地毯上那个平面的恶魔头像向上张望着，满脸愤怒与憎恨。

罗克神甫挥着掸酒器向他泼洒圣水。于是它渐渐隐去了。一分钟后，地毯上只剩下一圈粉红色的轮廓线。

这就是魔鬼的示意。接着，驱魔师读了一段感恩的祷告语，以这样一段话结束了仪式："魔鬼已然示意了他的离开。现如今我将这些人——贝克福德一家以及这家人的住所交于您的手中，感谢您赐予其安全。主啊，请聆听我们，也请聆听他们的祷告；从今日起，请赐予他们宁静而满足的生活吧。奉圣父、圣子、圣灵之名，阿门。"

1974 年 3 月 3 日到 5 月 2 日期间，发生在彼得·贝克福德和莎伦·贝克福德家中的事件被定性为真实的恶魔攻击案。他们遭到的可怕侵袭持续了六十天，直到 1974 年 5 月 2 日神甫在他们家中举行驱魔仪式才戛然而止。

该事件及其详情有案可查。此外，埃德还在他个人对此案的记录中留有一份彼得·贝克福德哥哥的书面陈述，因为他在不经意间也成了此案种种灵异现象的见证人。

无论是我，还是我家中的任何人，我们都从未亲眼见过或经历过如此诡异骇人的事情。我认为，这次经历不仅令我的孩子和妻子受到了惊吓，也在不知不觉中对他们产生了一些不可言说的影响。我们亲眼所见的那不可思议的情景令我受惊的家人彻底陷入了迷惘和惶惑中。至少到现在，我们还无法从理性的角度理解发生的一切，也无法对其做出符合逻辑的解释。我家人亲眼见到那些神秘的超自然现象的实物证据和事实都应该向大众公开，给有过类似诡异而复杂的经历的人，即有相当资历的人，从理性的角度梳理整个案件的机会。如果梳理工作得到一定成果，那么我坚信，其最终的结论一定是：超自然的力量是存在的。

特伦斯·贝克福德

驱魔仪式后，贝克福德一家的生活逐渐转入正轨。不过，家中家具、墙壁、地毯、床垫、被褥、管道、房顶和汽车遭到的破坏让他们累计损失了 5000 多美元。（讽刺的是，他们的保险并不涵盖因"不可抗拒的自然力"遭到的损失。）今天，贝克福德一家美满地生活在那栋小小的乡间别墅里。现在埃里克已经离开家去上大学了。至于维姬，她已经结婚了，每天都很忙碌。这也在意料之中，毕竟她要养三个孩子。

XI. 路西法的奴仆

　　无论从哪方面来讲，贝克福德一家的遭遇都是非比寻常、超乎想象的。不过，招恶灵这种事儿并不罕见。每年，埃德·沃伦和罗琳·沃伦夫妇都要处理至少十二件严重的恶魔压迫和附体的案子，更不用说专业的神职人员要处理多少了。

　　让贝克福德案有别于其他案子的是它涉及邪魔攻击。"侵扰和压迫现象是一回事，"埃德说，"但邪魔攻击是另一回事，如果你遇上的是后者，那么你面对的会是比恶魔幽灵厉害得多的邪灵。恶魔幽灵的智慧和手段都不过尔尔。而这件案子不同，它背后的力量已经超出了各等级的恶魔的范畴。若是打个比方，恶魔与魔鬼之间的区别就是投下原子弹的轰炸机和原子弹的发明者之间的区别。尽管二者算是同类，但和具有较高智慧的邪魔相比，恶魔幽灵要更低级、更野蛮。毫无疑问，尽管二者的目的相同，但恶魔幽灵只要些上不得台面的小伎俩。如果你碰上一件案子，其中涉及物品起火，砧座、门板和暖气罩瞬移，特别沉的东西悬浮起来，针对玫瑰念珠和受祝祷的雕像的亵渎行为，狂暴的渎神行为等，那么这些背后肯定隐藏着某种真正疯狂的力量，是它让这些现象一齐出现，给人们制造混乱，把环境搞得乌烟瘴气。"

为什么这类邪性的力量会在驱魔仪式中以典型的魔鬼形象（头上有双角，身后有尾巴）示人？如此逼真倒让人难以相信了。

"是啊，当然了。"埃德回答，"这正是它要以此面目示人的目的。它以魔鬼的原型示人，首先是为了隐藏自己的真实身份，其次是为了让驱魔师看起来像个傻子。因为驱魔师在驱逐幽灵时，要说出那幽灵的样子。而若是他真按照所见的形象说了，那恐怕会有损驱魔师的信誉，或者说让人们对这起案子的真实性产生怀疑。可以说，这类行为是涉及恶魔的案子的标配。但是不管它以什么形象出现，对于贝克福德一家来说，重要的是能把那些非自然力量请出家门。"

那人呢？遭遇过恶魔的人会受到哪些影响呢？

"从大多数涉及恶魔现象的案子中受害人受到严重创伤的情况来看，"罗琳回答，"我们建议受害人参与一个为期六个月的后续项目，这样他们才能渐渐明白之前发生了什么，又该如何解决那些问题带来的创伤。恢复稳定的心理状态是件很私人的事情，受害人为此要在灵魂探索方面花上很长一段时间。通常，跟进项目将由这家人所信宗教的神职人员，甚至他们个人熟悉的神甫来主持。如果条件不允许，那么我和埃德会帮助这些人度过接下来几个月的困难期。当然了，有时候，有的人受惊过度，需要专业的心理治疗。总之，遭遇过恶魔现象的人不会毫发无伤。有人选择用'见山是山'的态度对待所见现象；有人则把它当作一种'真相揭露'；还有的需要长期治疗，甚至住院治疗更长时间。另外有些人，出于心理上的原因，拒绝承认他们遭遇过那些可怕的事情。"

"有这样一个规律，凡是敢于直面问题的人最后都会采取必要的预防措施，以免再次遭遇可怕之事；而那些不愿接受或根本不重视已经发生的问题的人，他们之后会遇上更可怕的麻烦。不过，大多数人都会严肃对待发生的事。可是，事后受害人的生活方式常常会产生巨大变化。"

"他们首先会搬离发生过灵异现象的那栋宅子。"罗琳继续说，"当事人或当事家庭甚至会搬到国家的另一边，甚至搬到国外，或者回到他们小时候生活过的州或小镇。他们的想法通常是'只要能离开这儿就好！'尽管人们无法通过拉开物理距离的方式避开幽灵，但他们行为背后的那份虔诚和决心意义重大，这才是让他们真正远离幽灵的原因。此外，如此沉重的现实还会促使其他人重新审视自己的人生轨迹。很多案子发生后，相关的人会辞掉不喜欢的工作，开始一份需要创意或社交的工作。这些案子有一个相同之处，若是当事人原本没有信仰，事件结束后他们很快就开始信主了。他们最注重的就是安全、减轻恐惧和避免任何可怕的现象再发生。"

"这些都是表面可见的变化,"罗琳说,"但是从情绪和心理上讲,受到过恶灵攻击的人需要大量心理重建工作。令人伤心的是,孩子往往是受影响最大的。他们见证的恐怖会留下永久的影响。一个曾经暴露在十分暴力、粗俗、下流的行为和令人痛苦的恐惧中的孩子,他对这个世界的认知是怎样的,对此我们一无所知。"

"对于成年人,咨询往往很有必要。尽管人们亲眼见到了家中的乱象或者亲自经历了附体,但他们常常就是无法接受那些事件背后的是一股看不见的超自然力量。当然了,社会对这种问题也有一定责任。这个社会系统地教育人们不要去信鬼神,也别信什么精神力量,因为那类东西是'非理性的'。要我说,对那些知识视而不见、充耳不闻才是非理性的。通过咨询,人们常常不得不抛开他们脑子里既定的对生命所持的狭隘观点,然后直面现实,即这个世界比他们以前认识的更复杂、更危险。"

埃德对于有些人认为阿米蒂维尔恐怖事件是"骗局"怎么看?

"有幽灵现象,就会出现人们予以否认的情况,二者常常相伴发生。"埃德说,"危险的事情发生后,人倾向于否定这件事。在心理学上,这叫作'压抑'。我个人对于人们把它当成'骗局'并不意外。对于恶魔现象,人们有这种反应是意料之中的。多年后,当你和那些曾经被附体过或者被恶魔攻击过的人聊起来,他们也常常否认自己的经历。他们是有意撒谎吗?不,那是他们对创伤的反应。他们的经历对于他们的心理防御机制来说是不可承受的,所以他们才会彻底否认那些经历。因此,当写阿米蒂维尔恐怖事件的书面市后，人们多多少少也会有这样的反应。书中内容实在恐怖，甚至引起了一些读者的不快。再加上'骗局'一词用在新闻标题中简直是报纸大卖的保证。"

在新闻报纸上，人们很少见到关于恶魔现象的前两个阶段——"侵扰"和"压迫"的相关报道，取而代之的往往是"骚灵"活动。所以，虽然时有关于恶魔附体的案子被报道出来，但人们还是不知道附体到底是怎么发生的。如果受害人没有采取行动反抗生理或心理压迫，或者没有得到恰当的帮助，那么实施压迫的幽灵就会进行附体。而当附体发生时，事情会变得更加复杂和凶险。恶魔附体的严重程度和恐怖程度不亚于侵扰和压迫阶段人经历的不幸的总和。如果压迫现象继续，人的意志之门就会四分五裂。接着，人就会被一个或者更多邪灵附体。

"压迫和附体之间有着非常清晰、严格的界限。"埃德说着伸出手指在桌子上画了一条线，"压迫阶段，恶魔幽灵会通过诱惑、恫吓和其他人无法逃避或抵抗的下流手段操控人的意志。但是，附体发生时，非人幽灵的攻击就停止了，因为从某种角度说它已经成了你。夺取一个人的身体，然后用自己的意志操控人的灵魂，这就是恶魔幽灵的终极目标。虽然听起来不可思议，但附体就是人的身体被一种全然不同的存在所占据。而占据这具身体的是一个本质上与人截然不同的邪恶非人幽灵，它与被附体的这个人毫无关系。到那时，一个有着独立意志和智慧的幽灵会强行占据人的身体，用它自己的声音，对每一个想将它驱走的人宣布拒绝离开。"

罗琳进一步解释说："神学家常常把人的身体比作'灵魂的居所'，也就是灵居住的地方。恶魔之灵天然地把人的身体当成可以寄居的房子。邀请或吸引幽灵的人相当于让'房子'的'前门'大开，给了恶魔附体切切实实的机会。汝之蜜糖，彼之砒霜。不珍惜生命馈赠的人将会身陷这一珍贵礼物被剥夺的危险中。"

　　附体真正发生后，被附体的人会有什么明显的表现吗？

　　"在很多案例中，被附体的人就像你我一样，行为举止如常。"埃德回答，"只有一处不同：眼睛。有句话说得好，眼睛是心灵的窗户。我同意这个说法，因为受到严重压迫或者被附体的人的眼神一般人从未见过。他们的眼睛并非无神或者半眯着的，而是睁得大大的，看起来十分警觉。但他们的眼神并非人类所有，而是狂野如兽，充满了恨意。我见识过这种癫狂到非人的样子，每一次见到我就好像遗失了自己的一小部分。我认为人们不该看到那种神情，因为那就是恶灵透过人类的心灵之窗向外张望的样子。"

　　"就在几个月之前，我和罗琳去参加纽约市上城区的一档电视节目。节目录完后，我们坐出租车去中国城吃午餐。正当我们在街上走着的时候，看到街角好像发生了什么麻烦，因为有好几辆警车停在附近。所以我提议抄近路，走我们左手边通往莫特街的那条小巷子。"

　　"于是，我们进了箱子，里面到处是装满了垃圾的破旧垃圾桶。

还有不少苍蝇、蛆和其他虫子。天气热，垃圾分解产生的恶臭很快让我们感到想吐。但我们还是继续往里走去。巷子后半段不太直，所以走过一半之后我们就看不到巷子入口的那条街了。"

"我们走得很快。正当我们走到长长的那排垃圾桶的尽头的时候，看到了两只伸出来的脚。我让罗琳留在原地，我上前去看。走过去，我才看到那是一个男人，一个流浪汉。他是个白人，看上去年龄从三十五岁到六十五岁都有可能，我也猜不出来。那人半死不活地靠墙坐着，双腿直直地伸着，正好挡着路。他是我见过的身上最臭的人，一身的褥疮和疥癣，显然病得厉害。"

"但这才只是冰山一角。尽管他是坐在地铺上，身上还披着一条被子，但他身上还压着一大堆黏糊糊、烂兮兮的垃圾。这些秽物从他的胸口一直堆到膝盖。他双臂斜插在垃圾中，脸上身上都落满了苍蝇。几只老鼠在公然啃噬他的脚。显然，这人已经几天没挪过地方了。"

"讽刺的是，他的鞋就摆在他身边，干干净净的，光亮如新，仿佛在随时等它们的主人穿上出发。我参加过战争，见过鬼宅中令人厌恶的灵异现象，但我这辈子还从未见过像当时那么令人作呕的恶心情形。怎么会发生这种事？一个人怎么会落到如此境地？"

"我将这个可怜人从头到脚打量了一遍，心里充满了同情和悲伤。看到他的脸的时候，我惊呆了，立即往后退了一步。他面目狰狞，带着扭曲的冷笑，而且有着一种丑陋而疯狂的非人的眼神。这时我才知道他遭遇了什么。而附在他身上的那东西也知道我。"

"浑蛋！"我被眼前的情形恶心到了，对它大喝一声。

"它却嘲弄地大笑起来。'他就要被我弄死了！'它对我说，'要不了几天，他就该死了。而且，你知道吗？对此你无能为力。因为事已至此！'"

"恶魔就是会做出如此令人作呕的丑陋之事。"罗琳强调说，"幽灵会对人类施加刺激，而这种刺激往往让人产生最消极、最兽性的冲动。若是人屈服于这种冲动，幽灵甚至可以控制着人在地上到处乱爬，像畜生一样。为什么呢？因为恶魔是非人。它压迫人的过程就是让人向非人转化的过程，巷子里那个被附体的人就经历了这个过程。被附体前，他遭到了严重的恶魔压迫。当他的情绪被恶灵的所作所为影响到极致的时候，附体就发生了。要想知道'成功的'恶魔压迫是怎么把人变得禽兽不如的，这就是答案。"

有人称恶魔不过是人脑海中栩栩如生的一种想象，或者是心理学上双重人格的一种表现。埃德对于这种说法有什么评论呢？

"只有没亲眼见过的人才会说恶魔是人的想象。"埃德驳斥了这种说法，"所以对这种说法我要坚决地否定，恶魔绝不是心理上的存在。它们是真的。"

但是你怎么知道呢？附体发生时，人的身体会发生什么变化能证明这不是纯粹的心理变化吗？

"天啊，当然有啦！"埃德回答，"附体发生时，非人幽灵会进入人的身体，有时候是从心口处进入的，但更常见的情况是从人的左侧脖颈处进入，就是大脑与脊柱的连接处①。同时，魂魄，即人的灵常常是从右侧被挤走的。人的灵看起来像白色的云，而非人的灵则像黑色的云。此外，就我的经验来说，附体发生时，被附体者的头十有八九会变得干瘪如骷髅，露出扭曲的表情，和他原来的样子完全不同了。被附体者发出的声音倒是往往和人的很像，但很恐怖，一般人是绝对发不出来的。而且多个幽灵占据同一具躯体时，它们会发出各自不同的声音。至于身体上的变化，被附体者会变得力大无穷。我见过一个被附体的孩子像相扑运动员一样，把一个成年人从屋子这头扔到那头。被附体的成年人就更不好控制了。我知道这点，是因为我不止一次被让恶魔附体的人攻击过，对方和我体型差不多，体重在 220 磅左右，我可以告诉你，没有人能单枪匹马打过一个被恶魔附体的人。要知道，你的对手的力气相当于六个男人。"

"这就是身体方面的变化。"埃德说，"一旦附体成功，幽灵要么会想方设法操控它占据的身体做各种事情——就像《驱魔人》中那样，要么就会疯狂地残害这个身体。恶魔幽灵不会满足于占据人的身体，它要的是死亡。附体的根本动机就是'控一人，杀多人'。不管这个被恶魔附体的人是个残暴的世界领袖还是街头杀手，附体幽灵的目的都只有一个，那就是杀得人越多越好。明白了这点，你也就明白了恶魔幽灵的整个策略。驱魔前，人的身体

---

① 位于延髓处。详情参见《一个瑜伽行者的自传》（*Autobiography of a Yogi*），作者尤伽南达（Paramahansa Yogananda），洛杉矶 Self-Realization Fellowship 出版社，1946 年出版。

会成为一个或多个恶灵的居所。首先要讲清楚的是，真实的附体案例中绝没有心理现象的成分。在一个附体大案中，驱魔师从被附体人的身体里驱走了九十八个不同的幽灵，每一个都有不同的名字！尽管心理学家常常把恶魔附体与多重人格相混淆，但其实前者只涉及占据被害人身体的'多重'恶魔，而并非什么'人格'。"

若是谁想向埃德·沃伦和罗琳·沃伦夫妇要"真实的附体案例"的证据，那他一定要鼓足勇气才能有始有终地听完他们的答复。沃伦夫妇一辈子都在研究超自然现象，他们收集了许多独一无二、不可复制的宝贵资料，这个宝库涵盖了灵异现象的方方面面，可以为他们说过不下十二次的那些事情提供坚实的证据。这些证据大多数都放在被沃伦夫妇叫作"神秘博物馆"的地方。

这个博物馆与埃德·沃伦的办公室相邻，里面的藏品将在夫妻二人身后赠予一所英国大学。其中有数不清的磁带，里面录下了多年来因受到鬼魂问题困扰而联络沃伦夫妇的人的自述。这些真实而详细的录音记录了一个又一个关于恐怖、悲剧与死亡的故事，都是遭到怀有敌意的幽灵攻击的普通人的亲身经历。其中还有一部分磁带录下了通过被附体人或灵媒之口说话的幽灵的声音，皆是令人深思的资料。沃伦夫妇的证据还包括一千多张幻灯片和照片，这些展示了他们在工作中亲眼所见的各种超自然活动，其中涉及数量可观的幽灵现身的照片。这座博物馆甚至还有案件当事人的书面陈述、证言、佐证，以及多年来新闻报纸上对沃伦夫妇工作的报道。神秘博物馆让参观者印象最深刻的还是其中陈列的千奇百怪的不祥邪物。

博物馆里的每样东西都来自发生恶魔现象的现场。馆里收藏的部分物品和护身符充满了邪气，就算只是拿在手里都可能会招致幽灵现身或者导致附体立即发生。沃伦夫妇保存这些危险的物品并非是为了纪念他们的事业，而是不得已而为之。沃伦夫妇表示，如果这些与恶魔有涉的物品被销毁，曾经拥有该物品的人或家庭就会受到相应的伤害。"这就是恶魔对《圣经》中'以眼还眼，以牙还牙'的阐释。"罗琳说。如果毁掉邪物没有给人带来身体上的伤害，那么幽灵一定是回到了它原来被驱逐的地方。沃伦夫妇不想让任何人受伤，他们敬畏这些邪物带有的力量，所以干脆留下这些邪物当恶魔存在的物证。

迄今为止，他们收藏了约一百件物品，几乎每一件的背后都有故事。比如说这里有一串珍珠项链，它把戴它的人活活勒死了。这里有信奉撒但的女巫用过的一枚黑色长钉，很久以前她用它杀害了自己刚生的婴儿，作为给魔鬼的祭品。这里有一个穿着维多利亚式服装的大石膏娃娃，不仅长相和它原来的主人——一个老妇人——相似，而且在过去二十年中，它始终活着，行为举止和人一样。这里有施巫术时用来喝人血、当"圣杯"用的人头骨。这里有一口棺材，曾经有个被附体的人每夜都要睡在里面，直至生命的最后一天。这里有一些石头，有的相当大，都是从遭到恶魔攻击的房子上空掉下来的。这里有被恶魔幽灵炸毁的十字架，还有被撒但崇拜者用尿液和粪便亵渎过的十字架。这里有人与魔鬼签下的书面协议，有水晶球、仪式上用的长剑和献祭时用的匕首。这里有从福斯特家拿来的黑蜡烛和招魂书；而且，通往埃德办公室的门上还挂着从新泽西的史蒂文·泽尔纳的房子里拿来的魔法镜子。一张桌子上摆着贝克福德家的占写板和被烧坏的画框。桌子不远处有一个木制橱柜，里面坐着的就是安娜贝尔，现如今它小小的布手上还攥着一个普通的木十字架。

这里还有一件黑色的蕾丝面纱。

这件面纱来自一起附体案。在案子中，非人的幽灵专门向埃德·沃伦传达了一条信息。磁带录音中，那附体人类的恶灵的声音清清楚楚。沃伦夫妇坐在神秘博物馆中蓬松绵软的沙发上，开始讲述发生在一个年轻女人身上的怪事。有一天，这个女人来到埃德的办公室，她遇上了幽灵引起的麻烦。

"我和埃德去一所大学做讲座。"罗琳开始说，"讲座一切正常，只不过，我感觉到观众席上有一股邪恶的力量，可我无论如何也没办法把它找出来。面对一群人讲话的时候，我往往能说出都有谁。比如说神甫，他们常常穿着高领或者运动衫，但是我能通过他们周身散发的浅黄色光晕分辨出其神甫的身份。撒但崇拜者和使用黑巫术的巫师、巫婆来参加我们的讲座时穿的和别人一样，但他们的光环与别人不同。那一次，我却无法找出那个负面力量的来源。"

"问答环节结束后，人们像往常一样从观众席向我们拥过来。十几个人围在埃德身边，还有十几个人围着我。大约十五分钟后，我抬头看见埃德正在和一名男生说话。那个男生旁边站着个女生，她不知为什么，情绪很激动。我和周围的人说抱歉，然后起身走到埃德身边。"

"吉米，跟我说话的那个男孩儿，"埃德说，"他带他的女朋友肯德拉来听讲座，因为他怀疑她受到了什么邪物的控制。他告诉我，他女朋友生气的时候满怀恨意，异常暴躁，容貌忽然变得像只'狼'一样，说话声音都和以往不同，就好像体内住着另一个'人'一样。"

　　"罗琳向我走来的时候，那女孩儿在台上立即表现出被附体的样子。她竟然冲过去，想杀掉罗琳。这不仅吓到了罗琳，还把我们周围的人都吓坏了，他们纷纷避到一边。我们当即结束了与观众的聊天。我把肯德拉和她的男朋友带到了后台。罗琳在大厅等候，而我开始向二人了解情况。"

　　"在后台，那女孩儿完全被恶魔附体了。她的喘息声很重，附在她身上的幽灵满满全是恨意。她的脸也不知怎么变得越来越像狼，和那男生说的一样。不一会儿，她就发出一种奇怪的声音，后来我才知道那并非她原本的声音。当时我没带录音机，但是没关系，因为附在她身上的那东西只会愤怒地嘶吼。"

　　"大约十分钟后，附体结束了。然后那女孩儿就正常多了，至少我不靠近她的话，她的情况就比较稳定。为了避免麻烦，我坐到了屋子另一头。等到我觉得她能正常沟通的时候，我告诉了她刚刚发生的事情。她跟我说，她对那些事有一点点印象，不过她还是觉得丢失了一部分记忆，甚至疑心自己疯了。有几个小时，甚至几天里做过什么她都记不清了。在之前的三个月里，她解释说，这种情况越来越糟糕了。我告诉她，这种记忆缺失和恶魔附体脱不了干系，因为被附体时她不受自己控制。时间上出现的断层正是她被附身的时候。那时使用她的身体的不是她自己，而是附体的幽灵。趁还没有发生更严重的事情，有个问题必须搞明白，那就是为什么她会被附体。"

"我发现，肯德拉家很富裕，她有点儿被宠坏了。凡是她看上的东西，她家都能买得起。大约一年前，她生命中头一回遇到了金钱买不到的东西。那'东西'就是坐在她旁边的小伙子。吉米是北欧人，在附近一个州的常春藤大学读书。肯德拉是前一年夏天在她家乡认识他的，显然，两人约了几次会。到了这年夏末，那小伙子对肯德拉没了感觉，开始对她爱答不理的。"

"她则对他很上心，一副不把他占为己有就不罢休的样子。从本质上讲，她并没有把吉米当人，而是当成了一种令人满意的商品。这种将人物化的行为让幽灵注意到了。我这么说是因为这女孩儿为了赢得男孩儿的喜欢尽其所能尝试了所有办法——从给他写情深意切的情书，到给他寄钱当路费，好让他来她学校探望，无所不为。但是没有一样起作用，至少在她求助于巫术之前没起过作用。那场巫术仪式就是前文提到的黑色蕾丝面纱的来源。为了让吉米回到她的怀抱，女孩儿开始研习巫术。肯德拉去逛商店，在魔法类商品中发现一本书，书的名字我就不说了。总之，肯德拉把那本书带回了家，私下里开始举行让恋人回心转意的仪式，那个古老的仪式多年来给很多人带来过麻烦。"

沃伦夫妇常常不愿透露细节，比如说招魂书的书名、当事人采用的具体巫术仪式或袭击他们的恶魔幽灵的名字。为什么呢？

"我不提幽灵的名字，"埃德说，"是因为如果提到具体的名字，该幽灵就会察觉。让它哪怕有一丝丝察觉都是在给它现身的机会。至于书和仪式的具体细节，让我这么说吧。假设你给了别人一把上了膛的枪，那么就得想到这枪会随时开火。如果你给别人的上了膛的枪卸掉了撞针，那么枪就没有随时开火的危险了。我不说细节就是为了这个：这相当于卸掉了我所讲案例中的'撞针'。讲这些事必须这么做。那些真正想了解如何施展邪恶巫术的人可以去当地图书馆查资料。但是，我绝不会告诉这些人怎么走上这条不归路的。我的工作恰恰相反，那就是帮助已经走上歧途的人，告诉那些可能想求助于邪术的人：不要！"

然后埃德总结道："黑魔法的本质就是与魔鬼订立盟约。订下如此约定的女子实际上就成了魔鬼在人间的新娘。既然成了魔鬼的人间新娘，她就可以要求她的'丈夫'为她带来人间的欢乐，魔鬼则会欣然应允。施法者得到种种好处之前只要做一件事，那就是自愿将灵魂献给魔鬼。肯德拉的贪心足以让她完成这样的交易。仪式道具之一就是那件黑蕾丝面纱，那是她用来做'新娘面纱'的，她还在面纱上面放了一顶山羊角的头冠。接下来，她宣布与上帝和她受过的洗礼断绝关系，发誓效忠撒但，然后把自己嫁给了魔鬼。仪式的最后，她把一杯动物的血浇在自己身上，以洗刷曾经对上帝许下的诺言。那个杯子，"埃德说着指向神秘博物馆中间的那张橡木桌，"就放在面纱和羊角旁边。"

"肯德拉说，在她举行仪式大约一个月后，吉米回心转意了。他开始给她打电话，最后发展到在周末与她见面。肯德拉觉得一切都顺利极了。但她没想到的是，她还欠了恶魔的债。通过举行巫术仪式，肯德拉给了恶魔进入她生活的许可。通常情况下，她施行的巫术会招来对女性或男性在睡眠期间施加性压迫的睡魔，但这次她的巫术招来的是力量稍小一些的恶魔幽灵。这个幽灵也一样对她施加了性压迫，因为这方面显然是她最大的弱点。幽灵一次又一次地撩起她的热情，直至她彻底臣服于它，心甘情愿地成为它的奴仆。到这一步，幽灵可以随时对肯德拉附身，而附身导致了她一段段的记忆空白。"

"对这对小情侣进行了一个多小时的询问后，我了解到，为了女孩儿的安全，必须立即对她进行驱魔。在此我要提一句，其中那位男朋友听到真相后不太开心。言归正传，如果不立即驱魔，恶魔察觉我知道了它做的坏事后，下次附体那女孩儿的时候可能会操纵她自杀。"

"想到这个，我赶快去大厅向罗琳说明一切，让她先开着租来的车回宾馆过夜。我们三个人则开着吉米的车去了肯德拉的公寓。当天晚上，我和吉米一起看了整晚的老电影，她则睡在自己的卧室里，只不过是开着门、亮着灯睡的。"

"第二天一早，我给我信任的一个当地的新教驱魔师打了个电话。我没能给天主教的驱魔师打电话，那是因为他们的神甫必须遵守梵蒂冈的准则，先进行三天的诵经祈祷和禁食，才能对被附体的人展开驱魔。"

"驱魔师和他的助手都是新教的牧者，二人接到电话后差不多一个小时就赶到了。于是，我给两位有能力的牧者讲了讲这个案子的背景。当然了，他们之前对整个事情已经有所了解了。然后，我们让肯德拉进屋。直到当时，牧者还没亲眼见到女孩儿被附体，自从那天晚上之后，女孩儿再也没被恶魔附体过。因此，我要做的第一件事就是要向他们证明她身上确实发生了附体现象。"

"检验一个人是否被附体的方法之一就是悄悄地将十字架放在疑似被附体者的脑后。因此，驱魔师命令女孩儿闭上双眼然后慢慢数到二十。他的助手则走到女孩背后，将一个六英寸的十字架摆在她脑后。那个附在女孩身上的幽灵突然发出一声怪叫：'快拿开！烧死我了！快拿开！'"

"用十字架刺激附体恶魔现身，这样我们才能开始和那个占据了女孩儿身体的幽灵正面交手，斗智斗勇。那幽灵——就是前一晚附体的那个——承认它独占了女孩的身体。驱魔师要求它表明自己身份的时候，它回答说：'我是戴安的奴仆。'戴安就是一种对人施行性压迫的灵，在神话里被称为'狩猎女神'。我们没能从这幽灵的口中得出更多线索。大多数时间它都在尖叫、咒骂和咆哮。"

"通常，进行驱魔前，驱魔师要进行一番正式的调查，证明确实发生了恶魔附体。不过那次，我们眼前的女孩儿显然是被附体了，这一点毋庸置疑。因此，驱魔师认为最好还是在当时当地就举行驱魔仪式。"

"这个案子里，驱魔师一开始就占了先机，因为那东西特别害怕我们提到'上帝'，对十字架和圣水也怕得很。但在诵经驱魔的过程中，那附体的幽灵还是进行了相当激烈的挣扎，整个仪式花了大约一个小时。仪式过程中，它始终尖叫，'她是我的，她是我的。她的灵魂是我的。'其中'她'指的就是肯德拉。当天，那幽

灵被成功地驱出女孩儿体外。但是就在离开的时候，那东西发誓
会'回来'。"

　　"我们谁都不知道这幽灵还想干什么。之后，是我第一个明白
了它的意思。"

XII. 幽灵归来

"驱魔仪式后，肯德拉终于摆脱了幽灵的控制。"埃德继续讲述，"那女孩儿把黑蕾丝面纱、山羊角头冠、仪式用的杯子和招魂书都交给了我，以免自己受到诱惑或者被幽灵压迫，再用这些东西。然后罗琳开车来那女孩儿的公寓接我。那天稍晚些时候，我按照自己的习惯，把这些东西带回了家，安全保管起来。"

"从一开始，这些巫术仪式道具就给我带来了麻烦。"埃德回忆说，"有个东西我走到哪儿它就跟到哪儿。第二天晚上，太阳落山后，我放邪物的办公室和神秘博物馆里出现了'灵致冷'现象。感到室温变化后，我站起来，从办公桌前往博物馆那间屋子里张望。在黑纱和羊角旁边，我看到一团一人高的黑灰色云团，正变得越来越黑，轮廓也越来越清晰。为了避免那东西成形，我用圣水洒在它身上，让它归于无形。显然，那个附体肯德拉的东西跟着这些邪物一起来了我家。"

"机缘巧合，第二天我接到一个叫罗伯特·戈德斯托姆的人的电话，他想预约个时间，带他的女儿丹妮丝来我的办公室。'您找我是有什么事吗？'我问他。"

"他沮丧而焦虑地告诉我，他的女儿被巫术招来的什么东西附了身。他简单介绍了一下他女儿的生活：丹妮丝不像普通孩子那样合群，常常自己玩，举行一些复杂的仪式，在仪式中会用到五角星、动物血之类的道具，都是一个六岁的孩子不该会的东西。等她长大些，就对教堂产生了厌恶情绪，还尽量避开有神甫在的场合。同时，邻居家的孩子对丹妮丝有种本能的恐惧，就算是她亲妈也不愿和她在一间屋子里独处。"

"到了十几岁的时候，丹妮丝的情况更糟了。她瞪着人的时候，就开始在脑海中勾勒一些残忍的画面，即便那些人没有察觉她的目光。这女孩儿的目光有种强大的力量，甚至能让机械停止工作。我知道这是真的，因为后来我见过她这么做，她把一辆在高速公路上行驶的车盯得一动不动了。但这并非是戈德斯托姆给我打电话的原因。原因是丹妮丝现在开始表现出不同的人格，有的是男人，有的是女人，还有的你甚至不能称其为人。此外，这些'人格'严重威胁到了罗伯特·戈德斯托姆和他妻子的安全。"

"于是，他带着女儿去看精神科医生，结果医生认为她的情况不属于精神上或心理上的疾病。医生让他带着女儿去找神甫，可是戈德斯托姆咨询的那位神甫非要他先带着女儿来见我。听了这个男人遇上的麻烦后，我和他约了个时间，将在下个周六上午十一点与他们会面。"

"当天晚上，幽灵又尝试在神秘博物馆里现形，我再次用圣水制止了它。第二天是周一，我和罗琳出门去宾夕法尼亚州和俄亥俄州演讲。直到周五深夜才回到家中。到了下个周六，上午十一点，罗伯特·戈德斯托姆带着他女儿如约而至。丹妮丝大概十九岁。她个子很高，很瘦，一头深褐色的头发，一双蓝眼睛眼神格外凌厉。我想和她握握手，她却往后缩了缩，一脸狐疑地瞪着我，小心留意着我的每个举动。"

"把他俩迎进我的办公室后，我让丹妮丝坐在我办公桌旁的椅子上，让她父亲坐在紧挨着的安乐椅上。然后我打开录音机，开始让戈德斯托姆先生再次讲述他遇到的麻烦。于是，他又讲了一遍，每当他或者他的妻子和女儿说话的时候，他们都不知道自己是在和丹妮丝说话，还是在和什么别的古怪人格说话。那女孩儿始终没把目光从我身上挪开过。"

"父亲讲完之后，我开始试着向那女孩儿提问。'你叫什么名字？'我问。"

"'丹妮丝·戈德斯托姆。'她不屑地回答我。"

"你多大了？"

"'比你以为的大得多。'她说。"

"关于你父亲刚才跟我讲的事，你怎么看？你真的有几个不同的人格吗？”

"'他想太多了。'她回答，'我就只有自己而已。我想是谁就是谁。'"

"'你的"人格"中有没有不属于人的？'我追问她。"

"'我不想回答你问的任何一个该死的问题。'她开始反击了。"

"当我想再问丹妮丝一个问题的时候，她狠狠瞪了我一眼。'我可不吃这一套。'我告诉她，'再也别用那种眼神看我了！'"

"听我这样说，她从进了我家之后头一回把目光从我身上挪开了。她看上去有些茫然，就好像头上刚刚被棒球棒打了一下似的。她的目光飘向我书桌上的物品，然后落在了我为了阻止幽灵现形放在稍远的一个角落里的黑蕾丝面纱。突然，丹妮丝一跃而起，抓住面纱，揽到自己胸前。我都没来得及阻止她。她的形象突然开始转变，和原来那个漂亮的女孩儿完全不同了，变成了一个带着嘲弄神色的野物。我拿出两瓶圣水，一瓶受过一位非常虔诚的驱魔师的祝福，一瓶没有。然后离开那个已经不是丹妮丝的'人'，此时的她其实已经被地狱中比较低级的一种魔鬼附了体。这，"埃德说着按下了录音机的播放键，"就是我听到的。"

恶魔沙哑的大笑突然从书架上的一对音箱中传了出来。

"你是在嘲笑我吗？"埃德的声音响起，"能否表明你的身份呢？"附体丹妮丝的幽灵开始讲话。

幽灵：我知道你是谁！哈哈哈哈，呵呵呵呵……（大笑）

埃德：你是谁？

幽灵：哈哈哈……

埃德：你是谁？

幽灵：你难道不认识我？哈！你难道不认识我？哎呀，别装了，你肯定知道我是谁。你难道不知道我是谁？我正在忍受折磨。我正在忍受折磨（因为这个幽灵最近刚刚被驱走）。

埃德：你在忍受什么折磨？

幽灵：哈哈哈……黑色是我的颜色。那是死亡的颜色，死亡的颜色！死亡的颜色！！！

埃德：谁让你到这儿来的？

幽灵：我崇拜戴安，还有路西法！可是光明，光明，光明，神圣的东西都该死！

埃德：我有东西要给你。

幽灵：（轻蔑地）你有什么东西是我没有的？我想占有谁就占有谁，你这个（因语言下流已删除）。

埃德：我把这东西放到你手里吧，然后你就知道是什么了。

（埃德做了个实验，先把没有受祝福的圣水倒进了丹妮丝的手心里。）

幽灵：噢噢噢，是湿的！

埃德：没错。

幽灵：是湿的。我不喜欢。我喜欢人体内的脂肪盖在我身上的感觉。我喜欢血。我喜欢看见血。我还喜欢饮血。

埃德：我还有东西给你。我想给你圣水。

幽灵：圣水？圣什么？你？……你又不是神甫！

埃德：对，我不是。

幽灵：那你就是介于两者之间，对吗？

埃德：没错，介于两者之间。

幽灵：你不知道！他站在地狱或天堂。不是地狱，也不是天堂。不，不是地狱，也不是天堂。只不过是有一个地方，我现在不会告诉你的，我会告诉你吗？你知道的，对吗？你知道。你正站在天堂与地狱之间。但既不是天堂，也不是地狱。但你会了解的！

埃德：不，该了解情况的是你。

幽灵：（邪恶的大笑声持续了十秒）我喜欢这样。你知道吗？这能让我感到安宁。（现在幽灵开始大喊。）这让我感到安宁，我喜欢安宁。我喜欢安宁，安安静静的。但是我不喜欢你！（尖叫）

埃德：我知道你为什么不喜欢我。

幽灵：（愤怒地尖叫）为什么？

埃德：因为我，你不能再附身肯德拉了，是吗？

幽灵：（咯咯地干笑）我想附谁的身，就能附谁的身。我比你和你的神甫（驱魔师）更强大！

埃德：那咱们走着瞧吧。看看到底谁最强大。你叫什么名字？你管自己叫什么？

幽灵：我这么说好了……（说了句脏话）我是路西法最看重的追随者。你知道路西法是谁吗？

埃德：不如你来告诉我，路西法是谁？

幽灵：哈哈哈哈。他是唯一正义的神！你知道吗？我可以要风得风，要雨得雨！我想要什么就能拥有什么！

埃德：你想要肯德拉，但你不能拥有她。

幽灵:哈哈哈。肯德拉不知道!肯德拉不知道!

埃德:那她知道什么?

幽灵:她会喝下鲜血!她会喝下鲜血!然后她就能见到我!我会再次附在她身上!

埃德:再次?

幽灵:(十分肯定地说)再次!

埃德:不,她不会那么做的。

幽灵:(大叫)你又能用什么手段保护她呢?她是我的!她的灵魂是我的!

埃德:她的一切都不是你的。

幽灵:我要吸干她的血!

埃德:你对她什么都做不了!

幽灵:哈哈!我喜欢她。她是我的玩物(咕噜声)。

埃德:她曾经是你的玩物,遇到我,你就休想再那样对她。可你想报复我,是吧?

幽灵:(先是干笑,而后大笑起来)我想做什么就做什么,谁都拦不住!

埃德:你什么都做不了!我有比你强大得多的东西(圣水)。你知道的,对吗?

幽灵:哦,不!是的。(大喊)你竟然相信那破玩意儿!啊!那是什么?

埃德:那天晚上你想对我不利。你原本打算干吗来着?我把你打退了,不是吗?

幽灵：我想杀了你。我是来真的。（不知所云的尖叫声）……你想在我心上钉什么东西吗？我没有心！

埃德：没错，你没心！

幽灵：没有。

埃德：但是，我会让你见识见识别的。（埃德向被附体的女孩洒圣水。）你不喜欢这个，对吗？

幽灵：（愤怒地尖叫）不！！！

埃德：你喜欢十字架吗？

幽灵：不！

埃德：好吧，但我要告诉你一件事……

幽灵：（疯狂地尖叫）

埃德：……我想要你离开。我不希望你再回到这儿来！

幽灵：住手！

埃德：不，我不会住手的。奉上帝之名，我要你离开……

幽灵：（疯狂地尖叫）以耶稣基督之名，你给我闭嘴！

埃德：我是要奉耶稣基督之名命令你！我命令你离开！并且不得再回来！

幽灵：（宣布）我会回来的！如果我回不来，还会有更强大的灵回来！我的力量弱，但还有其他强大的灵！！

埃德：你力量弱，所以你必须离开，我要把你驱走。奉上帝之名，我要将你驱走。

幽灵：哈哈哈哈哈哈哈……

埃德：这儿还有呢，够你受的了。（埃德用圣水在女孩儿身上画了个十字。)

幽灵:(痛苦地尖叫)哦,我的天啊,火!火,火,火!

埃德:(声音盖过尖叫和哭号)我要你再也别回到这栋房子里来!你明白了吗?

幽灵:哦,我的天啊。哦,我的天啊。哦,我的天啊。哦……

埃德:我要你永远都不踏入这栋房子半步!现在,离开吧。离开!

令人心惊的悲鸣声、嚎叫声和各种动物的吼声逐渐远去,那个占据女孩儿身体的幽灵就这样离开了。

埃德按下录音机上的"停止"键,结束了幽灵的呻吟,走出安静得像个地牢般的神秘博物馆。埃德沉思了一分钟,终于打破了沉默:"这就是我们要面对的。这就是附在孩子身上的东西……它们是非人,是恶魔幽灵。说它们是非人,是因为它们不是人类,没有美好的品德;说它们是魔鬼,是因为它们是称自己为魔鬼的堕落天使;至于说它们是幽灵,那是因为它们是无形的,是超自然的。它们看不见、摸不到……但是它们是存在的!"

那幽灵后来回去再次附体肯德拉了吗?

"天啊,是的!"埃德立即回答,"不到一个星期,她男朋友就来了电话,告诉我们出事了。那女孩儿再次喝下了献祭的鲜血——就像那幽灵预言的一样——然后她马上就被那个幽灵再次附体了。我不得不赶回那所大学,与幽灵正面交锋,为解救肯德拉再次安排驱魔仪式。"

为什么第一次驱魔在肯德拉身上没奏效?

"其实第一次就起作用了。"埃德说，"但是得当事人配合，驱魔仪式才能完全生效。'自助者天助！'驱魔师恢复了那女孩儿的自由意志，但是她再次遭到了幽灵的压迫。她没有拼命抵抗诱惑，而是在一周后把献祭的鲜血喝掉了。这就让她再次空门大开，给了幽灵重回她身体的许可。"

幽灵有没有第三次附身肯德拉？

"没有，现在她一切都好。"

那丹妮丝呢？她又怎么样了？她遇上的麻烦是怎么回事？

"附体事件之后，"埃德回答，"她的面貌就恢复正常了。于是我继续问她问题。你在磁带上听到的内容显示，这女孩儿随时可被附体，这也就解释了为什么她会以不同的'人格'示人，至少其中有非人的'人格'。事实上，结果我们发现丹妮丝是魔鬼与人类世界沟通的一个媒介。我想知道的是她是如何得到这种能力的。"

"我在她身上洒的圣水让她情绪缓和了一些，让她可以和我进行稍微理性一些的交流了。原来，丹妮丝身涉巫术与邪法已久，不经意间越过了现世人间的界限。她是个天生的女术士，没人指导她该做什么，她也从未读过一本相关的书。她掌握的邪恶知识与力量是与生俱来的。她的知识来自前世的经历，而且她对于这些知识——尤其是邪恶的知识永远不会忘记。这个案子涉及了一些非常核心的东西，也就是大多数人都不了解的真正的魔鬼的世界。"

"换言之，丹妮丝相当于恶魔的工具、恶魔幽灵的代言人。不过，她并不是女巫。巫术的力量来自为魔鬼效劳的誓言。丹妮丝不同，她是个术士。她的法术与巫术相似，但本质不同。法术是利用幽灵的力量操控物理世界的能力。这女孩儿与邪恶的非人幽灵为伍，这是她在前世就有的安排。关于这一点，她是知情的，而且知道得相当多。"

"不过，这女孩儿还不太清楚该如何指挥恶魔按她的意愿行事。尽管恶魔能随意使唤她，她却无法支配它们。这就是她同意跟父亲来见我的原因。她从小道消息中了解到我的身份和能耐，来到我的办公室，误以为能迫使我透露魔鬼研究的某些关键的秘密，方便她为己所用。当然了，我什么也不会告诉她。向这女孩儿透露那些奥妙知识，无异于在一个幼童手里塞上一颗手榴弹。"

"接下来的一个月里，我和丹妮丝以及她父亲见了三次面，但我却无法让她的情况好转。我能做的就只是给那位父亲写了封介绍信，让他去见一位神甫。在信中，我说丹妮丝需要宗教方面的咨询。如果她不知道该如何改变人生，那么就会一味沉沦于黑暗。事实上，如果她见不到光明，那她将在黑暗力量的影响下走到生命的终点。"

埃德相信轮回转世吗？

"这样说吧，"埃德回答，"我不能直接告诉你说轮回转世是每个人都要自然经历的过程。我只能说，我确实遇到过能证明某些人不只活了一辈子的案子。换言说，我无法证明所有人都要经历轮回转世。另外，遇到与魔鬼有关的案子时，你将面对自然秩序遭到破坏的情况。结果就是，和恶魔做交易，然后体验重生和来世的人都是在某种有问题的情况下做成的。从某种程度上说，多出来的那一生其实算是一种'伪转世'。"

埃德接受这件案子之前，肯德拉和丹妮丝之间认识吗？

"不。"他回答，"她们从未见过，直到现在也不认识彼此。丹妮丝来找我的唯一原因就是被驱逐的那个幽灵安排她这么做的。"

心灵占卜术就是"触摸感应"。有没有可能是这样，丹妮丝抓住黑蕾丝面纱的时候与肯德拉建立了某种联系，所以知晓了整个事件？

"从这个案子说到心灵占卜术就有点扯远了。"埃德回答，"我同意超感官知觉是可能发生的，但这个案子并非如此。那个幽灵是独立于二人存在的，它才是案子的重点。当幽灵没有占据她们中任何一个人的身体时，它就在这间办公室里。当它附体丹妮丝的时候，它对我说的第一句话是，'我知道你是谁。'当然了，我不知道它是谁，但是很多案子里附在人身上的非人幽灵都会这么说，我遇到过好多回了。那之后，它就开始说它正在'受折磨'。这种折磨和肯德拉或丹妮丝都没有关系，而是因为受到了驱逐，心理上受到了折磨。而且因为它用肯德拉的名字称呼她，这代表它和她各自是独立的。"

"抛开它说的其他话不谈，这幽灵预先告诉我们它会再次附体大学女生肯德拉。于是发生了第二次附体，我们也随之进行了第二次驱魔。最后，我要强调一点，这幽灵能区分受过祝福和没有受过祝福的圣水：后者让它感觉是'湿的'，前者则让它感觉像'火'。你见过哪个人接触圣水时会有那种反应吗？"

为什么那个幽灵会对圣水有如此激烈的反应呢？

"水很普通，但圣水中有代表正面力量的灵，也就是我们称为'上帝'的灵。对人来说，圣水会起到积极的作用，而且在一些案子里，圣水甚至有疗愈作用。而对恶魔来说，圣水具有反作用，会让接触到的幽灵感觉像是被酸腐蚀或被火烧一样。"

它说"我喜欢安宁，安安静静的"是什么意思？

"幽灵只有附在人的身体里时才会感到安宁。其他时候它都处在痛苦中。"

幽灵是真的在受折磨还是只是说说而已？为什么？

"是真的，它确实在受折磨，因为它被驱逐过一次。但答案没有这么简单。恶魔幽灵要附体人类有两个原因。其一，它们的世界——地狱，叫那地方什么都好——让它们无法忍受，所以它们要想尽一切办法逃离那里。那地方是无法居住的——那是地狱啊！幽灵不仅折磨人类，它们之间也互相折磨。它们逃离这一切的唯一方法就是附在人身上。当一个人可以被一个幽灵附体时，他也可以供很多幽灵附体。事实上被多个幽灵附体并非少数个例，而是附体现象中很常见的事情。在大多附体案中，常常有六个或更多个幽灵住在一个人的身体里。通过附体，幽灵可以从它们的痛苦折磨中解脱出来，得到'安宁'。因此，驱魔对它们来说是件最糟糕的事情。"

"附体的另外一个更大的动机是，附体代表着反基督。非人幽灵的所有努力都是为了这个：在上帝眼前控制整个世界，摧毁人类。所以说，附体对非人幽灵来说是件一举两得的事：它能借此逃离地狱，还能毁掉被附体的人。非人恶魔幽灵是人类真正的敌人，我觉得只有这么形容它们最合适了。"

你认为地狱是个燃烧着熊熊火焰的地方吗？

"不。"他回答，"我不相信火狱之说。不过，我听见过有附体在人身上的恶魔幽灵提起过'地狱之火'，我不相信慈爱的父会制造出像地狱这么恐怖得难以置信的所在。不过，通过种种下作的手段和邪恶的行径，这些幽灵可能为自己制造了火狱；它们的存在就是美好的对立面，这种痛苦折磨也是它们自作孽。"

"跟身体上的惩罚相比，地狱才更让恶魔幽灵痛苦。这些幽灵知道它们注定要永远受到惩罚，这意味着恶魔幽灵——魔鬼的追随者——会从自然宇宙中被除去。或者，我们可以引用《圣经》：'恶人的指望，必至灭没。'它并非变成，而是选择成为现在的样子：邪恶而危险。所以说，要是把地狱看作与上帝永远相隔的一处所在——从根源上就与上帝无关恐怕更加合理。"

那么，幽灵说"不是天堂，也不是地狱，只不过有一个地方"是什么意思？

"我无法回答，因为我不知道。"埃德说，"别忘了，恶魔幽灵是个谎言大师。举个例子，驱魔师受到的教导有一条就是，永远不要与恶魔对话。所以，你不能把它说的一切都当真。在这件案子里，也许它指的是'存在'这个概念，或者'虚无'。最后，把所有线索联系起来看，生命唯一存在的地方就是'存在'本身了。除此之外，我就真不知道该怎么解释了。我是个恶魔学家，不是神学家。"

幽灵说喜欢脂肪盖在它身上是怎么回事？

"这就要追溯到很久很久以前了。在黑巫术中，孩子是献给路西法的传统祭品。施术人会把孩子的尸体放进锅里煮，让其中的脂肪溶为一片油脂；然后施术人会将油脂和颠茄等其他药草混合在一起，抹在自己身上。这说明这个幽灵以前附体过别人，因为它对于这个仪式非常熟悉。"

那么它为什么如此强调"血"呢？

"血就是另一回事了。"埃德回答，"幽灵总是想方设法亵渎人的身体和血。血是造物主赐予生命的礼物。这些幽灵可能会通过饮血或涂抹人体脂肪的方式蔑视生命，或者模仿生命，但是，其实它们对人的躯体和赋予其生命的血液嫉妒得很。"

那附体的幽灵说它崇拜戴安——巫术女神。那么戴安是女人吗？

"不，戴安是魔鬼。是人类——神话作者给了这些幽灵性别。如果恶魔也有两种性别，那么一种就是恨，另一种则是嫉妒。你一定记得这个事实，恶魔幽灵其实是天使，尽管它们是地狱的天使。"

在这件黑面纱事件中，附体显然不是把心理问题误当成了宗教问题，而是有幽灵实实在在地占据了一个人的身体，而且直接承认它是路西法的奴仆（参见"路西法"一案），这个事实也解释了为什么它说自己拥有强大的知识和力量。还有，幽灵并不想掩饰自己的所作所为。也许，附体的幽灵在埃德的办公室中说的最重要的就是那句涉及肯德拉的宣言了。幽灵激动地声称："她是我的。她的灵魂是我的！"夺取人的灵魂就是附体的本质。夺回灵魂的唯一办法就是进行驱魔。

在这个特别的案子里。驱魔师对肯德拉举行了两次驱魔仪式才驱走了入侵身体的幽灵。正如附体的幽灵自己承认的，它"力量弱"，但它还说"有其他强大的灵"，这就暗示了恶魔也是有等级的。"尽管是魔鬼下令附体的，"埃德说，"但魔鬼几乎永远不会亲自直接参与附体，而是让恶魔幽灵代劳。不过也有例外。我们知道，路西法就参与了1928年爱荷华州一名叫安娜·埃克伦德的女子被附体的事件。当时有证人亲眼看到路西法在驱魔仪式进行到后半段的时候现身了，他戴着一顶王冠，站在一个火圈中央。"

根据埃德·沃伦的说法，恶魔附体是对上帝的权威的挑衅，因为在这样的案子里，"违反了宇宙法则的魔鬼真的做出了禁忌之事，占据了人的身体。这种事发生时，除了举行驱魔仪式没有别的选择。"

遗憾的是，除了在一场大型驱魔仪式中获得的证据，没有其他明显的证据能证明魔鬼的存在。

XⅢ. 被绑架的灵魂

1976年7月1日，长岛的阿米蒂维尔案发生整整六个月后，在当时西德的维尔茨堡大学，有一名二十二岁的学生在驱魔仪式中死亡。这一切都记录在时长为四十三小时左右的录像带中。那场折磨人的可怕驱魔仪式的一部分录像在德国电视上播出了。这个女孩儿的死震惊了西德大众，他们这才知道，原来在当今社会驱魔仪式依然存在。正如当年8月8日的《纽约时报》的报道中所说：

在一场电影《驱魔人》中才可能会发生的令人痛苦的仪式后，一名22岁的西德女子于7月1日因营养不良离开了人世。据她的神甫说，这名女子被恶魔附体了……西德依然存在驱魔仪式，这一点直到这名叫安娜莉斯·米歇尔的实习教师死去大家才知道。但是根据该案发生后的一些报道，驱魔仪式在西德可能可以说是非常普遍的。

作为对米歇尔女士之死的回应，德国官方对天主教驱魔师提起了诉讼，控告他们玩忽职守。当地的地方检察官称，他们不给那女孩儿任何食物和水，所以她才会死于"营养不良和脱水"。

这样的指控有些过于简单了，因为这让人看起来会以为耶稣会[①]的驱魔师该为那女孩儿的死负责，而案子的真相并非如此。米歇尔女士的死并非是因为驱魔仪式，而是因为她无法再承受恶魔附体的痛苦了。另外，和检方的控告正相反，驱魔师并没有不给女孩儿食物和水，因为那样做一点意义都没有。而且，有医生参与了整个磨人的仪式过程。按照埃德的说法，"事实上，驱魔持续了六个月之久，在这期间，安娜莉斯·米歇尔完全没有吃任何东西，也没有喝哪怕一点水。"

此外，驱魔开始前，米歇尔女士有三年的时间都处在不同程度的恶魔附体状态下。在那段日子里，她若真是患有任何精神或身体上的疾病，医生和精神病专家有的是机会治好她。但是，在

---

① 耶稣会：天主教会的主要男修会之一，成立于1534年。耶稣会重视神学教育，向青年族群传教。

1973 年（附体开始的时间）到 1976 年间，尽管医生尽了最大的努力，那女孩儿的健康情况还是每况愈下。安娜莉斯·米歇尔是在与超自然的力量做斗争，问题关键之所在并非是她的身体，而是她的灵魂；驱魔仪式只是防止她死亡的最后的办法。

人们总是问的那个问题与法律无关，但与宗教息息相关：安娜莉斯是怎么死的？

"人们问过我太多次这个问题，"埃德回答，"但是他们往往没有准备好面对真正的答案。最后，我不得不告诉他们，并非所有驱魔都会有皆大欢喜的结果，用这个说法对付上述问题。但其实这个德国女孩死亡的真正原因是，她不得不死。这个案子很复杂，若要简单说，可以概括为恶魔犯下的谋杀。"

"那女孩是个'灵魂受害者'，教会是这么说的。她被恶魔附体并非是因为她做错了什么，而是因为她这个人太善良了。这种事十年一遇：宗教上管这个叫'罪孽'，意思是恶劣的道德犯罪。恶魔挑这个女孩下手是因为她虔诚而善良。它故意占据她的身体，亵渎她，是为了挑衅全能的上帝。所以说，附体有着自然和超自然的双重意义。恶魔幽灵第一次进入女孩儿的身体是在 1973 年。据我所知，魔鬼参与附体是在 1975 年。我说过，它们很少直接参与附体，除非鬼附体的意义非同小可。"

"顺便说一句，这些魔鬼自称'希特勒'和'尼禄'，不过这些名字只是便于区分它们的符号而已。回顾我掌握的该次驱魔的资料，记录显示鬼王别西卜 ① 曾现身，它应该对这女孩儿的附体负责。"

"女孩儿的父母都是罗马天主教的信徒，他们急于解救女儿，所以向耶稣会的神甫请求帮助。附体初期，那女孩儿还有头脑清楚的时候，她嘱咐耶稣会士不要向侵占她身体的幽灵妥协。于是，神甫们也做了他们除了驱魔外能做的一切。他们不断为她祈祷。他们还与幽灵直接对话，试图劝它们放弃附体，尽管这让他们陷入了身体与心理上的双重危险。但是驱魔作为最后的方法被有意拖延了。人们没有首先考虑举行驱魔仪式，是因为附体的幽灵始终强调一点：相信我，女孩儿就能活下去；相信上帝，女孩儿就得死！正是这个它们常用的伎俩让人们迟迟没敢实施驱魔。"

"对于这家人和驱魔师而言，保存她的躯体、让渡她的灵魂，这种事是绝不能接受的！最后，事情发展成了信仰之争。问题的关键不在于食物和水：像特蕾莎·诺伊曼，她生活在 20 世纪，身上有圣痕之后完全不吃不喝，也没因此饿死渴死。问题的关键在于，公元 1975 年，魔鬼是否能被允许侵占一个人的身体。这些人给出的答案是：不行！尽管女儿被附体的三年来，这家人每一天的每一分钟都活在痛苦中，他们知道发生了什么，但他们的信仰从未动摇。"

"最后，因为遭到毫不退缩的抵抗，恶魔幽灵开始在精神上和生理上对女孩儿施加可怕的折磨。要想不让这些邪灵彻底毁掉

---

① 别西卜：《圣经》中称其为"鬼王"，恶魔学中认为他是地狱的最高统帅。

她，似乎只有诉诸驱魔仪式了。结果，在1976年初，耶稣会的驱魔师开始对那女孩儿诵读罗马驱魔仪式经文。驱魔师度过了艰苦卓绝的六个月，在这段时期念了整整六十六遍经文。注意这个数字。然后，她却向死亡屈服了。死亡对于那女孩儿来说是一种解脱，就像殉道一样，那是她通往自由的唯一出路。"

为什么那些幽灵不像它们原本应该做的那样遵从驱魔师的命令呢？

"恶魔幽灵确实听命离开了女孩的身体。可是，魔鬼没有，它们不仅不听驱魔师的命令，还违背了上帝的律法。为此，它们将承受超出我们理解范围的谴责。这些魔鬼不仅没有放弃附体，还利用附体来肯定他们对上帝的恨。像基督一样，这女孩儿的生命被不公平地剥夺了。尽管她的身体死了，但她的灵魂完好无损，她的灵是完美无瑕的。杀死她的不是神甫，也不是那远远搭不上边儿的驱魔仪式。她是被魔鬼杀死的，有录像为证。"

有人坚信，恶魔附体不过是一种心理现象，根本没有恶魔这种东西，凡提起幽灵的都是些废话。鉴于恶魔的很多活动都与人有心理上的联系，要研究一下在恶魔压迫和附体这类事上心理学起到了何种作用才对。

直到大约一个世纪以前，所有的精神病还被当成被附体的征兆。今天，所有的压迫和附体却都被当成了精神疾病来治疗。这个巨大的变化对于解决当前恶魔造成的问题没有起到丝毫作用：它只是让问题换了个标签。在过去，凡有人的行为举止不可理喻，就会被贴上"被附体"的标签，然后被关进一个机构中。而今，真正受到压迫或附体的人（这类人同样会做出不可理喻的行为）会被诊断为"患有精神疾病"，然后再次被关进一家机构中。

"声称自己被幽灵压迫或附体的人中，大多数都是患了精神病。"埃德说，"但根据我的经验，并非所有情况都是如此。"

"回溯到1971年，有一家人找到我，他们冷静而且有理有据地告诉我，他们的儿子被恶魔幽灵附体了。我听了他们的讲述，然后说，'好，你们的儿子人呢？我可以见见他吗？'他们告诉我他在纽约州的一家精神病医院里，医生们说他患了精神分裂症，需要住院治疗八年。"

"这位年轻的病人抱怨说他体内有别的东西，时不时还嘟囔有魔鬼什么的。除了他的父母，没人拿他说的话当回事。他父母看了关于附体的书，觉得有足够的证据让他们相信他们的儿子可能被附体了。"

"几周后，我随着这家人一起去医院探望他们的儿子。他不停地流口水，精神状况一团糟，几乎不动弹，而且谁也认不出了。当时我带了一个十字架，站到他身后。正当我要把十字架放在那男孩儿脑后时，他突然回过神，双眼睁得像茶碟一样大，怒气冲冲地瞪着我，一切都符合被附体之人的特征。我们眼前的男孩儿已经不是那个坐着轮椅被推进屋的男孩儿了。我们看到的是另外一种造物：它警惕而邪恶，被男孩儿从未见过的一件宗教物品激怒了。"

"鉴于男孩儿以前的健康状况，再加上他对十字架的反应，我有理由认为他确实是被恶魔附体了。简而言之，我将这个案子的所有有关事实整理好，写明了自己认为该案有可能涉及恶魔附体的判断。然后，经过一系列努力，我甚至不惜拿自己的信誉担保，争取让教会派一位驱魔师来。我成功了。几个月后，天主教教会派了一位驱魔师来举行仪式。"

"神甫从国外来到纽约时，我已经把一切安排好了。在院方允许的前提下，男孩儿的父母把他接回了家。他瘫了，半死不活的，像个小孩一样，做什么事都需要别人帮忙。男孩儿躺在一张床上。驱魔师对着他开始念驱魔仪式的经文。这期间什么特殊的事情都没发生。男孩儿就呆滞地躺在原地，几乎没有知觉。直到最后，驱魔师命令幽灵离开男孩儿的身体时，他也没有任何被附体的表现。突然，他剧烈地抽搐起来，左右摇摆，又是呻吟，又是喘息，叫嚷着，呼号着，出了一身汗。"

"一分钟后，他重新瘫倒在床上。他的脸上浮现出安宁平和的表情。男孩儿睁开眼，再没有任何病恹恹的样子，开口说道：'结束了：幽灵离开了。'没错！二十分钟后，这个小伙子站了起来，精神健全，体力充沛，言行举止和那屋子里的每一个人都一样。几天后，他办理了出院手续，那之后他再也没发生过什么问题。那男孩儿到底是患了精神病还是像我判断的那样被附体了呢？总之事实是驱魔仪式治好了他。"

心理学家总是把所有受到恶魔压迫或附体的受害人看作患上了某种精神错乱。普遍来讲，他们会被诊断为患了妄想症、臆病或精神分裂症，因为幽灵压迫或附体时人表现出来的症状（紧张、焦虑、找不到方向、出现幻觉）与教科书上神经衰弱症和精神病的症状相仿。不管二者症状多么明显和相似，问题的根源绝不相同。如果你更仔细地倾听那些受到恶魔压迫或附体的人的自述，就会发现尽管他的行为可能看起来不正常，但他的头脑保持着清醒和理智。他讲的全都是真实发生在他身上的事，他的确是被外部力量侵袭了。但是，因为这种"外部力量"很早以前就不再出现在科学文献中了，所以很少有人对此进行进一步的研究。因此，那些受到幽灵困扰的人才会被送到精神病院里。

琴·莱尔米特医生是为天主教会服务的一位神经科医生和体检医生，许多疑似被附体的人都曾在他那里就医。在《关于附体的真真假假》[①]一书中，莱尔米特医生是这样说的：

> 不管怀疑论者、无信仰者和所知不多的人怎么想，世上依然有表现出恶魔附体症状的人；我们依然会见到那些令我们的先辈恐惧警惕的现象，不同的是，我们具有他们没有的批判意识和知识。但是我必须说明，尽管神经科医生和精神病专家都有资格分辨和定义什么是精神或身体失常的状况，但他们都只是医生，能力有限，因此如果患者并没有表现出明显的精神疾病的症状，那么医生应该求助于神学家。

在这样的概念的基础上，难怪神甫和心理学家在研究人的领

---

① *Vrais et faux possédées*，出版于 1956 年。

域会被大家称为"半个兄弟"呢。但是，真正的恶魔附体与精神疾病到底要怎么区分呢？

首先，最显著的区别可能就是如何看待"自我的迷失"了。

从心理学的角度看，"自我的迷失"从来都不真正属于精神疾病的要素。确实，弗洛伊德在他的《精神分析引论》中就指出，迷失自我不属于医疗状况，不管精神的退化看起来有多彻底。

举个例子，有些病人严重脱离现实世界，头脑里充满胡思乱想，他们康复后表示，精神错乱的那段时期，他们的精神世界中的某个角落里仿佛躲着一个正常的人，这个人就像超然物外的旁观者一样，注视着眼前疾病导致的混乱。

然而，在真正的恶魔附体案中，受害人会经历迷失自我的现象。取代人类的"自我"或者说灵魂的是完全独立于人存在的一种实体。正如埃德解释的："恶魔幽灵或者会将人类的灵魂驱除出体外，或者与其共同占有人的躯体。这种事发生时，占有人体的幽灵和人可以同时通过这具躯体说话。"

有些案子里，附在人体中的不止一个幽灵，这种现象常常发生。这时候，我们面对的难题就是要判断附体的幽灵数量。在一家之中不止一个人遭到附体的罕见案子中，附体的幽灵常常会借其中一具躯体之口说话，从而无心地透露自己的身份。

"至于附体幽灵的特征，它们常常用一种粗哑的男声说话，就像我之前提过的，即便它们是通过女人或小孩的身体说话。利用女人的身体说话时，恶魔偶尔会用尖尖的假音。尽管被附体的人当时可能处在恍惚或无知觉的状态，但他们是通过喉头震颤发音的，或者有时候通过体外某物的共振发出声音。如果恶魔愿意，它还可能告知自己的名字。比如说，它们喜欢说'我是仇恨；我是懒惰；我是淫欲'；或者进一步揭示自己的恶魔名字，它们的名字通常有着古老的来源，而且在书籍中有记录。附体的一个或几个幽灵可能使用的是相似的语言，但是它们不会用被附体人不会的外国语言或死语言。"

被附体的人不仅会经历迷失自我，还会表现出与典型的心理障碍无关的其他症状。其中一个症状就是"变形"。换言之，就是可能会发生面部和身体的生理变化。重申一次，这种现象不属于医疗状况。

人不能也不会通过令人作呕的变形过程从一种样子变成另一种，除非是被附体了。正如埃德所说，"我和其他人都见过被附体的人变成了狼、猪和更常见的大猩猩的形象。我还见过被附体的人变成了已经去世的人的样子，还有的样子变得只能被形容成'丑八怪'。这些转变都是生理上的。皮肤和骨骼都确确实实地改变了形态，附体结束后又恢复到正常状态。"

除了迷失自我和变形，第三个精神疾病不会有的状况就是被附体之人的身边会发生明显的超自然现象。"在附体案中，百分之五十的时间里都会发生外部的、观察得到的现象。"埃德解释，"这些现象通常会按物品悬浮、瞬移，突然出现原来没有的东西和原有的东西突然消失的顺序依次发生。恶魔幽灵会引起各种超自然的现象，向目击者证明自己非人力量的强大。总而言之，真正患上精神疾病和被附体两种状态的区别常常像白天与黑夜一样明显。"

当一个人真的被恶魔附体时，只有驱魔才能逆转人类被制住的耻辱。但是恶魔要占据和掌控的不只是人的身体这么简单，而是人类那超自然的本质——灵魂。"如果你想知道为什么有必要进行驱魔，"埃德说，"你就得先明白人之所以为人的原因。他首先要有生命，有自由意志，有体现着上帝恩泽的灵魂。生命和自由意志一部分属于人，但理论上来说，灵魂是属于上帝的。以此类推，灵魂就仿佛是上帝的馈赠，人不该将其遗失。但恶魔幽灵认为人具有可憎的上帝的形象，因此它攻击人的灵魂，其中最重要的原因就是憎恨，它要将灵魂从上帝手中夺过来，这是一种示威。在'驱魔人'一案中，'憎恨'二字真正切切地以红色鞭痕的形式出现在了被附体男孩儿的胸前。"

"然而，恶魔幽灵无法直接附在一具身体上，夺走里面的灵魂——因为它若是能这么干的话，肯定早就如此了！相反，它必须想方设法将灵魂从你体内夺走，要么是通过摧垮你的意志，要么是引导你的思想远离积极层面，向消极的方向发展。经过一段时间，当人对这种消极影响愈发纵容或者被其成功压垮后，附体现象就会不可避免地发生了。在大多数附体案中，幽灵声称那灵魂是它理所应得的，那是因为它通过各种伎俩终于掌控了人的意志。即便那人是被骗了，这种情况极为普遍。人们唯一能做的就是驱走附体的幽灵，让受害人重新回归自己的生活。"

驱魔仪式字面上的意思是"奉上帝之名驱走恶灵"。世上所有的主要宗教的仪式中都有某种形式的驱魔仪式。大多数人熟悉的都是《罗马礼书》，那是罗马教会专门为了从人体内驱逐恶魔幽灵写的仪式书。但并非所有的驱魔仪式都要根据这个来。驱魔仪式这种宗教程序有着各种各样的类型和功能。

"世上有小型驱魔仪式，也有大型的。"埃德·沃伦解释说，"小型的驱魔仪式和祷告类似。事实上，很少有人没经历过最基本的驱魔仪式。有个事情并非大家都知道，那就是洗礼其实就是一种驱魔仪式，这也是为什么很少有人在他们的一生中不知不觉被恶魔附体的主要原因。"

"除此之外，小型驱魔仪式的目的是清除住宅中的恶魔幽灵，或者帮助某个人摆脱可能会带来压迫的恶灵。重点是，负面影响可能会主宰一个人或者仅仅因为没有任何正面的力量与之抗衡就进驻人的身体。进行祷告时，正面的超自然力量会有条不紊地抵抗负面力量。神甫是奉上帝之名举行仪式的。结果就是，如果恶魔妄图反抗驱魔，那它对抗的就不是神甫，而是上帝的怒火。"

尽管小型驱魔仪式能驱除邪灵，但事实上，恶魔并不占据人的家或物品。教士克里斯托弗·尼尔-史密斯，英格兰圣公会的神甫，也是一位□界闻名的驱魔师，他在书中有如下解释：

> 驱魔师与被附体者：驱魔仪式本质上并非针对鬼魂或房子，而是针对被恶灵折磨的生者的灵魂的状态……邪恶来自人，且（驱魔仪式）对地方或房子只有次要的或残留的影响。

有地方受到影响，那是因为住在那里的人实施了恶行。

家没有灵魂；魔鬼一样，也没有灵魂。只有人才有灵魂。灵魂是独一无二的，是通往不朽的关键，是恶魔渴望占有而后摧毁之物。因为这个原因，大型驱魔仪式就并非是被动的祷告了，而是积极地驱逐那些只有正确的命令才能令其离开的幽灵。用现代词儿来说，恶魔幽灵就是非人的恐怖分子，它们占据人的身体，绑架人的灵魂；因此，大型驱魔仪式就是将灵魂从残暴的恐怖分子手下解救出来的一个虔诚的过程。"当人们必须举行大型驱魔仪式时，那意味着有非人幽灵占有了一个人的身体和灵魂，而人们势必要将灵魂救出来。"埃德表示。

在西德的那个案子里，针对安娜莉斯·米歇尔展开的驱魔仪式是《罗马礼书》之礼，是大型的驱魔仪式。不得不举行仪式的那天是个凶日。因为当教会高层判断有必要举行大型驱魔仪式时，他们在关于那个被自称是"群"的幽灵附体的人方面已经进行了长时间的考虑。这不是个轻率的决定。事实上，只有收到毋庸置疑、不可辩驳的附体的相关证据时，教会才可能考虑举行大型驱魔仪式。他们必须排除所有自然的解释，而且证实并确认所有非自然的主张。

被附体的人必须要经过医生彻底的检查。比如说脑肿瘤、激素失调和麻醉状态，这是三种最普遍的能改变一个人生理或心理状态的因素。即便是身体检查、X光和医学测试均显示该人身体健康，接下来还要接受一轮微妙而复杂的精神病检查，也就是变态心理学检查。主持检查的精神病医生要判断当事人是被附体了还是只是妄想、出现了幻觉、有多重人格或患有看似像被附体一样的各种精神障碍。

彻底检查当事人的生理和心理健康后，教会才会派恶魔学家接手该案。

"恶魔学家负责进行现场调查，以便确定这个所谓的附体案的真实性。"埃德解释说，"调查包括与该案所有相关人员——包括据称被附体的人进行面谈，了解是否是因为某些因素或行为导致非人幽灵附体。如果报告称这个案子涉及一些外部现象，那么恶魔学家还必须见证该现象，然后判断该现象是自然原因还是超自然原因引起的。最后，恶魔学家必须与附体的幽灵交流，以评估幽灵的性质、力量和数量，然后，如果可能的话，他还要尝试搞清楚附体幽灵的身份。"

"恶魔幽灵普遍不愿向可能会驱逐它的人揭示自己的身份。"埃德继续讲，"所以，在附体的表现不太明显的案子里，有一半情况下，恶魔学家都要强行使用宗教刺激——就像催泪瓦斯一样的方法'召唤'附体的幽灵。"

被问到具体例子的时候，埃德说了至少十二个案例，在这些案子中，他都用到了宗教刺激的方法测试被附体者，然后他就一个具体的案例详细讲述了整个过程。

"在这个案子里，我的当事人是一位十分文雅美丽的西班牙女子，她大约二十五岁，因把玩灵应盘不小心将一个恶魔幽灵招进了家中。"埃德开始讲述，"和通常情况一样，发现附体的并非当事人本人，而是她的家人。他们听到这个年轻女子的卧室中传来粗哑的男人的声音，意识到有问题。当她的家人因为担心她的安全进卧室去查看时，却吃惊地发现那声音正是这女子发出来的，而且当时她正在熟睡。他们想把她叫醒，她却凭空在床上浮起来，龇牙咧嘴地冲他们咆哮，手指也弯曲成爪子的样子。"

"我参与这个案子之前，这家人已经带她看过医生和精神病专家了，医生们已经尽可能帮忙了。事情陷入僵局后，他们向熟识的浸信会神甫求助，这位神甫则帮忙牵线搭桥，把我介绍给了他们。"

"向这家人问明年轻女子的非自然行为后，我预约了一个面谈时间，选的是一个下午，她在家的时间。当你与恶魔打交道的时候，也就是在与危险打交道。所以，我去拜访那家人的时候带了三个附近大学壮硕的橄榄球运动员。那天下午在家的还有那名女子的父亲和浸信会教士，他们两个都高大健壮，与橄榄球运动员不相上下。"

"我进那栋房子之前告诉这些小伙子，我会让那位年轻的女士坐在客厅沙发的正中央，然后，我挑了其中两个块头最大的小伙子，吩咐他们到时候就坐在她两边。我在他们其中一个人兜里放了一个小小的银质十字架。我告诉他，只要我点头，他就从兜里拿出十字架，把它攥在手心里，悄悄地抬起胳膊，放在沙发后面，然后将十字架移到她脖子后面。"

"通常测试人是否被附体的方法有念诵祈祷经文、朗读《圣经》，或者在被附体之人的面前展示十字架或其他受祝福的圣物。刺激恶魔的物品或方法取决于恶魔学家自身的宗教派别。我是天主教徒，所以我用的是基督教的方法。但是，站在旁边念诵祷文或其他经文不是我的风格。要是轮到我刺激恶魔时，我会使用受过祝福的十字架，因为我发现这是最快也最有效的测试方法。"

"我们进去的时候，那女子的父亲和浸信会教士正和她一起在家中等候。我让她坐在沙发正中央。随后两名橄榄球运动员上前，按照我的吩咐，分别坐在她的左右。我让第三个小伙子装作若无其事的样子，站在我身边，随时准备在必要的时候抓住那女子。做好了这些准备，我就开始问那年轻女子一系列常规问题了：'你感觉怎么样？''你是做什么工作的？'等等。大概过了五分钟，我向有十字架的那个小伙子点点头。于是，他很随意地举起一条胳膊，放在沙发靠背上，正巧位于那女子的脖子后面。"

"他把十字架举到她脑后的瞬间，房间另一头的一把大椅子就凭空翻倒了。几秒钟之后，一张桌子倒了，砸在地板上。墙壁后面响起了高高低低的敲击声，然后房顶上响起了极具冲击力的拍击声，就好像有个巨人从房顶上走过。接着，一个大台灯悬浮起来，飞过客厅，砸在一堵墙上。"

"见到这些现象，神甫吓坏了。"埃德充满同情地说，"我当时以为他要吓晕过去了。与此同时，那位年轻美丽的女子突然变成了一个丑陋恶心的怪兽。她发出阵阵野兽的咆哮，伸出爪子一样的手，想抓住我，把我的脸撕烂。五个男人——三个橄榄球运动员、女子的父亲，还有那位神甫——体重加起来有一千多磅，但他们都差点儿按不住她。为了制服那附体的幽灵，我也拿起一个十字架，放在那女子双眼之间的位置，然后命令幽灵离开。五分钟之后，它真的离开了。"

讲述完这个例子，埃德还播放了在那女子的房子里录下的磁带。从录音我们可以听到一个非人幽灵充满了仇恨与愤怒的声音。

"简单来说，作为一个恶魔学家，我会和当事人一家面谈，见证被附体者所在的房间中发生的外部现象，在其他证人的面前与幽灵对质。得到我需要的信息后，我建议教会为她举行驱魔仪式。于是，大约两周后，教会派人来做了驱魔。如今，那女子正在纽约市过着相当不错的生活。"

尽管医生们和恶魔学家提交的报告和给出的建议常常足以说服教会同意举行驱魔仪式，但往往还需要其他铁证来证明驱魔仪式势在必行，尤其是在涉及《罗马礼书》的仪式时。比如说磁带录音、照片、测试得出的数据、凭空出现的物质或物品，这些能证明发生了显然是超自然现象的过硬实证必须能拿得出来。而且，还要有可信的证人证明被附体者的性格和行为举止都发生了变化；如合适，还要让这些证人现场确认发生了异常活动。判断附体的标准非常严格，对于天主教的驱魔仪式来说尤其如此。原因除了上述内容以外，还有就是，除非以下四个关键问题中至少有一个能得到肯定的答案，否则教会绝不会同意进行驱魔：

- 当事人是否表现出他了解其应该未知的事情或未来的事情？
- 当事人是否用他之前不会的"方言"或语言说话了？
- 当事人是否展示出了非人的力量，或者是否做出了显然超出人类能力范围之外的事情？

● 附体的幽灵是否说出过自己的名字或明白无误地表现出了它存在的迹象？

掌握了这些问题的答案之后，再研究过大家收集的其他资料信息，这才能将案子呈给教会权威。在对所有数据仔细思考过后，如果教会认为有必要举行大型驱魔仪式，他们才会派出驱魔师接手案子。

"世界上的每个主要宗教都有各自的一套驱魔仪式。"埃德表示，"那些仪式并非是旧时遗留下来的，而是平日里必需的。人们常常误会驱魔仪式是中世纪的某种过时的仪式，早就不再举行了。然而，和之前的每个世纪一样，本世纪人们依然需要驱魔仪式。尽管举行的次数可能是这世界上保守得最好的秘密之一，但我可以告诉大家，1970 年至 1980 年期间，单只在北美洲就举行了超过六百次大型驱魔仪式。"

人不该被除自己的灵魂外的任何其他灵占据了身体，最不该的就是被非人的恶魔幽灵附体。因此，灾难性的幽灵附体需要正面积极的超自然力量来克制。魔鬼不把任何人放在眼里，因此，这种违背自然秩序的行为只能由直接代表上帝的神甫来纠正。这一极艰巨的任务需要一个特别虔诚的人执行，他必须能够独自一人面对附体的邪灵。"在大多数非基督的宗教中，仪式会由一名专门的神职人员来进行。"埃德说，"换言之，驱魔师有其他神职人员不具备的能力。这一点在东方宗教中尤为明显。在犹太教的驱魔仪式中，驱魔师要从《摩西五经》中选读一部分经文，同时还要按照习俗从寺庙中挑出十名虔诚的信徒协助。基督教派中也有专门从事驱魔的神职人员，虽然所有受戒的基督教神职人员都有做驱魔师的潜质，因为基督本就是驱魔师。事实上，耶稣基督是世界上前所未有的最伟大的驱魔师。他不仅为被附体的人驱走了恶灵，还曾让死者复生！"另外，《圣经》中说，耶稣利用《路加福音》中的如下经文，将驱魔的力量从人的身上传到了众门徒的身上：

听从你们的就是听从我；弃绝你们的就是弃绝我；弃绝我的就是弃绝那差我来的……我已经给你们权柄可以践踏蛇和蝎子，又胜过仇敌一切的能力，断没有什么能害你们。然而，不要因鬼服了你们就欢喜，要因你们的名记录在天上欢喜。

尽管人们期望由更高级别的神职人员来举行大型驱魔仪式，但这很少发生。"我和来自几乎每种主要宗教的驱魔师都合作过。"埃德·沃伦说，"我发现他们通常是上了年纪的，往往在四十岁到八十岁之间。他们是极为圣洁和谦逊的人，深深关心着人们和人们的福祉。他们的头衔通常只是修道士、神甫、拉比、神甫或瑜伽行者，但是他们似乎是集智慧、慈爱、怜悯于一身的人，而普通人很难达到这样的境界。"

但虔诚、智慧、奉献和谦卑这些品质还远远不够。作为一个人，驱魔师必须代表着人类最好的道德品质，是至德至善的化身。同样重要的一点是，驱魔师必须足够强壮，能够禁得起精神上和生理上的折磨，这类折磨在他从恶魔手下拯救人类灵魂期间会常常发生。"驱魔师无一例外，他们的人生中总要因为自己的至德至善而遭遇恶魔的攻击。驱魔师做的是这世界上最吃力不讨好的工作了。尽管他可能是在精神道德上有着相当高境界的人，"埃德强调，"但他也常常被那些看不到他价值的无知之人斥责和嘲笑。"

大型驱魔仪式要举行的时候，通常仪式的时间地点会提前定好。"驱魔师喜欢挑神圣的日子或者一些宗教节日进行驱魔。"埃德说，"仪式通常在白天的时候举行，这是为了避免遭到有'黑暗王子'之称的魔鬼的攻击，因为魔鬼最会在夜里发动袭击。驱魔仪式可以在被附体人的家中举行，但更常见的是在一些宗教场所举行。涉及极端邪恶和力量极其强大的幽灵的凶险驱魔仪式常常在教会下属的医院中进行，那里有随时待命的医生和救生设备。"

同时，在大型驱魔仪式前几天，驱魔师还会进行严格的准备。他将持续禁食几天，只在必要的情况下饮用福水。这叫作斋戒。驱魔师将过上至少三天与世隔绝的生活，整日诵经祈祷，这是为了让自己的精神世界充盈着信、望、爱这三大神学上的美德。信，即他正在做的事；望，他的希望不会落空；爱，他的慈爱都体现在他对他人的关怀上。蒙受神恩的驱魔师将会祈求得到上帝的帮助，因为毕竟人没有与生俱来与那些万劫不复的堕落天使相抗衡的力量。

驱魔仪式的当天，同样经过祈祷和禁食的驱魔师助手也会集合在一起。如果驱魔仪式非常凶险，被附体的人会被安排穿上宽松的衣服，躺在一张床上。"任何可以移动、燃烧或抛丢的事物都会被移出那间屋子。"埃德揭秘，"你要是给恶魔留下一根棍子，它就能举起棍子来打你。所以，留在房间中的唯一一样东西就是摆着蜡烛、圣油和圣餐的桌子。为了驱魔师及其助手的安全起见，所有其他家具和物品都要被转移到屋外。"

一切准备就绪之后，严酷的考验就该开始了。

"驱魔，"约翰·尼古拉神甫在他的书《恶魔附体与驱魔》中写道，"不是一场战役，而是一场战争。"只有在恶魔无法承受暴露在与其相对的神圣力量之下，最终放弃它附着的人的时候，这场战争才算是赢了。因此，驱魔师会念：

> 我驱逐你，不洁的灵，驱逐所有入侵的邪恶敌人，驱逐全部幽灵与恶魔。我奉我主耶稣基督之名，命你从上帝的造物身上离开，消失。你必须遵从他的命令。是他将你从天堂遣至世界的最底层……我等称颂我主之时，你等邪灵颤抖吧，逃离吧。在我主面前，地狱都要震颤，神圣的力天使、能天使和权天使皆遵从，智天使和炽天使皆歌颂：神圣的主，神圣的主，神圣的主，万军之耶和华！

尽管《罗马礼书》的驱魔仪式相关内容超不过二十五页（其中一半都是赞美诗），但很多时候，附体的幽灵只有在受到漫长的、残酷的折磨之后才会选择离开，西德的那件驱魔案就是如此。《罗马礼书》的驱魔仪式中，主持者在不受干扰的情况下会进行连续两个小时的诵经。不过，念诵经文的过程对恶魔来说是一种痛苦的折磨。经文的力量强大，因此恶魔，即附在人身上的幽灵在抵抗几个小时、几天、几周，甚至几个月之后终会投降。

但驱魔中发生的事情无法为公众所知，因为驱魔仪式不是表演。不过，作为恶魔学家，埃德·沃伦会与驱魔师密切合作，他已经在美国和英国的大概四十三场不同的驱魔仪式中进行协助了。他见证了各种怪异现象，还遭到了许多可怕的攻击和迫害，这些都是驱魔仪式中常见的一部分。

"大家首先要明白的一点是，"埃德说，"我的任务永远是协助驱魔师。我不会像神甫一样走来走去，我是去帮忙的。我知道危险的预兆，所以有麻烦要发生的时候，我可以提供些有效的帮助。另一方面，驱魔师是真正要冒驱逐恶魔的危险的人，恶魔的报复针对的也是他。"

"至于驱魔仪式期间发生的事，我首先要说，十回里面有六回，附体的幽灵会在驱魔师第一次念诵经文的时候听从命令离开。显然，幽灵离开被附体之人的身体是因为房间中的平静与安宁。通常在这类案子中，被附体的人会说'结束了'或者'附体结束了'。当然，驱魔师对此还是要小心。最厉害的驱魔师有一种天生的眼力，他们能看出幽灵是否还附在人身上。"

"但十回里还有四回是有麻烦的。屋子里开始发生灵异现象，附体的幽灵开始抵抗。在这类案子中，驱魔师往往一开始念经文，幽灵就对人发动攻击作为回应，想要让驱魔仪式停下来。通常幽灵会操纵它附体的人撕心裂肺地大喊大叫。典型的情况下，恶魔会发出马儿的嘶鸣声、狗吠声、猪的哼哼声来打断仪式。打断驱魔仪式其实就是这种干扰的真实目的。那异界的嘶鸣、吠叫和猫叫春似的声音往往会持续好几个小时。对于驱魔师而言，这些仿佛是野兽发出的动静不过是一些烦人的杂音。"

"随着驱魔仪式继续进行，"埃德接着说，"附体的幽灵常常会吐出一连串渎神的下流言语，肮脏而粗鲁。这些恶魔幽灵不仅用一种恶心的非人的声音说话，还会给读《圣经》的驱魔师挑刺儿，甚至在驱魔师忽略了某个拉丁文或英文词句，或者将某个词的发音念错时，故意'纠正'他。之后，这些侮辱和诋毁会变成针对所有在场人员的人身攻击，令人们倍感沮丧，甚至丧失信心。这些幽灵不仅熟知《圣经》，还知道屋子里每个人的命运。它们会提起这些人生活中的一些伤心事，用调侃的口气讲述发生在他们身上的悲剧，以此来分散驱魔师及其助手的注意力。它们会提起让人深感愧疚的一些事，或者令其回忆起会带来巨大伤痛的往事。如果这些都不管用，它们会侮辱在场的每一个人，当着大家的面把他们每个人犯过的不可饶恕的罪行讲出来，让他们倍感尴尬。对于天主教徒来说，后者他们可以通过忏悔来避免。奇怪的是，恶魔对于人已经忏悔过的罪行毫不知情。"

"当对驱魔师及其助手的人身攻击不足以阻止驱魔仪式时，如果案子涉及力量非常强大的恶魔，那么接下来会发生令人不可思议的可怕现象。在这些案子里，我见过各种违反常理的不可能之事。举例来说，在一次驱魔中，恶魔变出了足足有六七桶那么多的东西，那些东西看起来好像意大利面和头发的混合物。随之而来的还有粪便的气味儿，实在令人恶心想吐。但是，其实最糟糕的现象是发生在被附体者本人身上的。"

"在至少六件案子里，我见到被附体者从床上浮了起来。我还见过受害人的头发被一双看不见的手从头上拽了下来。我见过被附体者吐出大量的令人作呕的东西，呕吐物还散发着一股腐臭味儿；我见过被附体者全身都出现了烧伤和鞭痕，如果仪式中受害人没有处在无意识的状态，他们会因此疯狂而痛楚地尖叫。"

"在十三岁女孩被睡魔附身的案子里，我们看到那女孩儿的一只胳膊上有牙印儿。我们认定那是动物的咬伤，伤口附近还有湿润的唾液。那咬伤深入肉里，导致受害人鲜血淋漓。我还见过恶魔让被附体者胀大到原来身体的两倍。头、躯干、双臂、手指、双腿，整个身体都胀得没了人形，皮肤开裂，迸出鲜血；我们当时真的以为那个人要炸了！不过，当附体幽灵被驱走后，那些身体上的烧伤、疤痕和改变都会立即消失，这就是我说的一场成功的驱魔仪式最后会让房间变得'平静与安宁'。"

"这都是我的亲身经历。但我要提醒大家一点，"埃德继续说，"那就是，其他我没有参与的驱魔仪式中一定也发生了同样稀奇古怪的现象。举例而言，1977年，教宗保罗六世辞世前一年，梵蒂冈的许多修女与神甫都莫名其妙地遭到了附体。在那些案子中，被附体者不仅变得面目全非，他们还呕出了指甲、玻璃碴、胆汁和活生生的动物。"埃德翻开一本叫《撒但滚开》的书。1928年，爱荷华州的依尔灵，一名女子经历了一场持续了二十三天的驱魔仪式。

在仪式中，数不清的魔鬼用各种令人厌烦甚至无法承受的手段进行干扰。最后，当事女子的脸严重扭曲，变得谁都认不出了。然后她的身体发生了可怕的变化，原本的轮廓消失不见了。她骷髅一样消瘦的头颅，大小像倒置的水罐一样，变得越来越红，好似一堆灼热的余烬。她的双眼从眼眶中凸出来，嘴唇肿胀，大小都赶上双手了，身躯胀得极大，把神甫和几位修女都吓得连连倒退，他们以为那女人要炸成碎片了。同时，她的腹部和四肢变得像钢铁和石头一样硬。在这种情况下，她的身体把铁床架都压弯了，铁条焊的框架几乎贴到了地板上。

"这就是魔鬼对人的所作所为，"埃德用明显轻蔑的口气说，"还有，不管灵异现象变得多严峻或者多疯狂，我们都很难想象驱魔师会被压垮。即使最坚强的人，遇到那些令人作呕的现象也会在震惊和厌恶中退缩，而驱魔师和他身边的人必须鼓起勇气去面对。驱魔师必须在忍耐中不断重复仪式，有时候甚至要坚持到濒死的状态，直到最后附体的幽灵表明身份，在上帝的力量下被驱走。"

"驱魔师介入之后，"埃德总结道，"他面对的可是真家伙。异界的幽灵承认它们占据人的身体是为了摧毁人。而整个驱魔仪式结束后，人就能从这些幽灵手上被解救出来了。不过，对于驱魔师来说，折磨并未真正完全结束。遇上强大的恶灵，没有哪个驱魔师能毫发无伤地全身而退。他会永远孤独一人，远离大众，感受着魔鬼对上帝那种虫蚁啃噬般的恨意。这就是大型驱魔仪式的真正的本质！"

埃德和罗琳调查过的最糟糕的案子是哪一件呢？

"那件案子我永远永远都不想提。"埃德承认，他突然变得严肃起来，"我可以说，那件案子差点让我们俩丧了命。我们发现自己被带到一个并非存在于人间的地方，一个我说了你也永远不敢相信竟然会存在的地方。那几个小时里，每一分钟、每一秒我们都感受到一种难以言喻、不可思议的恐惧，我相信那就是地狱的真相，同时为此我也明白了活在人间的可贵。"

XIV.　恩菲尔德的声音

"下面的车里有人活着吗？"一名宾夕法尼亚州的州警问。

一辆黑色的福特车在高速公路上侧翻，滚下了陡峭的路堤，落在距离冰雪覆盖的路面三十英尺左右的下方。

"大家都安然无恙。"司机说。

州警把目击司机叫来后，翻开他的皮面记事本，问道："发生了什么事？"

那个拖车司机告诉他："当时我跟在那辆车后面半英里的地方。不知道为什么，那车突然失去了控制。车尾开始来回左右摇摆，不过最后司机还是控制住了局面。可几秒钟之后，那车突然转了一个圈。那不是普通的转圈，在我看来好像车轮子都没着地——那车悬在空中转了一圈！它悬在空中的时候，仿佛有股力量从侧面推了它一下，然后车就翻下了路，打了个滚，摔到路堤那边去了。"

"司机是谁？"州警继续问。

"是我。"埃德·沃伦回答，"这车失控了两次。第二次我实在无法控制它了……"

真实情况却是另外一回事，但说出来没有哪个警察能相信，即使给他们解释一长串也没用。

"那天天气很好。"埃德回忆，"一切都很顺利。我和罗琳正在聊我们当时处理的几个案子。事故发生两三分钟前，我们才说起阿米蒂维尔案，我们认为它并不比我们经历过的其他案子更可怕或者有什么不同。突然，就在这时，车子失去了控制。"

"我想说，我每年要开五万多英里的路，这足以证明我有能力开好我的车。但是这次不同，我感觉有一只巨大的手从后面伸过来，抓住了方向盘。第一次，车尾从地面上翘了起来。第二次，整个车都悬了起来！我们转了一两圈，接下来我知道的就是我们以五十英里的时速向后飞了出去，越过了路堤。我们没有车毁人亡的唯一原因是车在坡上翻滚而下时带下去厚厚的积雪，起到了缓冲作用。"

"不可思议，我们竟然毫发无伤，只有几个汽车装饰件被撞弯了。一辆清障车把我们的车拉了上来。没到一个小时，我们就又上路了。奇怪的是，"埃德说，"我们从阿米蒂维尔案现场回去的当晚，一团旋风般的黑色实体出现在我面前，投射出一幅车祸的画面。讽刺的是，那场车祸就发生在波科诺山一个叫'上帝之谷'的地方。"

魔鬼研究是世界上仅次于驱魔的危险行业。因此，沃伦夫妇遇到的没有小事。确实，随着一年又一年过去，沃伦夫妇每调查一件案子，他们的危险就越大。埃德·沃伦和罗琳·沃伦夫妇决定一生都致力于超自然现象研究后，他们每次被牵扯进涉及非人类幽灵的案子都会遇到危险。尽管他们可能能降服渎神的邪恶力量，或者能帮助一家又一家解决烦恼，让他们住得安宁，但他们遇到的那些恶灵总会在接下来的几年中威胁和骚扰他们。这是他们的工作真实的一面，令人十分不快，且充满了危险。

在正式迎战恶魔之前，驱魔师会做各种精心的准备。那么沃伦夫妇会为了他们的安全做哪些特别的准备呢？

"接手一件重大的案子之前，"罗琳回答，"我们会做好一系列预防措施。首先，我们会彻底地评估我们的当事人。我们不会冒着生命危险去解救那些有可能在一周后再次招来同样的幽灵的那种人。所以，我们先要看找我们的个人或家庭是否真诚，是否确实需要帮助。之后，我们会反省自己接下这个案子的动机。我们是否是解决这个案子的最佳人选呢？其他人——也许是神甫——有没有可能比我们更胜任这个工作呢？不过，我们从未因为太难或者太危险退出过已经接下的案子。"

"如果我们最终决定调查一件案子，那么我们会采取额外的预防措施。"她继续讲，"我们信天主教，我常常会把整个下午或者更长的时间花在教堂里，祈祷我们能旗开得胜，安然无恙。我用念珠。从事这类工作的人都知道，念珠具有强大的力量。如果案子风险大，我们会请一众神甫为我们诵经祷告，还有很多回，我们去望弥撒。有的人觉得这样做很奇怪，但依据经验，我们知道这是保障安全的唯一办法。毕竟，做这种工作不是只有善良就够了。我们不妨直说。我们要面对的不是一个念头、一个概念或是一个幻觉。我们要面对的是以众多强大形式之一现身的真真正正的魔鬼。"

"至于什么能保护我们，"罗琳总结道，"那就是完全另外一种东西了。为了工作走进一栋有邪灵入驻的房子时，我们会戴着受过祝福的圣牌，还会随身携带圣徒留给他的纪念物。这些有着积极的灵的物件会对恶灵施加一定压力。我们从来不是独自进入一间鬼宅的，而是有很多其他的灵的陪伴。除此之外，我们发现，在处理一些特别困难的案子时，积极的灵真的会给我们提供帮助。作为一个有超感视觉的人，我还能和保护与指引我们的灵对话。最后，埃德发现守护他的是圣米歇尔，他的出现往往是个好兆头。"

"简单来说，要是没有神力相助，恐怕我是无法一直从事这个职业并活到今天的。有几次，埃德正要进入的房子里正上演着种种蓄意破坏的现象。这时，或是一种无法穿越的力量包围住整栋房子，或是有一双有力的'手'将埃德推回去，不允许他进去。我们知道这是一种积极的力量，甚至也许是来自天使。因为这类事情发生时会伴随着一股香水或者鲜花的香气。所以，你看，我们并非随意地进入某座闹鬼的房子或者挑战魔鬼或它的追随者。

正相反，我们的事业成功是因为我们掌握了关于超自然力量的知识，还拥有所有支持我们的力量的祝福、关怀和引导。如果我们没有采取那些预防措施，或者只是出于好奇才做这类工作，那么只有一种可能：我们现在已经死了！"

现在，让我们来说说埃德。他昨天刚刚从英国回来。他去英国是为了拜访一个过去三年来越来越频繁地受到非人幽灵骚扰的家庭。那是埃德去年第三次去恩菲尔德。这一次，他拜访的目的是收集发生在那栋房子里的灵异现象的证据，作为申请驱魔仪式的证明资料。

"和恩菲尔德一案里的鬼屋比起来，阿米蒂维尔一案中的别墅就像个游戏房。"埃德说，"我是说真的。卢茨一家可以在二十八天的恐怖经历后搬出那栋房子；但在这个案子里，当事人因为经济原因无法搬出来，所以他们不得不在里面忍受了三年。"

"在伦敦媒体连篇累牍的报道中，我得知，受害者是一名离婚的五十岁女子和她的三个孩子，他们住在一座政府廉租房里，这栋房子位于伦敦北部市郊的恩菲尔德。这家有两个女孩儿，当时年龄分别是十五岁和十二岁，男孩儿仅八岁。尽管灵异现象首次出现是在 1977 年 8 月，但这个案子是从 1976 年真正开始的。当时，那两个女孩儿在房子里玩灵应盘——没错，又是灵应盘！因此，她们招来了一些非人的幽灵。女孩儿们玩灵应盘并非有什么不可告人的目的，而是实在没别的事好干，她们把这个完全当成了游戏。不幸的是，伦敦是个幽灵活动猖獗的地方。结果，女孩儿们和一个恶魔幽灵建立了联系，那东西巧舌如簧，竟然从她们口中获得了进入房子的允许。几周之后，这个幽灵开始骚扰她们的家。祸不单行，它不是单独来的，进入房子的总共有六个幽灵！就在我说话的当儿，那六个幽灵还在那个家中。"

"幽灵第一次被招进家中的时候，通常会发生一系列的灵异事件，比如说凭空响起的敲击声、抓挠声、拍击声等等。随着时间的推移，这些现象升级到物品突然出现，人悬在空中——尤其是那两个女孩儿，而且夜里他们的房子里会有黑影飘来飘去。她们的妈妈把这些问题汇报给当地的警察队后，警察进行了调查，但最后无功而返。很快，媒体听到了风声，记者和通灵研究者蜂拥而至，他们详细地记录了 1977 年到 1978 年期间这座房子里发生的种种现象。在这期间，这家人相当于活在公众面前。后来，这些人又离开了，也没告诉这家人如何摆脱各种困扰。事实上，没人知道到底发生了什么。这案子被归为了所谓的'骚灵现象'，然后就被搁置不理了。1978 年我在英国，这件案子引起了我的注意，于是我便去拜访了这家人。"

"后来，"埃德继续说道，"我在恩菲尔德待了一周。我与这家的所有家庭成员来了一次彻底的谈话，分开谈过，也集体谈过，同时还亲眼见到房子里的灵异现象。作为一名恶魔学家，我得出的结论是，这家人正在被非人幽灵有条不紊地压迫，有时候他们甚至被附体了。举个例子，两个女孩儿会浮起来，在空中交错着飞来飞去，然后重新落地，这是非人幽灵在展示它的力量。事实上，每周这两个女孩儿中的一个都会飘起来，而且常常是在有目击者的情况下。这家的妈妈告诉我，有一次，她走进女孩儿们的卧室，发现她最小的女孩儿正悬在空中熟睡。还有一次，她看见两个女儿在床上'像悠悠球一样'，时而上浮，时而下降，无法控制自己的行动。孩子们还谈到夜里卧室中会出现一团黑影。"

"就在我和那家人说话的时候，房间中都陆续有东西升了起来，飘在空中。有天晚上，一把木椅子突然升至空中，停留了片刻，然后突然炸开了。还有一次，客厅中凭空出现了一个垒球大小的石块儿，砰的一声砸到了地板上！之后，我把那石块带给伦敦大学一位地质学家看，但并没有告诉他石头是怎么来的。我问这位教授，石头可能是从哪儿来的。'这种石头只在不列颠群岛的某个地方有，'他告诉我，'那就是怀特岛。'当然了，怀特岛坐落在英吉利海峡上，伦敦的西南方向直线距离大概七十五英里远的地方。"

"比起这些外部现象来，"埃德继续说，"发生在孩子身上的事情才更可怕。尤其是那两个女孩儿，她们会间歇性地被附体。根据她们的妈妈说，她们被附体时会呈现出一个'死去的老女人'的形象，'但却有着亚马逊女战士的力量'。被附体阶段最危险的是，其中一个女儿常常会攻击她的妈妈，甚至想赤手空拳杀死她，而且有很多次她都差点成功了。我拜访他们家的几周之前，一个女孩儿被附体了。那附体的幽灵利用她的身体在房子里走来走去，最后让那女孩儿变得无比暴躁和疯狂。妈妈不得不带女儿去当地一家医院，医生们花了六七个小时的时间试图平复她的狂躁状态。最后，幽灵从她身上离开，她才平静下来，下了病床，走出了急诊室。"

"截止到目前，这个案子最吸引我的地方就是房子里出现的多个声音，房间中有六个不同的幽灵大声说话。就好像有六个看不见的人在场一样。太不可思议了，你即便亲眼所见也会觉得无法相信！"

"就算这家人在厨房吃饭，其他房间里也会出现说话声！我介入之前，英国心灵研究学会已经在研究这个案子了。他们的人带了一件细齿梳子样的滤波器，这是为了排除声音通过扬声器或任何其他电子手段传出来的可能。"

"那些声音带着明显的伦敦腔。恶魔幽灵会模仿人的口音。它们说伦敦腔，是因为这家人能听懂。不过，其中有个幽灵判断失误，说的是德语。这些声音并非偶尔说话，而是无时无刻不在说话。屋里有人的时候，它们会大声和人说话，没人搭理它们的时候，它们就互相说话！它们说的比人说的还多。"

"英国心灵研究学会录下了这些声音，但是因为他们的组织比较私密，这一证据尚未向大众开放。我去的目的很明确，那就是把这些声音录下来，作为申请驱魔的资料。"

埃德录下这些声音了吗？

"你肯定不敢相信。"他一边回答，一边敲着他面前桌子上摆的两盘磁带，"尽管要花些功夫才能分析出这些磁带的内容，但这就是证据。按我的评估标准，这是能证明非人幽灵存在的相当重要的证据。我现在就放给你听……"

录音时长超过三个小时，内容实在是不可思议。磁带录的是埃德和他的两名助手——保罗·巴茨、约翰·肯尼赫茨与恩菲尔德一家中的妈妈和她的三个孩子的对话。录音中，他们三个向这家人提问，同时还能听到其他声音——幽灵的声音在屋中大声回响："我们把灯关掉吧"；"去把墙纸撕下来"；"扔桌子"；"别让他进那间屋子"……这些话都是在房子里无人理它们的时候它们所说的。偶尔，屋子里会响起一个像鹦鹉一样的声音，它只说"你好"。有时候，其他声音也会参与进来，跟着那鹦鹉的声音喊一连串的"你好"。不过，并非所有幽灵发出的声音都可以称得上是一种语言。录音中有整整百分之十的内容是咕哝声、呻吟声、表示轻蔑的声音和模仿动物的声音，后者中最常见的要数狗叫了。

至于与这些幽灵沟通，没有什么明显的问题。有时候，幽灵会叫房间中的人；有时候，房间里的人会和幽灵说话。这些声音极其刺耳难听。不过，它们说的确实是伦敦腔，这一点倒是真的。

事实上，它们的伦敦腔之浓厚恐怕让美国人都听不明白。从它们的言谈中可以得出结论，它们的智商低于人类，但是它们远算不上愚笨。埃德问这些幽灵的大多数问题都得到了回答。

尽管那些非人的声音往往给出直截了当、逻辑严密的回答，但它们说的话也有不少荒谬绝伦、前后矛盾的地方。在这群声音里，有一个起主导作用的声音，它管自己叫"弗雷德"。埃德·沃伦问出的大多数问题都是给这个弗雷德的。接下来就是从埃德的盘问中截取的一小段。

埃德：你好？

幽灵：你好。

埃德：你知道我是谁吗？

幽灵：知道。

埃德：我是谁？

幽灵：埃德。

埃德：没错，埃德。你是谁？

幽灵：弗雷德。

埃德：你是弗雷德吗？你的真名叫什么？

幽灵：哼……（噪音）

埃德：你准备什么时候离开，弗雷德？

幽灵：五百年后。

埃德：那时间也太长了。你能移动什么东西，向我们显示你在这儿吗？

幽灵：不能。

埃德：为什么不能？

幽灵：汤米正拉着我的胳膊呢。

埃德：在这儿的有两个啊？让汤米跟我说话。

幽灵：（一个新的声音，但依然沙哑）我在。我是汤米。

埃德：汤米，你觉得我们怎么才能解决这房子里发生的麻烦？

幽灵：把鬼都杀光！

埃德：把鬼都杀光？你是鬼吗？

幽灵：不是！

埃德：告诉我，你是怎么进到这房子里来的？

幽灵：从地板下面钻进来的。

埃德：你们一共有几个？

幽灵:（故意慢慢地数数）嗯……嗯……一……二……三……四……五……六。六个——不,五个。

埃德:它们都叫什么?

幽灵:弗雷迪、汤米、比利,嗯……查理和迪克。约翰不在。

埃德:约翰去哪儿了?

幽灵:不知道。

埃德:谁是领头的? 是你吗?

幽灵:都不是。谁都不是领头的。我是个骗子。

埃德:还有谁在这儿? 这儿还有别的吗?

幽灵:是。

埃德:谁的鬼魂?

幽灵:格特曼在。

埃德:让格特曼跟我说话。让它说话。你在吗,格特曼?

幽灵:在（另一个沙哑的声音出现了,比上次的稍微清亮点儿）。

埃德:格特曼,你有什么要说的吗?

幽灵:（叫喊声）这栋房子闹鬼了。把鬼都杀光!

埃德:格特曼,你生前是人吗?

幽灵:是。

埃德:生前住在哪儿?

幽灵:在军营里。我是名战士。

埃德:你在哪支部队里当兵?

幽灵:各种部队里。我是名战士。

埃德：还有谁在，格特曼？

幽灵：嗯……啊……扎卡里在。

埃德：让它出来，格特曼。让扎卡里和我讲话。

幽灵：（突然出现一串不可思议的呻吟与叹息声。那声音极其怪异。最后的是一个拉着长声的"救命"，十秒钟后，声音才逐渐消失。）

埃德：我的天啊。那是什么？让扎卡里再出来一下。

幽灵：（悲惨的呻吟声再次出现。）

埃德：还有谁在这儿，弗雷德？

幽灵：我不是弗雷德，我是汤米！

埃德：让弗雷德回来……弗雷德，你在吗？

幽灵：在，我是弗雷德。（声音改变，表示"弗雷德"回来了）

埃德：弗雷德，让扎卡里再出来一下。

幽灵：它不来。（停顿）我告诉你还有谁在这儿。泰迪在。泰迪曼在。

埃德：让泰迪曼出来，弗雷德。

幽灵：哼……（噪音，然后是一片安静，几秒钟过后被一个鹦鹉似的声音打破了，它说，"你好。"然后又有一个声音回答它说"你好"，紧接着，那个鹦鹉的声音又说了两声"你好"作为回应。第三个声音加入了说"你好"的行列，然后是第四个声音，第五个，第六个，一起跟着那个鹦鹉似的声音喊"你好"，最后汇成一片疯狂的尖叫。其余的声音渐渐消失，只剩下原来的鹦鹉声单一地重复着"你好"。）

（埃德在那片爆发式的尖叫声过去后又召唤群灵，却没有得到任何回复。）

"我和这些幽灵说话的同时，"埃德趁磁带播放到无声的间隙时补充说，"房间里还有东西在飞来飞去。录音背景中出现的碎裂和碰撞的声音就是这么回事。桌椅都升到空中，然后突然落下来。小的、零碎的物品飕飕地飞过房间，撞到墙上又弹出去。餐厅里的墙纸就在我们眼皮子底下从墙上剥落下来。一把切肉刀凭空出现在我的助手保罗的大腿上。虚空中还冒出来一枚钉子。而且，意料之中的是，下午三点的时候，幽灵在楼上妈妈的卧室地毯上留下了一堆粪便。"

录音中的幽灵在没有疯疯癫癫地絮叨的时候，似乎喜欢让房间中充满了咕噜声、鸭子嘎嘎的叫声、犬吠声、鸟兽的悲鸣声等各种动物的声音，以此来自娱自乐。但其中最烦人的当属猫的尖叫声。某个幽灵发出一种似乎受到了莫大折磨的哀嚎，那声音仿佛不属于人间。于是埃德和幽灵又进行了一场交谈。

埃德：你们听上去好像来自地狱一样。你知道地狱在哪儿吗，弗雷德？

幽灵：是的。

埃德：地狱在哪儿，弗雷德？

幽灵：哼……（噪音）

埃德：你多大了，弗雷德？

幽灵：十六岁。

埃德：你是个鬼魂吗，弗雷德？

311

幽灵：不……嗯……我是。我是个鬼魂。

埃德：谁？

幽灵：蝙蝠侠。我是蝙蝠侠。

埃德：蝙蝠侠可不是鬼魂。

幽灵：（几个幽灵发出一串动物的叫声，其中最突出的就是犬吠了。）

埃德：你们想成为动物吗？模仿动物让我听听吧。模仿一头猪。

幽灵：（猪的哼哧声。）

埃德：狗呢，能模仿吗？

幽灵：（犬吠。）

埃德：猫呢？

幽灵：（喵喵的尖叫声。）

埃德：火鸡呢？

幽灵：（咯咯的鸡叫声。）

埃德：你多大了，弗雷德？

幽灵：七十八岁。我是个骗子。汤米是个骗子。

埃德：我知道。

幽灵：我能唱一首歌吗？

埃德：当然了，弗雷德，尽管唱吧。

幽灵：啦嘀嗒嘀嗒……（粗声粗气地唱）杰克和吉尔爬上山，只为了取一桶圣水……哈……哈……哈……

埃德：你是基督徒吗，弗雷德？

幽灵：对。一名战士。我是名战士！

埃德：你作为一名战士是什么时候死的，弗雷德？

幽灵：我一直都是死的。

埃德：你结过婚吗，弗雷德？你娶过妻子吗？

幽灵：娶过。

埃德：她叫什么名字？

幽灵：我不知道。

埃德：你现在多大了？

幽灵：三十。我三十岁。

埃德：你知道今天是星期几吗？

幽灵：是的。嗯……十七号。

埃德：没错。那你知道是哪月吗？

幽灵：爬……爸……八月。八月十七号！

埃德：你是从哪儿得到这些名字的：弗雷德、汤米、比利等等？

幽灵：坟墓里。

埃德：你去过附近的旧墓地？

幽灵：是的。

埃德：为什么呢？

幽灵：看看墓碑上都写了什么。

埃德：你喜欢墓地吗，弗雷德？你为什么喜欢墓地？

幽灵：死亡！（咕哝声）。

埃德：你对我们美国人有什么看法？

幽灵：我恨你们，我恨你们，我恨你们……

埃德：你知道美国在哪儿吗，弗雷德？

幽灵：我不知道。我能去吗？

埃德：不能，弗雷德。你不在都够我忙的了。

幽灵：埃德。埃德……埃德……

埃德：你想要什么，弗雷德？

幽灵：砸碎录音机。

埃德：你喜欢砸录音机，是吗？

幽灵：是的。（幽灵将原来的磁带从录音机里抽了出去。）

埃德：（声音逐渐恢复）你知道我要用这些磁带干什么吗，弗雷德？我要让我认识的一些美国科学家听听。他们会对你非常感兴趣的，弗雷德！

幽灵：我晚上要砸掉它！

（两个幽灵就该由谁去“砸”录音机吵了起来。争吵逐渐变成了一句“哎呀”和一声“怒号”的对峙。这时，埃德吩咐保罗去车里取一瓶圣水，那是从位于伦敦以北的沃尔辛厄姆圣祠得来的。保罗回来报告称那瓶圣水不见了。）

埃德：圣水在那儿，弗雷德？

幽灵：我把它扔了！

埃德：你把它扔了？如果你不把圣水还回来，我们就举行驱魔仪式。

幽灵：哈哈哈。

埃德：你想让我请神甫过来吗？

幽灵：你请啊，没问题，请他来啊。我会从后面狠狠踢他的。

埃德：如果圣母马利亚命令你离开，你怎么看，弗雷德？

幽灵：哼。呸。

埃德：你知道这是什么吗，弗雷德？你眼前的是什么？

幽灵：啊……十字架。

埃德：没错，一个十字架。这个十字架意味着你在这儿的时日无多了。

幽灵：我要砍人的脑袋。

埃德：我再回来的时候，弗雷德，你最好已经离开了。因为下一次我会带来一位非常厉害的驱魔师，你可不想把他惹毛了。

幽灵：（长时间的沉默）

埃德。埃德。埃德……埃德……爱德华。

埃德：怎么了？弗雷德？

幽灵：我们来玩驱魔游戏吧。去把圣水取来……

正在播放录音的时候，罗琳突然从沙发上跳了起来，大步流星地朝卧室门走去。然后她喊埃德过去。查看后，她发现屋里一股酒气，而且罗琳梳妆台的一个格子里摆放的装饰性十字架倒了过来！

于是，大家谨慎地结束了关于恩菲尔德案的讨论。看起来，这似乎是近日里恶魔现象的冰山一角。报纸上每隔一段时间就会报道骇人的大屠杀新闻，新闻中的杀人者事后大胆地声称他们是受到了"魔鬼"或者某种"黑影"的教唆才杀人的。

每十年里，至少会有一两次发生一件恶魔附体的大事件。其中附在人身上的幽灵会表示自己是魔鬼或恶魔，有的甚至宣布要让全世界的人都知道它们的名字。

1978 年，圭亚那发生了前所未有的大规模自杀事件，死者超过九百人。而该事件很有可能是恶魔压迫所致。比利·葛培理[①]神甫在华盛顿对国家新闻记者俱乐部的一名听众说，他相信吉姆·琼斯神甫是被"附体"了，而且"他利用教堂是为了附体的恶魔"。

为什么如今有这么多消极负面的超自然活动呢？

"从有时间之初，非人幽灵就在人间四处游荡了。"罗琳回答，"因此，那种事没什么新鲜的。新鲜的是我们在 20 世纪见证的一切。如今消极活动频繁发生有两个原因。其中一个原因就是人数。现在的世界人口数量比以往任何时候都要多。其中很多人对生活不满，逐渐远离宗教信仰，或者开始追求非凡的知识。同时，历史上人们从未有机会接触过这么多异教的消极信息。过去，那类信息都属于秘密，只有那些最为邪恶的人才去使用那些超自然的知识。今天，很多信息都可以从书本中得到，它们就像糖果一样被公开售卖。这类信息都是真实可操作的。因此，那些轻信的人若是出于个人原因决定使用这类信息，很有可能会招来非人幽灵的侵扰、压迫或附体。关键是，我们有大量受过教育的人口，他可以一天二十四小时随意查看那些骇人的信息。人只需有这方面

[①] 葛培理神甫（1918—   ），美国当代著名的基督教福音布道家，是二战后福音派教会的代表人物之一，他还曾担任多位美国总统的顾问神甫。

的欲念，或者错误的动机，就会去使用它。使用那些信息和招来恶魔之间只有一步之遥。"

"我们有这么多消极幽灵活动的另一个原因是，"罗琳继续说，"人们缺少超自然方面的知识。恶魔自主对人发起攻击的情况少之又少。在 19 世纪和 20 世纪，大多数恶魔活动显然都是人引发的。归根结底，事实显示恶魔现象其实是'人的问题'。是人通过他们的自由意志向黑暗世界敞开了大门。"

"我们说过很多次，恶魔的世界并非是一个人无意识间发现的。人或是在意外中发现的，或者因为自愿做了一些事情，才导致灵异现象发生。还有很多时候，是人有意的选择才招来恶魔的。这才是问题的关键——人可以在善良与邪恶之间自由选择。因此，每当一个人召唤非人幽灵，都相当于他走了一趟亚当与夏娃的老路。的确，很久以前，人就知道要警惕魔鬼，但是人还有选择是否受到魔鬼影响的自由。然而今天，直到惊扰了恶魔的世界，人们可能还不知道他们有选择的自由，尽管那时已经太晚了。根本问题是，本世纪的宗教信仰迎来了一场大崩溃，这意味着超自然方面的知识的传承也遭遇了大崩溃。因此，人们应该吸取教训。有句话说得好，'那些不善以史为鉴的人会不幸地一再重复历史。'我和埃德做讲座的时候会提醒大家，世界上存在超自然的力量，其中既包括积极的力量，也包括消极的力量；另外，最好还是让恶魔幽灵待在它们应在的地方。说到这个话题，知识就是力量。如果人们知道招来恶魔是件多么麻烦的事，那么涉及恶魔现象的事件就会急速减少。要是巫术相关的书籍道具没有放在货架上方便购买，那么涉魔事件会少更多。"

上百万的人在玩火自焚般滥用巫术。此外，美国还有很多人在举行类似宗教的邪恶仪式，其中有的会唤醒恶灵，从此它们就会成为仪式主持者贯穿一生的"向导"。至于更黑暗的极端情况，世界上还有积极参与到黑巫术中的其他群体，更不用提撒但崇拜者了，他们公然表示"宁愿跪舔撒但也不愿追随上帝"。但当今黑巫术到底有多普遍呢？

"如今施行黑巫术的人恐怕比历史上任何一个时期都要多。"罗琳解释说，"当然了，这些人不会戴着黑帽子在大街上走来走去。没那么明显。正相反，我们在工作中接触的撒但崇拜者和黑女巫给人的印象都相当普通，不过也有的人行为举止怪异，会让人以为他们有什么怪癖。使用黑巫术的人比大家想的或知道的多得多。说到这儿，我想说说我今天早上在报纸上刚看到的新闻。"罗琳说着打开《哈特福德新闻报》：

> 城市流浪猫狗救助员发现了十五具家畜的尸体，均被残害过，有的被扔在树下，有的被吊在树上，疑似是某种仪式的牺牲品。救助员还在调查的几起类似案件，他发现了成堆的山羊、绵羊、兔子和鸡的尸体，有的显然是几个小时内刚刚被杀的。两周前，他还发现树上吊着一些猫狗。有的动物被放空了血。警方称这可能与一个正在被调查的邪教组织有关系。

"警方不太了解情况。"罗琳放下报纸继续说，"这些可怕的杀生放血行为是在为之后的招魂仪式做准备，这是黑巫术团体相当普遍的一种做法。这种事情在全国范围内时有发生，这让大众渐渐明白了，黑巫术的实施比他们之前以为的更普遍。但是，我要提醒一句。大众上一次对黑巫术有所了解还是在宗教审判的时候，那是一段黑暗的时期。16世纪至18世纪期间，英国，乃至整个欧洲、美洲有大约20万人遭到残害。那时候，真正犯下罪孽的并非被处决的那些女巫和男巫，而是宗教狂热分子，是他们残忍而有组织地屠杀了数以万计无辜的人。所以，虽然如今依然有人实施黑巫术，虽然这确实是个非常严重、非常危险的问题，但我们绝不能非难、折磨或杀害他们，而是要通过教育或者适当的宗教训练来改造他们。就像心理学家卡尔·荣格说过的，'若我们的文明终将衰落，那一定更多是因为愚昧，而不是邪恶。'"

无异，关于恶魔的资料最全最大的储藏地莫过于梵蒂冈的罗马教廷。那些资料可以追溯到两千年前，现在外人是完全接触不到的。天主教会甚至都不允许他们的神甫借阅，只有符合一定的严格标准，必须要看的才能得到阅览的许可。显然，这世界上污秽邪恶的一面是不足为外人道的。但是为什么呢？如果宗教机构知道邪恶的活动还在继续，为什么他们不能多提供一些相关的信息呢？

埃德·沃伦给出了一个直接的答案："包括基督教或其他的宗教在内，这些机构不肯披露此类信息的一个根本原因就是，他们将恶魔幽灵视为魔鬼在物理世界中的表现。"

"人们是该多知道些。"他继续说，"但是，如果教会明白地告诉大家恶魔附体和驱魔都是真实存在的，那突然间所有人都要去找神甫、神甫和拉比了，都要开始抱怨自己被‘恶灵’压迫或附体了。每个在半夜听到门被风吹得猛然关上的人都会要求驱魔了。所以说，将这些事情完全公之于众将会给社会造成极大的恐慌。现在，被证明确实需要驱魔的案子会得到有关宗教权威的注意，而且他们也会对案子采取措施，尽管这些行动都太慢了。"

"我不是说我们应该对这类事情缄口不言，"埃德继续说，"我认为宗教权威应该公布关于那些附体和驱魔案的更多情况。他们应该让大家知道，这些邪灵都是真实存在的，而不是从过去传下来的老掉牙的迷信。不然，人们怎样才能明白使用灵应盘和举行降灵会可能会招来能毁掉他们生活的邪灵呢？你知道的，我和罗琳要在大学或市政礼堂里办讲座的话，早几天消息就传遍当地了。我们的讲座正式开始时，往往座无虚席。没有座位的听众就站在或者坐在过道上，还有几百人不得不挤在门口听。为什么呢？因为在讲数据和事实的当今社会，人们渴望了解关于生命的主观信息，也想知道人在宇宙中的位置和处境。关于这方面知识的渴求，我们大家都一样！如果人们对这个话题有如此浓厚的兴趣，那么宗教机构真应该重视起来，派代表在周六或周日会众聚集的时候从容地向大家解释那些超自然的事物。如果人们无法得到他们需要的信息，那他们怎样对生与死以及他们生活的这个世界做出准确的评价呢？所以答案是没错，我们该讨论一下是否应该公开部分关于幽灵现象的资料。但是这种探讨应该建立在理性和可信的基础上。"

除了做调查、当顾问、举行讲座，沃伦夫妇每年还会在南康涅狄格州州立大学开设一门关于魔鬼研究和超自然现象的本科课程。

有一天天气很好，下课后埃德说："我们真正了解事情的真相就要从这里开始。在这套课程中，我们有时间将问题的全貌放在学术背景下来分析。第一步就是让学生们知道，有哪些奇怪的或不同寻常的现象是自然原因引起的。然后我们会开始讲幽灵活动。其中包括幽灵能做哪些事，不能做哪些事。我们尽可能从多方面展开这一主题，比如说哲学、心理学、物理学和形而上学。而且我们不仅是动动嘴，还会把证据亮出来。我们会向学生展示案子里被凭空变出来的和瞬移过来的物品。我们还拿用来召唤某些特定幽灵的巫术道具给他们看。讲解案件时，我们会展开细致的讨论，研究幽灵所用的策略、战略，以及它们导致的现象有什么意图。我们向学生们展示幽灵活动的照片和幻灯片。但未来我还想用灵异现象发生时拍摄的胶片和录像演示。这些视频可以让学生们看到幽灵现身时的样子。他们还可以看到物品悬浮的情形、被恶魔压迫或附体的人的样子。"

"我们还探讨了'灵异照片'——这种照片在拍摄时并无异常，但洗出来才会看出问题。人们在闹鬼的房子里或者有灵异活动的场地中拍的照片上会有像幻影一样的人——半透明的人。你可以直接透过他看到他身后的事物。这从某种意义上可以说明这个'人'其实是幽灵。还有的时候，灵异照片中会出现发光的人形、鬼魂、幻影、恶魔的脸、拍照时原本不在的物品等等。"

"最后，课程结束之前，我们会播放人类幽灵和非人幽灵的声音的录音。这样学生们就能亲耳听到这些幽灵说的话了。他们会发现那些人类的幽灵可以说出自己和他们早就去世的亲人的准确信息。"

"我们还会放给他们听非人幽灵的录音。在磁带中，那些恶灵大声亵渎神明，又是威胁，又是诅咒，还鼓吹'另一个王国'有多好，还提起他们侍奉的那些古代邪神的名字。我得说，那都是些冲击力极强的证据。但是你知道吗，撒但崇拜者组成了目前大学校园里增长速度最快的一个社团？很多轻信的学生都被吸收了进去，因为从未有人劝阻过他们。我们展示的这些资料都是真实的、客观的。而且，我能向你保证，凡是听过我们课的孩子永远都不会成为消极力量的牺牲者。事实上，等课程结束了，他们都会上前对我说：'谢谢你告诉我们。不然我们永远也无法知道这些。'"

XV. 再问一个问题

若说埃德·沃伦和罗琳·沃伦夫妇过着非常充实的生活绝不是夸张。只说一点，他们忙得几乎不着家。他们要办讲座，去现场调查，这都使得二人一年十二个月里有十个月都在"满世界跑"，罗琳就是这么说的。不过，一个月里总有一个星期，埃德和罗琳要设法回一趟康涅狄格州，看看家里的情况。

沃伦夫妇在家的时候也不得闲。朋友、亲戚和同行进进出出的，就好像和他们夫妻二人是个大家庭一样。

没有访客的时候，电话铃似乎总是响个不停，联络他们的人遍布整个美国。每通电话都是紧急事件——或者说至少对于那些打电话的人是如此。

"抱歉，接个电话。"罗琳说着向门厅的电话走去。这是她一个小时里接的第十个电话了。那个电话被无意间设成了"免提"模式，这样沃伦夫妇都能听到通话内容。

"请问是卢琳·维恩吗？维恩还是沃恩来着？"电话里一个口齿不太清楚的女人问道。罗琳很难听清她说的话。

"我是罗琳·沃伦。"她回答的时候每个音节都强调了一下，"请问您是哪位，可以告诉我吗？"

"当然。"女人说。

"那您是哪位呢？"罗琳不得不又问一遍。

"我是西莉亚·海登。"

"西莉亚，有什么我能帮你的吗？"

"是的，确实有事，所以我才给你打电话，卢琳。你是不是……嗯……昨天晚上在纽黑文的广播节目里讲话来着？你是不是说什么你知道鬼魂之事，而且你丈夫是研究魔鬼学还是什么的？"

"差不多是这样。"罗琳耐心地回答，"有什么我能帮你的吗，西莉亚？"

"有。"

"那是什么事呢？"

"嗯，卢琳，我跟你说啊，这件事很严重！我的意思是，我遇到了一个非常不可思议的麻烦！你真的是广播里的那个人？就是警察问你一个人是不是杀人犯，你说是，然后警察就去把那个房子里的人抓了，对吧？"

“没错。”罗琳微笑着答道，“告诉我你那个不可思议的麻烦吧，西莉亚。我还有别的事要忙。”

“好吧，希望你有时间管一下我的事……”

“请说吧，说完我们再看。”罗琳鼓励她。

“好。嗯，我就把它放在炉子上了，卢琳。我每次都是吃饭前先把它暖热了。可现在它不见了！它消失了！”

“什么消失了？”罗琳问，她几乎要笑出声来了。

“我的假牙。”

“我一直都是把它放在炉子上的，现在不知道是什么鬼魂还是恶魔把它拿走了。我现在哪儿都找了，还是没找到。我都找了个遍了。”

罗琳大笑起来。“那真糟糕。”她控制住笑声。

“这有什么好笑的，卢琳？”女人有点恼，“这下我怎么吃饭啊？”

“西莉亚，”罗琳努力回答她，“我觉得我应该知道你的假牙在哪儿！”

“在哪儿？”女人着急地问。

“伸出你的右手食指，把它举到你眼前。明白吗，西莉亚？”

“哪根指头？”

“你的右手食指，你右手上挨着大拇指的指头。好吗？”

“好。”女人听话地说。

“现在，把你的手指放进嘴里，轻轻咬下去。看见了吧，你的牙一直就在嘴里。”

电话那头一阵沉默。"上帝啊，你是对的！"女人吃惊地说，"你真的很棒，卢琳。等下我要告诉欧尼……"

电话挂断了。

罗琳被这件小事逗笑了，挂了电话开玩笑说："我能说什么呢？我就是这么棒……"

在大半夜惊醒，发现可怕的幽灵正守在床边，一个问题油然而生，人们该如何避免这种情况发生呢？对，问题就是，我们该如何避开那些不愉快的超自然现象呢？

沃伦夫妇做魔鬼研究的讲座时，他们一直都强调一个事实，那就是："先有大门敞开，才有幽灵骚扰。"罗琳提醒我们，通常这种"大门敞开"的情况都是因为邀请法则或吸引力法则。

"邀请法则指的是，人们举行了某种巫术仪式或通过降灵会、仪式等尝试与幽灵世界沟通，从而将幽灵请进了他们的生活。请灵的行为常常会建立人与另一个世界的沟通，但其实与人沟通的那个灵并非总是人的灵，尽管它往往自称它是。而且，招魂仪式结束后它常常不会轻易离去。"

"至于吸引力法则，"她继续说，"指的是一个人或一家人会因为某种灵异的原因被吸引到某个特定的地点，而这个地点早就有恶灵侵扰现象发生了；另外，相对的，消极的想法也会吸引恶灵，因为产生消极想法的人的心灵之门往往是不设防的，而且相当脆弱。不管是邀请法则还是吸引力法则，原理都一样，那就是人把通往自己自由意志的那扇门打开了，或许是因为他的生活态度开始变得消极，或许是因为他想寻求超越人的力量的存在。重点是，恶魔幽灵是一种野兽般的灵，它具备古老的智慧和天使的力量。你当然最好避开它，但是你不能自欺欺人，否认它的存在。反之，你要承认它的存在——这才能有针对性地避开它！"

为什么有很多幽灵活动集中出现在人的住宅及附近？

"人的幽灵喜欢待在感情上熟悉的地方，"埃德说，他也加入了门廊上的交谈，"因此，它们会选择待在生前熟悉的住所里。而非人幽灵，它们存在的目的就是破坏人的生活，所以才会进到人的家中，因为那里是人们最容易受到影响的地方。还有一个原因，建筑物和阴暗的地方有助于保持幽灵的影响力。开阔空间和明亮的光线都会削弱幽灵的力量。"

老房子会比新的更容易招鬼吗？

"一般而言，"罗琳回答，"老房子闹鬼的可能性更大，因为里面住过的人多。但是比房龄更重要的是房子的历史。如果房子里曾经发生过谋杀、自杀或其他形式的不幸的死亡，那么在里面遇上人的幽灵的活动的可能性就提高了。如果之前的房主实施过黑魔法、法术或巫术，那么非人幽灵极有可能会被吸引到这座房子里。除非那里举行过驱魔仪式，否则恶灵会一直盘桓不去。至于该怎样避免住进一间鬼宅或者说受到恶魔侵扰的房子，那就只有在找房的时候多留神了。一定要警惕长期空置的房子。房子空置常常意味着那里的确不宜居。此外，你还可以和邻居们打听一下房子的情况，或者在城里试着打探关于这房子有没有什么谣言。还有，你在看房子的时候，不管这房子是新是旧，你都要留心那里有没有幽灵存在的征兆。比如说有没有明显来源的古怪气味儿，或者房间里某个角落奇冷无比，抑或是房子的哪片区域莫名其妙地出现了温度变化。如果你想进一步确定，那就去请一位通灵的朋友和你在房子里走走看看。"

如果你买下一座房子，但你并不确定住下是否安全，那么如何将唤醒潜在的幽灵的可能降至最低？

"我来告诉你几个方法吧。"埃德说，"如果房子外面生有茂密的灌木丛或常青植物，挡住了窗户，那就把它们砍掉。让阳光能照进来！把屋里的墙漆成白色、黄色或浅蓝色，这些颜色都会影响幽灵的力量。把阁楼、地下室或车库里属于前房主的照片和纪念品通通扔掉。你最好把房子里的镜子和旧家具一并卖了，请神甫来给房子祈福诵经也是个好主意。但是最重要的是要有个和和美美的家庭，一个快乐的家庭是抵御魔鬼的最佳武器。消极的情绪往往会触发幽灵活动，所以除了上述一切，一定要在家中营造一个积极的环境，这样才不会出问题。当然了，别主动招惹麻烦也很重要，所以最好把所有与巫术有关的东西都扔了。这样的话，不管是出于好奇，还是受到了压迫，你都无法拿那种东西来用。"

如果一个人怀疑自己房子里有鬼，想摆脱它，该怎么办？

"让你的居住环境亮堂点儿、简单点儿，保持令人愉悦的氛围。"罗琳回答，"很多情况下，光重新摆设家具就能把活跃的幽灵打发走。如果这样还不奏效，那就向神甫求助，请他为房子祝祷。采取这些措施后，如果问题还在，那就再把你的神甫请来，让他帮忙解决。如果你不信教的话，那就联系一家信誉好的灵学研究组织，他们会派一个有超感视觉的人来将幽灵送走。但是无论什么情况下，不管那幽灵现身后的形象有多招人喜欢，你也别跟它交流。尤其是别举办降灵会：那就跟使用民用电台一样。你以为你在跟骚扰家宅的那个幽灵对话，其实那会招来十几个，甚至几十个不同的幽灵。"

如果家里有幽灵，该怎么区分那是人的幽灵还是非人幽灵呢？

"人的鬼魂可能会吓唬你。"埃德回答，"而恶魔幽灵一定会吓到你，而且最终还会威胁你的性命。早期阶段，人类和非人的幽灵引起的现象可能差不多。两种幽灵都会通过对物理环境的影响有意让你知道它们的存在。区别在于它们的活动的本质。通常，鬼魂活动的目的所在是房子，恶魔幽灵的活动针对的是人。前者想把你的人从房子里吓出去。后者则是想把你的灵魂从身体里吓出去。鬼魂会做出诡异、可怕或奇怪的事，但很少有特别吓人的举动。鬼魂可以让屋里的灯开开关关，把东西从一间屋子挪到另一间，甚至让人听到脚步声、尖叫和哭泣。有时候，鬼魂会现身，但是也仅此而已。人的幽灵的活动是偶尔发生的。"

古怪的事情会发生，但不会太乱套。简而言之，鬼魂在意的是自己，而不是别人，所以它可能会做出让你起鸡皮疙瘩的事儿，但仅此而已。

"若房子里的是非人幽灵，那就意味着这处居所彻底成了恶魔的天下。非人幽灵很少有一开始就现身的。相反，它们会先做出一些真正凶险的事情。恶魔是消极的灵，所以最终肯定会带来消极的现象。首先，你会听到敲击声、轻叩声、拍击声和抓挠声，这是为了耗尽你的耐心和理智。在这个阶段，你可能还会闻到恶臭，或者产生莫名其妙的恐惧感。同时，你还要注意孩子们和动物的反应。十二岁以下的儿童可能有超感视觉，而所有的动物都天生具有超感视觉。如果孩子或动物对房子有不好的反应，那就是有幽灵存在的征兆。不过，如果房子被恶魔侵扰的话，过段时间外部现象就会升级成公开的嚣张活动，到时候就不仅仅是怪异或吓人了，而是毛骨悚然。如果坐视不理，这种负面活动就会继续下去，而且越来越频繁，越来越极端，越来越严重，直到发展到不可收拾的地步。所以你理所应当从一开始就保持警惕。如果你注意到有奇怪的或反常的现象发生，却选择视而不见，那侵扰的幽灵就会当作你默许了。"

"至于非人幽灵引起的内部压迫，当你的思维方式、生活习惯、行为举止或性格发生变化，别人会注意到的。对于独居的人，那我的建议就是'了解你自己'。如果压迫只发生在某个家庭成员身上，其他人应该留意这个人是否有负面变化，比如说时常沮丧、有病态的兴趣爱好、不合群，或者更甚，比如突然发脾气、喝得酩酊大醉或突然做出暴力的事情。"

如果一个人有理由相信有非人幽灵在侵扰他的家，那他该怎么做？

"立即离开家。"埃德说，"然后直接去找神甫。尽可能详细地向神甫说明一切，然后向他求助。但是绝不能像个业余恶魔学家或驱魔师一样拿着受过祝祷的圣物在房子里走来走去。这种行为只会招致危险。"

如果一个人的朋友或亲戚被恶魔附体了，他该怎么办？

"我觉得可能没人需要知道这个问题。"埃德说，"但是，如果附体的幽灵不是特别暴力，而是口吐恶语，对上帝不敬，叫神甫来就好。如果它对人有危险，行为暴力，那就赶快离开房子，然后报警，最后再找一个神甫。不管是哪种情况，你最好都马上求助。但是别留下来和被附体的人单独待在一起。"

"正如我对合作的年轻神甫说过的，那个跟你说话的不是人，而是恶魔。与它对话就是认可它。不要和它对话。把精力集中在环绕着你的被称为'基督之光'的东西上，然后赶紧从房子里撤出来。等到有像我或驱魔师一样的主事者来了，再一起进去对抗恶魔。"

面对恶魔最危险的是什么？

"短期来看，"埃德回答，"你可能会无法掌控自己的生活，而是被'他人'控制。向恶魔交出自由意志就等于允许自己成为它的傀儡。最危险的莫过于让自己的灵魂被应该遭到唾骂的恶魔——人类的敌人——染指。发生这种事时，当事人会面临着与这些黑暗之灵同一个下场的危险，即与生者的世界永远告别。这就是被那些该死的恶灵控制后要面对的严峻危险。从理论上来说，圣洁的天使代表着对生命最高的肯定，但与之相对的恶魔幽灵有着腐朽的本质，是属于地狱的灵，它不仅不支持生命，还要毁灭生命。因此，光明还是黑暗，这都是作为人类的你自己的选择。"

最后，面对这种不可思议的邪恶力量，人有多大概率能逃脱厄运呢？

"依我看，"埃德回答，"人最好的保护就是内在中积极阳光的自我。就像我们之前说过的，恶魔幽灵行事与人不同。但是它决定走它的路时要尽可能多地把我们也带上。而我们是人，我们的任务是好好活下去，投身积极的一面。宇宙法则告诉我们，'为善者得善终，作恶者食恶果。'我们只要在大体光明的世界上秉持着积极向上的天性做事，终会有幸福美满的生活，进而让世界也变得更美好。但是我们不能守株待兔一样一味祈祷好事降临。我们必须走出去，每天行善积德，因为只有通过实践，你才会知道这个法则是真的。"

"相反的，"罗琳补充，"恶魔幽灵在碰到正面的力量时会变弱，遇到负面的事物或者宗教上说的'罪孽'则会变强。我说的罪孽并非指违反某些规则法条，而是故意行不善之举。没错，罪孽就是对生命本身有着不利影响。从本质上说，罪孽就是灵魂的不完美。那些愚蠢到低估生命意义的人实际上会把恶魔吸引到他们身边。不管这样说中听不中听，他们这么做是因为做出有悖生命的消极行为实际上就是在助纣为虐。保持积极的姿态则能产生一种力量。因此，做个积极向上的人是保护自己不受到魔鬼影响的最佳方法。"

"你看，"埃德确定地说，"人们一直不清楚，世界上不但有神秘的负力量，还有神秘的正力量。大家都只注意负面影响，却忘了世界上还有强大的正力量——真正能被大众理解并发挥实际效果的力量。然而，本世纪中，我们一直置身于正邪对战的沙场之外，把正力量当成了迷信，弃之如敝屣。但是这不能改变一个事实：积极的行动可以为生命和存在加持，而消极只能带来悲剧、混乱和死亡。"

"生命的整个旅程,"埃德总结道,"就是与积极之人为伴,行积极之事——这才是正道。人们总是在寻找这个世界上各种麻烦的化解之道,但那一定不是巫术。人应该顺应正力量的潮流,因为那是善的,是生命而不是死亡的保证。"

即使穷尽一生,也很少有人参透我们生活的这个世界的深层的真相。但是沃伦夫妇的研究和经历说明还有与人间全然不同的另一个世界——灵的世界。灵是一种无实体的、独立于人的存在。

有种观点认为人是依赖于肉身的生物,从生到死,如此而已。但埃德·沃伦和罗琳·沃伦的发现推翻了这种观点。而且,他们的研究不可避免地得出一个结论:人类远比我们迄今掌握的有限认知与哲学中的概念更有活力。出于这个原因,沃伦夫妇主张,对生命的灵持开放的观点不仅不会对生命造成威胁和损害,反倒能"提高我们对这个世界的理解,从而让我们获得更圆满的生活"。

一阵轻风拂过树叶,打破了夏季午后沃伦夫妇家前门廊的沉默。罗琳抬起头来,看到埃德正凝望着花园。

"怎么了,埃德?"她问。

"那儿有一条蛇。"他盯着花丛中说,"我知道。我能感觉得到。我知道这儿有东西。"

可是,那儿看不到蛇。起码当时没有。过了一会儿,门廊下面钻出一条长长的黑蛇。它来回爬了一会儿,直到大家都留意到它了,才一扭一扭地消失在常春藤中。

"只要花园里有蛇,埃德总能知道。"罗琳肯定地告诉我。

THE DEMONOLOGIST: THE EXTRAORDINARY CAREER OF ED
AND LORRAINE WARREN
By GERALD BRITTLE

图书在版编目（CIP）数据

召唤 /（美）杰拉德·布利特尔著；万洁译 . -- 北京：北京时代华文书局，
2017.5
书名原文：The Demonologist
ISBN 978-7-5699-1518-1

Ⅰ . ①召… Ⅱ . ①杰… ②万… Ⅲ . ①纪实文学－美国－现代
Ⅳ . ① I712.55

中国版本图书馆 CIP 数据核字 (2017) 第 069519 号

北京市版权著作权合同登记号 图字：01-2016-7992

Gerald Brittle
THE DEMONOLOGIST

召唤

作　　者 | ［美］杰拉德·布利特尔
译　　者 | 万　洁

出 版 人 | 王训海
策划编辑 | 韩　笑　黄思远
责任编辑 | 宋　春　韩　笑
封面设计 | 璞茜设计
责任印制 | 刘　银　范玉洁

出版发行 | 北京时代华文书局 http://www.bjsdsj.com.cn
　　　　　北京市东城区安定门外大街 136 号皇城国际大厦 A 座 8 楼
　　　　　邮编：100011　电话：010- 64267955　64267677
印　　刷 | 三河市祥达印刷包装有限公司　电话：0316-3656589
　　　　　（如发现印装质量问题，请与印刷厂联系调换）
开　　本 | 880mm×1230mm　　1/32
印　　张 | 11.25
字　　数 | 180 千字
版　　次 | 2017 年 12 月第 1 版　　2017 年 12 月第 1 次印刷
书　　号 | ISBN 978-7-5699-1518-1

定　　价 | 49.00 元